中华人民共和国招标投标法实施条例释义

国家发展和改革委员会法规司
国务院法制办公室财金司　编著
监察部执法监察司

中国计划出版社

图书在版编目（CIP）数据

中华人民共和国招标投标法实施条例释义 / 国家发展和改革委员会法规司，国务院法制办公室财金司，监察部执法监察司编著. —北京：中国计划出版社，2012.6（2026.1 重印）
ISBN 978-7-80242-772-3

Ⅰ.①中… Ⅱ.①国…②国…③监… Ⅲ.①招标投标法－法律解释－中国 Ⅳ.①D922.297.5

中国版本图书馆 CIP 数据核字（2012）第 102716 号

中华人民共和国招标投标法实施条例释义
国家发展和改革委员会法规司
国务院法制办公室财金司　编著
监察部执法监察司

中国计划出版社出版发行
网址：www.jhpress.com
地址：北京市西城区木樨地北里甲 11 号国宏大厦 C 座 4 层
邮政编码：100038　电话：（010）63906433（发行部）
北京市科星印刷有限责任公司印刷

787mm×1092mm　1/16　21.5 印张　337 千字
2012 年 6 月第 1 版　2026 年 1 月第 29 次印刷

ISBN 978-7-80242-772-3
定价：68.00 元

中华人民共和国招标投标法实施条例释义

编写人员名单

顾　问　张　平　宋大涵

主　编　杜　鹰　安　建

副主编　任　珑　刘长春　李　亢　张治峰　丛　林

撰稿人　张治峰　李小林　冯志祥　张作智　苏　琳
王　刚　蒋文龙　丛　林　何　潇　孟　玮　李茂年
刘其昌　陈　梅　葛中魁　何忠凯　徐致远

前　言

2011年12月20日，温家宝总理签署国务院令，公布《中华人民共和国招标投标法实施条例》（以下简称《条例》），这是落实中央部署、完善社会主义市场经济体制、促进公平竞争、预防和惩治腐败的一项重要举措。

招投标制度是社会主义市场经济体制的重要组成部分。《招标投标法》颁布12年来，我国招投标事业取得了长足发展，招投标市场不断壮大，行政监督管理体制逐步完善，招投标制度日趋完备，对规范招标投标活动，优化资源配置，提高采购质量效益，预防惩治腐败，发挥了重要作用。随着实践的不断发展，招投标领域出现了许多新情况、新问题。一些依法必须招标的项目规避招标或者搞“明招暗定”的虚假招标；有的领导干部利用权力插手干预招标投标活动，搞权钱交易，使公共采购领域成为腐败现象易发、多发的重灾区；一些招标投标活动当事人相互串通，围标串标，严重扰乱招标投标活动正常秩序，破坏公平竞争；有的专家评标不公正。

党中央、国务院对解决当前招投标领域突出问题高度重视，要求完善政策措施，堵塞制度漏洞。从2006年起，《条例》连续6年列入国务院立法计划。2008年5月，党中央印发了《建立健全惩治和预防腐败体系2008－2012年工作规划》，制定《条例》是其中的一项重要任务。2009年7月，中央印发了《关于开展工程建设领域突出问题专项治理工作的意见》的通知，《条例》是其中明确要求制定的三部重要立法之一。2010年9月，国务院办公厅转发了《关于解决当前政府投资工程建设中带有普遍性问题意见的通知》，对抓紧颁布《条例》提出了进一步要求。

为落实中央决策部署，《条例》在总结实践经验的基础上，对上位法的规定作了进一步补充和细化，并针对新情况、新问题作了相应制度安排，不断增强招投标制度的可操作性和前瞻性，切实维护招投标市场秩序，进一步筑牢预防惩治腐败的制度屏障，促进招投标市场健康发展。

2012年4月10日，经国务院同意，国务院办公厅转发国家发展改革委、国务院法制办、监察部《关于做好招标投标法实施条例贯彻实施工作的意见》（国办发［2012］21号，以下简称《意见》），对《条例》的贯彻实施工作作出部署。其中一项重要内容，就是加强对《条例》的宣传、学习和培训。为了便于各方面全面正确地理解《条例》，国家发展改革委法规司、国务院法制办财金司、监察部执法监察司组织参与起草的有关工作人员和专家，编写了《中华人民共和国招标投标法实施条例释义》。

在编写过程中，始终秉持忠实立法原意这一基本原则。对于因所处地区、行业以及招标采购中的法律地位不同在理解上有差异的规定，为了防止可能由此导致的执行偏差，释义力求不偏不倚。对于具体执行中可能面临的各类问题，在尽可能举例加以说明的同时，更侧重于各规定的背景介绍和原理阐述，使读者不仅知其然，而且知其所以然。对于与《招标投标法》、《政府采购法》等法律密切相关的规定，从方便阅读的角度作了必要的衔接性说明。对于高度概括性的条款，在对相关立法作全面梳理的基础上进行了总结、归纳和提炼。此外，还附录了《招标投标法》、《意见》以及其他相关立法和文件。

尽管如此，释义难免存在不准确甚至错误之处，欢迎批评指正。

编　者

2012年5月7日

目　　录

第一章　总　　则

第一条［立法目的和依据］

为了规范招标投标活动，根据《中华人民共和国招标投标法》（以下简称招标投标法），制定本条例。

【释义】本条明确了立法目的和依据。

一、招投标事业在取得长足发展的同时也存在着急需解决的突出问题

2000 年 1 月 1 日《招标投标法》颁布实施以来，我国招投标事业取得了长足发展。主要表现在五个方面。一是招投标制度不断完善。各部门、各地方出台了大量招投标配套规则，增强了招投标制度的系统性和可操作性。二是行政监管体制逐步健全。国务院确立了发展改革部门指导协调、各部门分工负责的招投标行政监管体制。为了解决分散监管可能带来的多头管理、同体监督、推诿扯皮等问题，国务院有关部门和很多地方建立了部门之间的联席机制，增强了在政策制度、监督执法等方面的协调性，一些地方还探索建立统一的招投标行政监督管理机构。三是市场规模日益扩大。招投标作为富有竞争性的一种交易方式，除广泛应用于工程以及与工程有关的设备、材料、勘察、设计、监理外，还扩大到项目选址、融资、咨询、代建，以及教材、药品采购等领域。通过招投标达成的交易金额巨大。以机电产品国际招标为例，2011 年全国共开展招标项目 18264 个，委托招标金额 424.7 亿美元，累计中标金额 346.6 亿美元。四是行业成长迅速。全国招标代理机构达数千家，招标采购专业人员上百万，招投标成为发展最为迅速的行业之一。五是采购效率提高。以机电产品国际招标为例，“十一五”期间，机电产品委托招标金额 1474.58 亿美元，中标金额 1256.24 亿美元，节约资金 218.34 亿美元，节资率 14.8%。此外，招投标制度在促进竞争，预防腐败等方面，也发挥了重要作用。尽管如此，招投标领域还存在着围标串标、弄虚作假、排斥限制潜在

投标人、评标行为不公正、非法干预招投标活动等突出问题，社会各界对此反应强烈。这些问题如果不能得到有效解决，将从根本上破坏招投标制度的竞争择优功能。

二、《条例》为推动招投标市场健康发展作了有针对性的制度安排

当前招投标领域存在的问题，固然与市场经济不够成熟、体制改革不到位有关，在很大程度上也反映出招投标制度还不能完全适应实践发展的需要。主要表现在：一是低层次分散的招投标立法与推动形成全国统一大市场的要求不适应。《招标投标法》颁布后，各部门、各地区制定了大量的配套规定。由于缺乏必要的衔接机制，这些规定在增强制度可操作性的同时，客观上也导致了规则不统一的问题，为行业保护、地区封锁提供了方便，阻碍了招投标统一大市场的形成，影响了资源配置效率。二是规则的针对性和有效性与快速发展的招投标实践不适应。随着招投标实践的快速发展，新问题、新情况层出不穷，特别是受立法效力层次的限制，配套规则在打击围串标、虚假招标等行为方面力度不够，包括缺乏明确具体的认定标准，以及必要的法律责任制约。三是行政监督管理体制与及时有效查处招投标违法行为的客观要求不适应。一方面，招投标违法手段不断翻新，违法行为越来越隐蔽，给调查和处理招投标违法行为造成了极大困难。另一方面，由于缺乏必要的监管手段，行政监督部门在查处违法违规行为方面显得力不从心。

为了解决实践中存在的突出问题，推动招投标市场健康规范发展，《条例》主要从五个方面做了相应规定。一是细化标准。《条例》细化了违法行为的认定标准，列举了近80种违法行为的表现形式，为有效查处相关违法行为提供了明确依据。二是严格程序。规定了资格预审程序、两阶段招标程序、评标程序，以及投诉处理程序，有利于从源头上防止排斥限制潜在投标人，提高评标行为的客观公正性，及时有效地解决纠纷。三是加强监督。加强当事人相互之间的监督，规定投标人对资格预审文件、招标文件以及评标结果有不同意见的，应当先向招标人提出异议。加强社会监督，规定了中标候选人公示制度、招投标违法行为公告制度，以及行业自律制度。加强行政监督，规定行政监督部门在处理投诉时，有权查阅复制有关文件资料，调查有关

情况，必要时可以责令暂停招投标活动。四是强化责任。《条例》新增设的法律责任16条，对上位法只有规范性要求而无法律责任的违法行为，以及实践中新出现的违法行为，补充规定了法律责任，有利于解决责任约束不到位问题。五是制度创新。适应招投标市场长远健康发展的需要，《条例》进行了制度创新，包括明确县级以上地方人民政府可以对招投标行政监督职责分工作出不同规定，设区的市级以上地方人民政府可以建立统一规范的招投标交易场所，国家鼓励推行电子招投标，实行招标从业人员职业资格制度、标准招标文件制度，以及综合评标专家库制度和信用制度。

三、《条例》严格依据《招标投标法》制定

《立法法》第79条规定，法律的效力高于行政法规。因此，《条例》在制定过程中，始终严格遵守上位法特别是《招标投标法》的规定。例如，在资格审查方面，有些地方采取摇珠、抽签等方式进行资格预审。这种做法虽然有助于防止串通投标，但会影响甚至损害招投标竞争机制，与《招标投标法》的立法宗旨不符，《条例》没有将这一资格审查方式固定下来。针对国有投资项目招标人不规范行为较多的现象，有的建议对国有投资项目实行强制代理，一概交由招标代理机构进行招标。考虑到这一建议不符合《招标投标法》第12条关于任何单位和个人不得强制招标人委托招标代理机构办理招标事宜的规定，《条例》没有采纳。

在严格遵守《招标投标法》的同时，《条例》也注意与《政府采购法》、《合同法》、《担保法》等法律做好衔接。例如，《条例》第61条有关行政监督管理部门作出投诉处理决定的时限规定，与《政府采购法》第56条相关规定保持了一致。《条例》第35条关于投标人撤回、撤销投标文件的规定，与《合同法》对撤回、撤销要约的规定也是一致的。

第二条［工程建设项目定义］

招标投标法第三条所称工程建设项目，是指工程以及与工程建设有关的货物和服务。

前款所称工程，是指建设工程，包括建筑物和构筑物的新建、改

建、扩建及其相关的装修、拆除、修缮等；所称与工程建设有关的货物，是指构成工程不可分割的组成部分，且为实现工程基本功能所必需的设备、材料等；所称与工程建设有关的服务，是指为完成工程所需的勘察、设计、监理等服务。

【释义】本条是关于工程建设项目定义的规定。

本条规定的目的，是为了更好地处理《招标投标法》与《政府采购法》的关系。应该说，这两部法律在制定过程中已经从调整范围、规范内容的侧重点等方面做了较好衔接。例如，考虑到工程建设项目招标管理实际，《政府采购法》第4条规定，政府采购工程的招投标活动适用招标投标法；鉴于《招标投标法》已对招投标流程作了全面规定，《政府采购法》没有再详细规定政府采购货物和服务的招投标程序。尽管如此，在实际执行过程中，有关方面仍反映这两部法律存在着冲突。究其原因，主要有两个方面。在制度层面，与政府采购工程有关的货物和服务的招投标活动应当适用哪一部法律，缺乏明确规定。在执行层面，不适当地扩大两部法律的适用范围，要么将一些本不属于工程的货物、服务政府采购纳入《招标投标法》调整范围，要么将政府采购工程招投标活动纳入《政府采购法》的调整范围。本条通过统一概念术语，以及明确与政府采购工程建设有关的货物和服务的范围，进一步处理好这两部法律的调整范围。

一、通过统一概念术语避免扩大或者缩小两部法律的适用范围

由于《政府采购法》第2条定义的工程，与《招标投标法》第3条规定的工程建设项目在用语上有所不同，加之《招标投标法》未对工程建设项目作出定义，实践中出现了利用这两部法律概念术语的不统一来规避法律的现象。本条从两个方面作了规范。

（一）与《政府采购法》工程定义做了衔接。参照《政府采购法》工程定义，本条第2款规定，前款所称工程，是指建设工程，包括建筑物和构筑物的新建、改建、扩建及其相关的装修、拆除、修缮等。需要说明的是，建设工程并不仅限于构筑物和建筑物。根据《建设工程质量管理条例》和《建设工程安全生产管理条例》，建设工程是指土木工程、建筑工程、线路管道和设备安装工程及装修工程。从这一定义可以看出，工程是指所有通过设计、施工、制造等建设活动

形成的有形固定资产，要避免对工程作扩大化理解，如将“希望工程”、“五个一工程”、“系统工程”等概念化的协作活动理解为建设工程，从而防止不适当地将政府采购货物和服务纳入《招标投标法》调整范围。

（二）明确了工程建设项目的内涵和外延。本条第1款规定，《招标投标法》第3条所称工程建设项目，是指工程以及与工程建设有关的货物、服务。第2款规定，前款所称与工程建设有关的货物，是指构成工程不可分割的组成部分，且为实现工程基本功能所必需的设备、材料等；所称与工程建设有关的服务，是指为完成工程所需的勘察、设计、监理等服务。据此，与政府采购工程建设有关的货物和服务的招投标活动，也应当适用《招标投标法》。

二、通过界定“与工程建设有关的货物”的判断标准进一步厘清两部法律的调整范围

根据本条第2款规定，与工程建设有关的货物是指构成工程不可分割的组成部分，且为实现工程基本功能所必需的设备、材料等。具体说来，构成与工程建设有关的货物需要同时满足两个要件。一是与工程不可分割。二是为实现工程基本功能所必需。同时满足以上两个条件的货物，属于与政府采购工程有关的货物，应当适用《招标投标法》。尽管如此，由于什么是“不可分割”、什么是“基本功能”，实践中有时也难以判断。在此情况下，也可以从设计施工上进行判断。需要与工程同步整体设计施工的货物属于与工程建设有关的货物，可以与工程分别设计、施工或者不需要设计、施工的货物属于与工程建设无关的货物。

与工程建设有关的服务，是指为完成工程所需的勘察、设计、监理等服务。由于不同地区、不同行业情况各异，《条例》没有列举与工程建设有关的其他服务，如工程项目评估、融资、项目管理、工程造价、招标代理等。

需要说明两点：一是要正确理解政府采购的内涵与外延。根据《政府采购法》第2条规定，政府采购需要同时满足三个要件。从采购主体上看，为各级国家机关、事业单位和团体组织，不包括企业和个人；从资金来源上看，使用的是财政性资金，不包括国有企事业单

位自有资金和私有资金；从采购对象看，是指纳入集中采购目录以内的或者采购限额标准以上的工程、货物和服务。二是本条规定主要为了处理好《招标投标法》与《政府采购法》的调整范围。对于非政府采购的工程建设项目，根据《招标投标法》第3条第1款判断其是否属于依法必须进行招标的项目即可。

第三条［强制招标范围和规模标准］

依法必须进行招标的工程建设项目的具体范围和规模标准，由国务院发展改革部门会同国务院有关部门制订，报国务院批准后公布施行。

【释义】本条是关于强制招标制度的规定。

《招标投标法》第3条规定，工程建设项目包括项目的勘察、设计、施工、监理以及与工程建设有关的重要设备、材料等的采购必须进行招标；依法必须进行招标的工程建设项目的具体范围和规模标准，由国务院发展改革部门会同国务院有关部门制订，报国务院批准。

一、建立强制招标制度是实现公共采购立法目的的需要

强制招标制度，是指一定范围内的工程、货物和服务，达到规定的规模标准的，必须以招标方式进行采购。由于在程序性、规范性、公正性和透明度方面，有关法律法规对招标活动有着较为严格的要求，在缺乏必要的激励与约束的情况下，采购人通常不会主动选择以招标方式进行采购。为规范公共采购行为，促进公平竞争，提高采购质量效益，预防惩治腐败，有必要建立强制招标制度，确保采购公平、透明、高效、廉洁。

强制招标的范围不限于工程建设项目。《招标投标法》第3条第1款从项目性质、资金来源两个方面，对必须进行招标的工程建设项目做了界定。本条第3款同时规定，“法律或者国务院对必须进行招标的其他项目的范围有规定的，依照其规定”。近年来，有关法律行政法规和国务院规定已将强制招标的范围扩大到科研课题、特许经营权、药品采购等领域。例如，《收费公路管理条例》规定，转让收费公路权益的，应当向社会公布，采用招标投标的方式，公平、公正、

公开地选择经营管理者，并依法订立转让协议。

不应将强制招标范围混同于《招标投标法》以及《条例》的适用范围。《招标投标法》第 2 条规定，在中华人民共和国境内进行招标投标活动，适用本法。据此，即便是非依法必须进行招标的项目，只要采购人选择了招标方式，就应当遵守《招标投标法》和《条例》相关规定。当然，为了体现区别管理，《招标投标法》和《条例》的一些条款，比如应当在国家指定媒介发布招标公告，自招标文件发出之日起至投标人提交投标文件截止之日止不得少于二十日，评标委员会专家成员不得少于三分之二，所有投标被否决后应当重新招标，编制资格预审文件和招标文件应当使用标准文本，非因法定事由不得更换评标委员会成员等规定，是专门针对依法必须招标项目的，不适用于自愿招标的项目。

二、合理确定强制招标项目的范围需要考虑多种因素

以招标的方式进行采购，虽然有利于提高透明度和竞争性，但由于需要履行一系列严格的程序，客观上存在一定的效率损失。因此，强制招标的范围要合理适度，并非越大越好。确定强制招标的项目范围：一是要考虑项目是否具有公共性。从采购资金来源看，是否属于财政性资金或者国有资金。从项目功能定位看，是否关系到公共利益、公众安全。具有公共性的项目，采购人在节约成本、提高质量等方面通常缺乏足够的动力，有必要将其纳入强制招标范围。二是要考虑成本因素。即便是具有公共性的项目，也并不意味着一律要进行招标。由于招标耗时较长，增加一定的成本支出，只有达到一定的规模时，通过招标节约的资金才能弥补因为招标增加的成本。三是要考虑市场发育程度。对于具有公共性的项目，如果成本、质量、效益、工期等约束机制比较健全，也可以不纳入强制招标范围，发挥市场机制的作用即可。

三、强制招标的工程建设项目范围由法定主体按照规定程序确定

本条规定，依法必须进行招标的工程建设项目的范围和规模标准，由国务院发展改革部门会同国务院有关部门制订，报国务院批准执行。国务院有关部门在制订强制招标范围和规模标准时会充分考虑

不同地区经济社会发展水平以及实际需要。

第四条［行政监督职责分工］

国务院发展改革部门指导和协调全国招标投标工作，对国家重大建设项目的工程招标投标活动实施监督检查。国务院工业和信息化、住房城乡建设、交通运输、铁道、水利、商务等部门，按照规定的职责分工对有关招标投标活动实施监督。

县级以上地方人民政府发展改革部门指导和协调本行政区域的招标投标工作。县级以上地方人民政府有关部门按照规定的职责分工，对招标投标活动实施监督，依法查处招标投标活动中的违法行为。县级以上地方人民政府对其所属部门有关招标投标活动的监督职责分工另有规定的，从其规定。

财政部门依法对实行招标投标的政府采购工程建设项目的预算执行情况和政府采购政策执行情况实施监督。

监察机关依法对与招标投标活动有关的监察对象实施监察。

【释义】本条是关于招投标行政监督职责分工的规定。

一、本条基本维持了现行招投标行政监督职责分工

《招标投标法》第7条第3款规定，对招标投标活动的行政监督及有关部门的具体职权划分，由国务院规定。据此，中央机构编制委员会办公室（以下简称中编办）于2000年3月4日研究提出了国务院有关部门实施招标投标活动行政监督的职责分工的意见，经国务院同意后，以国办发［2000］34号文件印发执行。各省级人民政府也基本上按照34号文件确定的原则，明确了本行政区域内招投标行政监督职责分工。在《条例》起草过程中，就此问题进行了深入研究，最终基本维持现行监督职责分工，主要考虑是：34号文件执行以来的实践经验表明，由发展改革部门指导协调、各部门分工负责的行政监督管理体制，基本适应了招投标工作涉及面广、专业性强、行业跨度大的特点，有利于充分发挥各行政监督部门作用，也有利于保持行政监管工作的连续性。

（一）本条第1款根据34号文件规定，明确了国务院有关部门招投标行政监督职责分工。

国家发展改革委承担指导和协调全国招投标工作的职责，包括会同有关行政主管部门拟定《招标投标法》配套法规、综合性政策和必须进行招标的项目的具体范围、规模标准以及不适宜进行招标的项目并报国务院批准，指定发布招标公告的报刊、信息网络或者其他媒介。同时，国家发展改革委还负责对重大建设项目的工程招投标活动实施监督检查。

工业和信息化、住房城乡建设、交通运输、铁道、水利、商务等部门，按照规定的职责分工对有关招投标活动实施监督。根据34号文件，对招投标过程（包括招标、投标、开标、评标、中标）中泄露保密资料、泄露标底、串通招标、串通投标、歧视排斥投标等违法活动，分别由有关行政主管部门负责受理投标人和其他利害关系人的投诉。按照这一原则，工业信息、交通运输、铁道、水利等行业和产业项目的招投标活动的监督执法，分别由工业和信息化、水利、交通运输、铁道等行政主管部门负责；各类房屋建筑及其附属设施的建造和与其配套的线路、管道、设备的安装项目和市政工程项目的招投标活动的监督执法，由住房城乡建设部门负责；机电设备采购项目的招投标活动的监督执法，由商务部门负责。

（二）本条在34号文件规定的行政监督部门之外，增加了财政部门和监察机关。

本条第3款规定，财政部门依法对实行招投标的政府采购工程建设项目的预算执行情况和政府采购政策执行情况实施监督。预算执行工作内容。根据《预算法》第43条规定，各级预算由本级政府组织执行，具体工作由本级政府财政部门负责。《预算法实施条例》第33条对预算执行工作的内容做了进一步细化：一是研究落实财政税收政策的措施，支持经济和社会的健康发展。二是制定组织预算收入和管理预算支出的制度和办法。三是督促各预算收入征收部门、各预算缴款单位完成预算收入任务。四是根据年度支出预算和季度用款计划，合理调度、拨付预算资金，监督检查各部门、各单位管好用好预算资金，节减开支，提高效率。五是指导和监督各部门、各单位建立健全财务制度和会计核算体系，按照规定使用预算资金。六是编报、汇总分期的预算收支执行数字，分析预算收支执行情况，定期向本级政府和上一级政府财政部门报告预算执行情况，并提出增收节支的建议。

七是协调预算收入征收部门、国库和其他有关部门的业务工作。财政部门应当根据上述规定，履行预算执行监督职责。政府采购政策的内容。《政府采购法》第 9 条规定，政府采购应当有助于实现国家的经济和社会发展政策目标，包括保护环境，扶持不发达地区和少数民族地区，促进中小企业发展等。根据这一规定，国务院及其有关部门在其制定的文件中，广泛运用政府采购政策这一工具来支持中小企业、节能环保、民族地区发展等。

本条第 4 款规定，监察机关依法对与招投标活动有关的监察对象实施监督。根据《行政监察法》和《行政监察法实施条例》规定，行政监察对象包括：国家行政机关、国家公务员和国家行政机关任命的其他人员，以及法律、法规授权的具有管理公共事务职能的组织以及国家行政机关依法委托的组织及其工勤人员以外的工作人员。其中，国家行政机关任命的其他人员，是指企业、事业单位、社会团体中由国家行政机关以委任、派遣等形式任命的人员。《招标投标法》颁布实施以来，各级监察机关依据《行政监察法》等有关法律法规，在推动招投标制度建设，加强招投标行政监督，规范招投标市场等方面开展了大量工作，发挥了重要作用。但由于《招标投标法》和 34 号文件对监察机关的职责、监察范围等都没有规定，实际工作中也引起了一些问题。例如，一些地方的监察机关参与招投标活动监督执法，处理招投标投诉和举报，履行了一些应当由招投标行政监督部门履行的职责。为了明确监察机关的职责，更好地发挥行政监察的监督制约作用，本条规定“监察机关依法对与招标投标活动有关的行政监察对象实施监察”。所谓依法监察，就是指监察机关履行招投标领域的行政监察职责，应当遵守《行政监察法》和《行政监察法实施条例》等有关法律法规关于监察对象、监察权限、监察程序等方面的规定。这一规定，有利于厘清行政监督与行政监察的关系，做到分工负责、相互配合，避免交叉或责任不清。

二、《条例》就招投标行政监管中存在的问题作了针对性规定

在维持现行监管体制的同时，《条例》也注意到分散监管所带来的政出多门、推诿扯皮、同体监督等问题。为解决这些问题，《条例》作了相应的制度安排。一是授权地方政府探索新的管理模式。县级以

上地方人民政府有关部门招投标行政监督职责分工，原则上是参照国务院有关部门职责分工规定，以确保上下协调一致，形成系统合力。但考虑到地方人民政府的机构设置与国务院机构设置并不完全对应，一些地方结合本地特点已经制定了与国务院部门职责分工不同的规定，还有一些地方探索成立了综合性招投标行政监督部门，实施统一监管。为了给地方人民政府行政监督管理体制改革留出空间，本条第2款规定：县级以上地方人民政府对招标投标活动行政监督职责分工另有规定的，从其规定。二是通过明确分工减少职责交叉。除本条对各部门职责分工做了概括规定外，《条例》第3条、第7条、第11条、第12条、第15条、第45条，分别明确了依法必须进行招标的工程建设项目的具体范围和规模标准的制定部门，核准招标范围、招标方式、招标组织形式等招标内容的部门，招标代理机构的管理部门，招标职业资格的认定部门，指定发布招标公告媒介的部门，编制标准文本的部门，统一评标专家专业分类标准和管理办法的制定部门，并在法律责任一章中明确吊销营业执照由工商行政管理机关负责。三是加强部门协作以防止推诿扯皮。《条例》第7条规定，项目审批、核准部门应当及时将审核确定的招标范围、招标方式、招标组织形式通报有关行政监督部门；第61条规定，投诉人就同一事项向两个以上有权受理的行政监督部门投诉的，由最先收到投诉的行政监督部门负责处理；第67条第4款规定，法律、行政法规对串通投标报价行为的处罚另有规定的，从其规定；第84条规定，政府采购的法律、行政法规对政府采购货物、服务的招标投标另有规定的，从其规定。此外，为防止同体监督，《条例》第46条第4款规定，行政监督部门的工作人员不得担任本部门负责监督项目的评标委员会成员。

三、行政监督与社会监督、司法监督应当相互补充

本条之所以重点规定了行政监督部门，这是由招投标活动和行政监督的特点决定的。招投标活动程序性、时效性强，如果不能及时制止纠正违法违规行为，将造成难以弥补的损失。招投标活动的这一特点，决定了对其监督必须做到主动及时。与司法监督相比，行政监督的发起更为主动，程序也更为便捷，能够较好地满足招投标监管需要。此外，由于招投标活动特别是依法必须招标项目的招投标活动具有较

强的公共性和外部性，这也是招投标行政监督存在的重要原因之一。

社会监督是及时发现和纠正招投标违法违规行为的重要途径。为了更好地发挥社会监督的作用，《条例》从三个方面做了进一步规定。一是提高了招投标活动的透明度。例如，《条例》第54条第1款规定，依法必须进行招标的项目，招标人应当自收到评标报告之日起3日内公示中标候选人，公示期不得少于3日。二是鼓励当事人协商解决纠纷。《条例》第60条第2款规定，就招标文件、开标和评标结果投诉的，应当先向招标人提出异议。三是加强行业自律。《条例》第83条规定，招标投标协会按照依法制定的章程开展活动，加强行业自律和服务。

司法监督对于规范招投标活动发挥着重要作用。对于招投标纠纷，当事人既可以通过行政途径加以解决，也可以通过提请仲裁或者诉讼进行解决。同时，通过行政诉讼将违法或者不当的行政监督行为诉诸法院，也是司法监督发挥作用，保护招投标当事人合法权益的重要渠道。《条例》之所以没有规定司法监督，是因为对于招投标活动中的民事纠纷、行政争议和刑事案件，可以直接依照《民事诉讼法》、《行政诉讼法》、《刑事诉讼法》和《仲裁法》处理。例如，《条例》第69条规定出让或者出租资格、资质证书供他人投标构成犯罪的，依法追究刑事责任。

总之，应当充分发挥好这三种监督方式的优势，相互配合，建立起多方面、多层次的监督制约机制。

第五条［招标投标交易场所及电子招标］

设区的市级以上地方人民政府可以根据实际需要，建立统一规范的招标投标交易场所，为招标投标活动提供服务。招标投标交易场所不得与行政监督部门存在隶属关系，不得以营利为目的。

国家鼓励利用信息网络进行电子招标投标。

【释义】本条是关于招投标交易场所和电子招投标的规定。

一、赋予招投标交易场所法律地位并对其加以规范

2002年3月，国务院办公厅转发了建设部、国家计委、监察部《关于健全和规范有形建筑市场的若干意见》（国办发［2002］21

号），要求加强管理，规范运行，促进有形建筑市场健康发展，创造公开、公平、公正的建筑市场竞争环境。根据这一规定，各地先后建立了有形建筑市场、建设工程交易中心、公共资源交易中心等各类有形市场，交通、水利、铁道等部门也建立了本行业的有形市场。这些招投标交易场所的建设和发展，对提高招投标透明度，加强招投标行政监督，规范招投标活动起到了一定作用，但也存在着管办不分、乱收费用、重复设置等问题。针对上述问题，中央《关于开展工程建设领域突出问题专项治理工作的意见》（中办发［2009］27 号，以下简称“27 号文件”）要求“建立统一规范的工程建设有形市场”。

为落实 27 号文件精神，按照立足当前、着眼长远的原则，在规范当前各类招投标交易场所的同时，为其未来发展预留空间。一是在名称上，使用“招标投标交易场所”而非“有形建筑市场”。主要考虑是，公共资源交易中心等综合性交易场所已经成为有形市场发展的新趋势，一些地方已经或正在推进综合性交易场所建设，将工程建设项目招投标、土地使用权出让招标拍卖、政府采购、产权交易等纳入统一的交易平台操作，实行集中交易、集中监管。二是在定位上，交易场所是为招投标活动提供服务的。交易场所应当按照公共服务、公平交易的原则，为招投标活动提供场所和信息服务，为政府监管提供便利。招投标交易场所不能代行行政监督职责，也不能扮演招标代理机构的角色。三是在运行上，交易场所应当统一规范。所谓统一，就是要解决资源分散的问题，对各类交易场所进行整合，建立相对集中的招投标交易场所。所谓规范，就是要立足服务这一定位，规范运行，切实解决政企不分、政事不分、管办不分等问题。四是在设立主体上，建立交易场所的主体应当是设区的市级以上地方人民政府。建立集中统一的招投标交易场所，不仅要对不同类型的交易中心进行重组整合，在设立交易场所的政府层级上也不宜过多。目前，有形市场在数量上占绝大多数的是县级人民政府建立的交易中心，由于县级行政区域辖区范围相对较小，招标项目规模和数量有限，建立大量县级交易场所不但造成了重复建设和资源浪费，在客观上也加剧了市场分割，不利于扩大竞争、优化资源配置。五是在与行政监督部门的关系上，交易场所应当独立于行政监督部门。要实现政事分开、政企分开，就必须做到交易场所与政府部门及其所属机构脱钩，做到人员、职能分离。六是在收费上，招投标交易场所不得以营利为目的，切实解决不合理收费问题，这也与其公共服务的定位是一致的。

二、明确国家鼓励推行电子招投标

电子招标投标是指利用现代信息技术，以数据电文形式进行的无纸化招标投标活动。推行电子招标投标具有五个方面的重要意义。一是有利于解决当前突出问题。例如，通过匿名下载招标文件，使招标人和投标人在投标截止前难以知晓潜在投标人的名称数量，有助于防止围标串标；通过网络终端直接登录电子招投标系统，免除了纸质招标情况下存在的投标报名环节，极大地方便了投标人，既有利于防止通过投标报名排斥本地区本行业以外的潜在投标人，也通过增加投标人数量增强了竞争性。同时，由于电子招投标具有整合和共享信息、提高透明度、如实记载交易过程等优势，有利于建立健全信用奖惩机制，遏制弄虚作假、防止暗箱操作、有效查处违法行为。二是有利于提高招投标效率。与传统招投标方式相比，电子招投标实现了招投标文件的电子化，其制作、修改、递交等都通过计算机系统和网络进行，省去了差旅、印刷、邮寄等所需的时间，便于有关资料的备案和存档。评标活动有了计算机辅助评标系统的帮助，可以提高效率。三是有利于公平竞争和预防腐败。招投标程序电子化后，招标公告、招标文件、投标人信用、中标结果、签约履约情况等信息的公开公示将变得更加方便和深入，有利于提高透明度，更好地发挥招投标当事人相互监督和社会监督的作用。同时，电子招标投标可以通过技术手段减少当前招投标活动中存在的“暗箱操作”等人为因素，预防商业贿赂和不正之风。四是有利于节约资源能源。传统招投标活动中消耗的纸张数量十分可观，文件印刷、运输、保存也要消耗大量资源能源。电子招标投标可以实现招投标全过程无纸化，不但有利于节约纸张，保护环境，也可以节省不少文件制作成本和差旅开支。五是有利于规范行政监督行为。按照监管权限以及法定监管要求，科学设置监管流程和监管手段，减少自由裁量和暗箱操作，可以大大提高监管的规范性。

推行电子招标投标的条件已经具备。一是具备了较好的实践基础。一些地方和行业积极推行电子招投标，积累了不少成功的案例。二是具有相应的法律基础。《电子签名法》、《合同法》等法律的出台，解决了电子签名、电子合同的法律效力问题，赋予数据电文形式进行电子招投标活动与传统纸质方式进行的招投标活动同等的法律效力。《计算机信息系统安全保护条例》、《计算机软件保护条例》等法规的颁布，为电子招标的软件开发、系统安全运行提供了法律基础。《信息安全技术、网络基础安全技术要求》（GB/T 20270）、《软件工程产品质量》（GB/T 16260－2006）等国家标准的制定，为编制电子招投标技术规范提供了技术保障。三是有可供借鉴的国际经验。早在上世纪 90 年代，日本就开始探索电子招标并将其作为“电子日本战略”的重要组成部分。德国、美国、韩国、加拿大等国政府也正在大力发展电子招标。世界银行、亚洲开发银行等国际金融组织已经制定了适用于其贷款项目的电子招投标规则。

推行电子招标投标必须加快制度建设，解决当前存在的问题。这些问题主要有：一是制度不完备。电子招标无法可依、无章可循，是目前最为突出的问题。不少地方和企业都有推动电子招标的想法，但由于国家没有出台统一的规则，一直不能付诸实施。有的地方和企业虽然已经开始实践，但做法不一、模式各异，特别是电子签名不统一、不共享，不利于全国统一大市场的形成。二是安全无保障。电子招标大量应用现代信息技术，技术性很强。如果没有一套完善的技术标准，对电子招标投标系统的开发应用进行必要的规范，容易出现流程设计不合法、系统程序有“后门”等问题，影响电子招标的安全性。三是监管不到位。电子招标的新特点，决定了对其有效监管离不开一定技术手段的支持。这就需要在监管的内容、程序、接口等方面，对电子招标投标系统提出明确的要求。四是信息不共享。要真正发挥电子招标的优势，需要实现全国范围内招投标信息的共享，从而最大限度地扩大市场竞争，降低交易成本。目前，各电子招标投标系统数据格式各不相同，也没有标准统一的数据接口和共享机制，信息孤岛问题较为突出。为贯彻落实本条规定，有效解决当前电子招标投标领域存在的突出问题，国家发展改革委将会同国务院有关部门制定出台电子招标投标办法及相关技术规范，建立健全电子招标投标制度。

第六条［禁止干预招投标］

禁止国家工作人员以任何方式非法干涉招标投标活动。

【释义】本条是关于禁止非法干涉招投标活动的总体性规定。

一、本条规定的义务主体是国家工作人员

依照法律规定，国家工作人员包括国家机关工作人员和国有企业、事业单位中依法从事公务的人员。需要说明的是，实践中非法干涉招投标活动的主体不仅限于国家工作人员。正因为如此，《招标投标法》第6条规定，任何单位和个人不得违法限制或者排斥本地区、本系统以外的法人或者其他组织参加投标，不得以任何方式非法干涉招标投标活动；第12条第1款规定，任何单位和个人不得以任何方式为招标人指定招标代理机构；本条第2款规定，任何单位和个人不得强制招标人委托招标代理机构办理招标事宜；第38条第2款规定，任何单位和个人不得非法干预、影响评标的过程和结果。此外，《条例》第13条第1款规定，招标代理机构在其资格许可和招标人委托的范围内开展招标代理业务，任何单位和个人不得非法干涉；第33条规定，投标人参加依法必须进行招标的项目的投标，不受地区或者部门的限制，任何单位和个人不得非法干涉。《条例》之所以在总则中将国家工作人员突出出来，明确禁止其非法干涉招投标活动，是因为与其他人员相比，国家工作人员利用职权非法干涉招投标活动的问题更为突出。

二、本条禁止的是非法干涉行为

国家工作人员非法干涉招投标活动的行为，可以分为两类。

（一）直接违反了法律、法规、规章有关不得非法干涉招投标活动的规定。

这些规定主要有：一是不得违法限制本地区、本系统以外的法人或者其他组织参加投标（《招标投标法》第6条）。二是不得强制具备自行招标条件的招标人委托招标代理机构代理招标（《招标投标法》第12条第1款）。三是不得为招标人指定招标代理机构（《招标投标法》第12条第2款）。四是不得非法干预、影响评标的过程和结果

（《招标投标法》第 38 条）。五是不得非法干涉招标代理行为（《条例》第 13 条第 1 款）。六是不得非法限制投标人所属地区或者所属部门（《条例》第 33 条）。七是不得非法干涉评标委员会成员的选取（《条例》第 70 条第 2 款）。八是不得要求依法必须进行招标的项目不招标（《条例》第 81 条）。九是不得要求依法应当公开招标的项目不公开招标（《条例》第 81 条）。十是不得要求评标委员会成员或者招标人以其指定的投标人为中标候选人或者中标人（《条例》第 81 条）。十一是不得非法干涉评标活动影响中标结果（《条例》第 81 条）。十二是不得要求有关部门或者单位将依法必须进行招标的项目化整为零，或者假借保密工程、抢险救灾等特殊工程的名义规避招标（《违反规定插手干预工程建设领域行为处分规定》第 5 条）。十三是不得影响投标人资格的确定或者评标、中标结果（《违反规定插手干预工程建设领域行为处分规定》第 5 条）。十四是不得非法限制招标公告的发布地点和发布范围（《招标公告发布暂行办法》第 4 条第 2 款）。十五是不得以行政手段或者其他不合理方式限制投标人的数量（《工程建设项目施工招标投标办法》第 20 条第 2 款）。十六是不得强制招标人编制或者报审标底，或者干预其确定标底（《工程建设项目施工招标投标办法》第 34 条第 4 款）。

（二）非法干涉了依法应当由市场主体和评标委员会成员自主决策的事项。主要从两个方面判断。

第一，国家工作人员的行为是否有法律法规和规章依据。国务院《全面推进依法行政实施纲要》（国发［2004］10 号）规定，行政机关实施行政管理，应当依照法律、法规、规章的规定进行；没有法律、法规、规章的规定，行政机关不得作出影响公民、法人和其他组织合法权益或者增加公民、法人和其他组织义务的决定。需要说明的是，根据国务院行政审批制度改革相关文件精神，法律、行政法规对某一事项只是作出原则管理规定，但没有设定行政审批的，国务院部门规章、地方性法规或者地方政府规章执行设定的行政审批事项应当取消。综合上述规定，国家工作人员的招投标管理行为，应当严格依照《招标投标法》和《条例》的规定进行；《招标投标法》和《条例》没有规定的管理事项，国家工作人员不得作出影响公民、法人和其他组织的权利义务的决定。根据以上规定，在招投标活动中，国家工作人员可依法从事的行为主要包括：一是审批、核准招标内容（《招标投标法》第9条和《条例》第7条）。二是接受自行招标备案（《招标投标法》第12条第3款）。三是对招标代理机构进行资格管理（《招标投标法》第14条）。四是对招标从业人员进行资格管理（《条例》第12条）。五是指定发布招标公告的媒介（《招标投标法》第16条）。六是组建评标专家库（《招标投标法》第37条第3款）。七是对评标进行监督（《条例》第46条第4款）。八是接受依法必须进行招标项目招标情况报告（《招标投标法》第47条）。九是受理投诉（《招标投标法》第65条）。十是对招投标过程中泄露保密资料、泄露标底、串通招标、串通投标、歧视排斥投标等违法活动进行监督执法和监督检查（《招标投标法》第7条）。

第二，被管理的事项是否属于市场主体或者评标委员会成员自主决策的范围。根据《招标投标法》和《条例》规定，是否进行资格预审、是否编制标底、招标人是否允许联合体投标、是否进行总承包、何时开标、选择什么样的评标标准和方法等，属于招标人自主决策的事项；潜在投标人是否投标、是否组成联合体投标、以何种方式对招标文件作出响应，是投标人自主决策的事项；在评标过程中，是否需要对投标文件进行澄清说明、根据招标文件依法对投标文件进行独立评审等，是评标委员会成员自主决策的事项。对于应当由当事人自主决策的事项，国家工作人员不得以任何方式，包括直接或者间接，明示或者暗示的方式加以干涉。当然，市场主体和评标委员会成员自主决策行为违法或者违反公开、公平、公正和诚实信用原则的，有关行政监督部门的国家工作人员可依法责令改正或者给予处罚。

第二章　招　　标

第七条［招标内容审核］

按照国家有关规定需要履行项目审批、核准手续的依法必须进行招标的项目，其招标范围、招标方式、招标组织形式应当报项目审批、核准部门审批、核准。项目审批、核准部门应当及时将审批、核准确定的招标范围、招标方式、招标组织形式通报有关行政监督部门。

【释义】本条是关于审批、核准招标内容的规定。

《国务院办公厅印发国务院有关部门实施招标投标活动行政监督的职责分工意见的通知》（国办发［2000］34 号）规定，项目审批部门在审批必须进行招标的项目可行性研究报告时，核准项目的招标方式以及国家出资项目的招标范围。本条根据《国务院关于投资体制改革的决定》（国发［2004］20 号，以下简称《投改决定》）精神，对该规定作了适当调整：一是在项目范围方面，明确需要审核招标内容的项目为实行审批制和核准制的项目，实行备案制的项目不再审核招标内容。二是在审批、核准环节上，由于实行核准制的项目不再审批可行性研究报告，以及仅部分实行审批制的项目需要审批可行性研究报告，本条不再规定审批项目可行性研究报告时审核招标内容。三是在审核的招标内容上，明确为招标范围、招标方式和招标组织形式。

一、审核招标内容的主体是项目审批、核准部门

《投改决定》在项目管理方式上进行了改革，由不分投资主体、不分资金来源、不分项目性质，一律按投资规模大小分别由各级政府及有关部门进行“审批”，调整为区分政府投资项目和企业投资项目，分别采用“审批”、“核准”和“备案”。对政府投资项目继续实行审批制，对重大项目和限制类项目从维护社会公共利益角度实行核准制，其他项目无论规模大小，均改为备案制。按照谁审批，谁核准的原则，招标内容审核由审批、核准部门负责。本条规定的项目审批、核准部门是指负责审批项目建议书、可行性研究报告、资金申请报告，

以及核准项目申请报告的国务院和地方人民政府有关部门。

审批、核准部门审核的招标内容既是招标人开展招标工作的依据，也是有关行政监督部门依法对招标人的招标投标活动实施监督的依据。因此，项目审批、核准部门应及时将其审核确定的招标内容通报有关行政监督部门。

二、审核招标内容的项目限于需要履行审批、核准手续的依法必须进行招标的项目

本条明确规定，仅审批和核准的依法必须进行招标的项目才需要审核招标内容。据此，不属于依法必须招标的项目，即使是审批类或核准类的项目，也不需要审核招标内容；不需要审批、核准的项目，即使属于依法必须进行招标的项目，也不需要审核招标内容。需要审批、核准招标内容的项目范围，见示意图。对于不需要审核招标内容的项目，由招标人根据《条例》第 8 条、第 9 条、第 10 条规定，依法自行确定是否需要招标以及招标方式和招标组织形式。

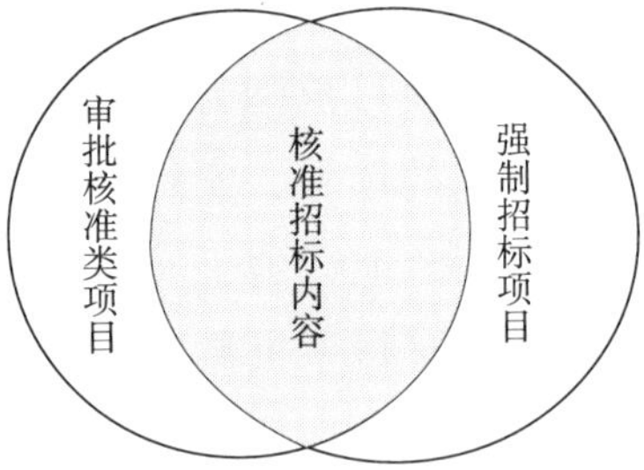

需要审核招标内容的项目示意图

三、审核的招标内容为招标范围、招标方式、招标组织形式

（一）招标范围。招标范围是指项目的勘察、设计、施工、监理、重要设备、材料等内容，哪些部分进行招标，哪些部分不进行招标。其中，是否可以不进行招标，项目审批、核准部门应根据《条例》第 9 条规定判断。

（二）招标方式。招标方式分为公开招标和邀请招标两种。根据《招标投标法》第 11 条和《条例》第 8 条规定，国家重点项目、省（自治区、直辖市）重点项目、国有资金占控股或者主导地位的项目

应当公开招标。对于应当公开招标的依法必须招标项目，是否可以进行邀请招标，项目审批、核准部门应根据《条例》第 8 条规定判断。

（三）招标组织形式。招标组织形式分为委托招标和自行招标两种。委托招标是指招标人委托招标代理机构办理招标事宜；自行招标是指招标人依法自行办理招标事宜。招标人是否可以自行招标，项目审批、核准部门应根据《招标投标法》第 12 条第 2 款和《条例》第 10 条规定，从招标人是否具有与招标项目规模和复杂程度相适应的技术、经济等方面的专业人员判断。

四、《条例》没有规定审核招标内容的具体阶段

《条例》没有规定在审批可行性研究报告阶段审核招标内容，主要考虑以下三点。一是根据《投改决定》，只有采用直接投资和资本金注入方式的政府投资项目才需要审批可行性研究报告，而对于采用投资补助、转贷和贷款贴息方式的政府投资项目以及企业投资项目，不再批准可行性研究报告。因此，不宜统一规定在审批可行性研究报告阶段审核招标内容。二是从项目管理看，工程建设项目的可研勘察招标、方案设计招标需要在编制可行性研究报告前进行。因此，也不宜规定在审批可行性研究报告阶段审核招标内容。三是由于资金来源和项目规模大小不确定等因素，有些工程建设项目在可研勘察招标、方案设计招标时，还不能确定项目的审批或核准部门，也就无法审核其招标内容。综上所述，《条例》没有规定审核招标内容的环节，既与《投改决定》相衔接，也符合项目管理实际。

需要说明的是，尽管《条例》没有规定审核招标内容的具体阶段，但项目审批、核准部门在审批可行性研究报告或资金申请报告、核准项目申请报告时，应尽可能一并审核招标内容，以提高效率，减轻招标人负担。

第八条［邀请招标］

国有资金占控股或者主导地位的依法必须进行招标的项目，应当公开招标；但有下列情形之一的，可以邀请招标：

（一）技术复杂、有特殊要求或者受自然环境限制，只有少量潜在投标人可供选择；

（二）采用公开招标方式的费用占项目合同金额的比例过大。

有前款第二项所列情形，属于本条例第七条规定的项目，由项目审批、核准部门在审批、核准项目时作出认定；其他项目由招标人申请有关行政监督部门作出认定。

【释义】本条是关于公开招标项目范围以及其中可以采用邀请招标的条件和程序的规定。

一、公开招标与邀请招标是《招标投标法》规定的两种招标方式

《招标投标法》第 10 条规定，招标方式分为公开招标和邀请招标。公开招标，是指招标人以招标公告的方式邀请不特定的法人或者其他组织投标。邀请招标，是指招标人以投标邀请书的方式邀请特定的法人或者其他组织投标。第 16 条第 1 款规定，招标人采用公开招标方式的，应当发布招标公告。依法必须进行招标的项目的招标公告，应当通过国家指定的报刊、信息网络或者其他媒介发布。第 17 条第 1 款规定，招标人采用邀请招标方式的，应当向三个以上具备承担招标项目的能力、资信良好的特定的法人或者其他组织发出投标邀请书。根据以上规定，并从实际执行情况看，公开招标与邀请招标各有优势。除依法应当公开招标的项目外，招标人可根据招标项目的实际情况自主选择何种招标方式。

二、本条补充规定了依法必须进行公开招标的项目范围

虽然公开招标与邀请招标各有利弊，但由于公开招标的透明度和竞争程度更高，国内外立法通常将公开招标作为一种主要的采购方式。例如，我国《政府采购法》第26 条第2 款规定，公开招标应作为政府采购的主要采购方式；我国台湾地区《政府采购法》第 19 条规定，除法定情形外，限额以上的采购应当公开招标。世界银行《货物、工程和非咨询服务采购指南》明确规定，在绝大多数情况下，国际竞争性招标（国际公开招标）是实现经济效率、竞争机会均等、采购程序透明度等价值的最佳方式。联合国贸易法委员会《货物、工程和服务采购示范法》规定，一般情况下货物或者工程应当通过招标程序（公开招标）进行采购。

根据《招标投标法》第 11 条规定，国家重点项目和省、自治区、

直辖市人民政府确定的地方重点项目原则上应当公开招标。本条在《招标投标法》前述规定的基础上，借鉴相关立法经验，对公开招标的项目范围做了补充规定，即国有资金占控股或者主导地位的依法必须招标项目，原则上也应当公开招标。所谓“国有资金”，根据《工程建设项目招标范围和规模标准规定》（国家发展计划委员会令第3号）第4条规定，包括各级财政预算资金、纳入财政管理的各种政府性专项建设基金，以及国有企业事业单位自有资金。所谓“控股或者主导地位”，根据《公司法》第217条规定，是指国有资金占有限责任公司资本总额50%以上或者国有股份占股份有限公司股本总额50%以上；国有资金或者国有股份的比例虽然不足50%，但依出资额或者所持股份所享有的表决权已足以对股东会、股东大会的决议产生重大影响的，或者国有企事业单位通过投资关系、协议或者其他安排，能够实际支配公司行为的，也属于国有资金占控股或者主导地位。

需要说明两点：一是国有资金的比例应当是项目资金来源中所有国有资金之和，国有企事业单位的自有和自筹资金均属于国有资金。二是依法必须公开招标项目的范围，不限于《招标投标法》第11条和本条规定。例如，《土地复垦条例》第26条规定，政府投资进行复垦的，有关国土资源主管部门应当依照招标投标法律法规的规定，通过公开招标的方式确定土地复垦项目的施工单位；《国务院关于促进节约集约用地的通知》（国发［2008］3号）明确要求，土地前期开发应通过公开招标方式选择实施单位。

三、本条明确了公开招标项目采用邀请招标应当具备的条件和遵循的程序

本条第1款规定了可以邀请招标的两种情形。

（一）项目技术复杂、有特殊要求或者受自然环境限制，只有少量潜在投标人可供选择。根据这一规定进行邀请招标，除了项目技术复杂，或者有特殊要求，或者受自然环境限制外，还应当同时满足只有少量潜在投标人可供选择这一条件。考虑到上述特殊情况下，即使采用公开招标方式，投标人也是已知且有限的，直接邀请符合条件的潜在投标人投标，不仅有利于提高采购效率、节约采购成本，而且可以在一定程度上避免因投标人不足三个而导致招标失败。需要说明的

是，项目技术虽然复杂，或者有特殊要求，或者虽然受自然环境限制，如果有足够多的潜在投标人，对于应当公开招标的项目而言，仍不能邀请招标。另外，项目技术复杂、有特殊要求或者受自然环境限制这三个要件均应当是客观的，特别是项目的特殊要求，要从采购项目的功能、定位等实际需要出发，实事求是地提出。

（二）采用公开招标方式的费用占项目合同金额的比例过大。招标采购本质上是一种经济活动，应当遵循经济规律。不管是世界银行《货物、工程和非咨询服务采购指南》，还是联合国贸易法委员会《货物、工程和服务采购示范法》，均将物有所值（value for money）作为采购活动的基本原则或者价值目标之一。当招标成本等于甚至大于招标收益时，招标活动就失去了意义。该项规定，是物有所值原则的具体体现。当然，物有所值原则不仅仅要求选择适当的采购方式，还体现在合理确定强制招标范围和规模标准等活动中。需要说明的是，该项规定根据我国《政府采购法》第 29 条，使用了“费用”而非“成本”这一概念。这一点，与联合国贸易法委员会《货物、工程和服务采购示范法》同时考虑“时间”和“费用”有所不同。由于实践中不同招标项目差别较大，本条没有规定公开招标费用占项目合同金额的具体比例。本条第 2 款规定，对于应当审核招标内容的项目，由项目审批、核准部门在审批、核准项目时认定公开招标费用占项目合同金额的比例是否过大，其他应当公开招标的项目由招标人申请有关行政监督部门作出认定。当然，本条第 1 款第 1 项规定的情形也应当根据《条例》第 7 条履行审核手续。

本条规定的邀请招标条件，参考了国内外相关立法。例如，我国《政府采购法》第 29 条规定，因货物或服务具有特殊性，供应商有限的，以及采用公开招标方式的费用占项目总价值比例过大的，可以采用邀请招标。联合国贸易法委员会《货物、工程和服务采购示范法》第 20 条规定了适用限制性招标（即邀请招标）的两种情形：一是所需货物、工程或服务由于其高度复杂或专门性质，只能从有限范围的供应商或承包人处获得；二是研究和评审大量投标书所需时间和费用与拟采购货物、工程或服务的价值不成比例。世界银行《货物、工程和非咨询服务采购指南》规定，有限国际招标（即国际邀请招标）适用于供货商数量有限等情形。

本条规定的邀请招标条件，是对依法必须公开招标的项目而言的。对于非依法必须公开招标的项目，由招标人自主确定公开招标还是邀请招标。

第九条 ［可以不招标情形］

除招标投标法第六十六条规定的可以不进行招标的特殊情况外，有下列情形之一的，可以不进行招标：

（一）需要采用不可替代的专利或者专有技术；

（二）采购人依法能够自行建设、生产或者提供；

（三）已通过招标方式选定的特许经营项目投资人依法能够自行建设、生产或者提供；

（四）需要向原中标人采购工程、货物或者服务，否则将影响施工或者功能配套要求；

（五）国家规定的其他特殊情形。

招标人为适用前款规定弄虚作假的，属于招标投标法第四条规定的规避招标。

【释义】本条是关于可以不进行招标的特殊情形的规定。

《招标投标法》第3条和《条例》第3条规定了必须进行招标的项目范围。对于客观上不可能或者不适宜进行招标项目的特殊情形，《招标投标法》第66条作了规定。但从实际情况看，不适宜招标的情形不限于该条规定。本着实事求是的原则，同时为了严格控制免于招标的范围和条件，本条对《招标投标法》第66条作了补充。

一、《招标投标法》规定可以不进行招标的特殊情形

（一）涉及国家安全、国家秘密不适宜招标。例如有关国防科技、军事装备等项目的选址、规划、建设等事项均有严格的保密及管理规定。招标投标的公开性要求与保密规定之间存在着无法回避的矛盾。因此，凡涉及国家安全和秘密确实不能公开披露信息的项目，除适宜招标的可以邀请符合保密要求的单位参加投标外，其他项目只能采取非招标的方式组织采购。

（二）抢险救灾不适宜招标。包括发生地震、风暴、洪涝、泥石流、火灾等异常紧急灾害情况，需要立即组织抢险救灾的项目。例如

必须及时抢通因灾害损毁的道路、桥梁、隧道、水、电、气、通讯以及紧急排除水利设施、堰塞湖等项目。这些抢险救灾项目无法按照规定的程序和时间组织招标，否则将对国家和人民群众生命财产安全带来巨大损失。不适宜招标的抢险救灾项目需要同时满足以下两个条件：一是在紧急情况下实施，不能满足招标所需时间。二是不立即实施将会造成人民群众生命财产损失。

（三）利用扶贫资金实行以工代赈、需要使用农民工不适宜招标。按《国家扶贫资金管理办法》（国办发〔1997〕24 号）规定，国家扶贫资金是指中央为解决农村贫困人口温饱问题、支持贫困地区社会经济发展而专项安排的资金，包括支援经济不发达地区发展资金、农业建设专项补助资金、新增财政扶贫资金、以工代赈资金和扶贫专项贷款等。其中以工代赈是现阶段的一项农村扶贫政策，是由国家安排以工代赈资金建设与农村贫困地区经济发展和农民脱贫致富相关的乡村公路、农田水利等小型基础设施工程，受赈济地区的农民通过参加以工代赈工程建设，获取劳务报酬，增加收入，以此取代直接救济的一种扶贫政策。因此，使用以工代赈资金建设的工程，实施单位应组织工程所在地的农民参加工程建设，并支付劳务报酬，不适宜通过招标方式选择承包单位。但技术复杂、投资规模大的工程，特别是按规定必须具备相关资质才能承包施工的桥梁、隧道等工程，可以通过招标选择具有相应资质的施工承包单位，将组织工程所在地农民为工程施工提供劳务并支付报酬作为招标的基本条件。

二、本条补充规定了可以不进行招标的情形

（一）需要采用不可替代的专利或者专有技术。根据《专利法》，专利是指对发明创造包括发明、实用新型和外观设计经申请并通过审查后所授予的一种权利。专利权是发明创造人或其权利受让人对特定的发明创造在一定期限内依法享有的独占实施权，是知识产权的一种。专有技术是指先进、实用但未申请专利权保护的产品生产技术秘密，包括产品设计图纸、生产工艺流程、配方、数据公式，以及产品质量控制和管理等方面的技术知识、经验等。专利和专有技术的主要区别有：一是专利属于工业产权，专有技术不属于工业产权，是没有取得专利权的技术知识，是具有实用性的动态技术。二是专利是经过

审查批准的新颖性、创造性水平比较高的先进技术，专有技术不一定是发明创造，但必须是成熟的、行之有效的。三是专利的内容是公开的，专有技术的内容是保密的，是一种以保密性为条件的事实上的独占权。四是专利的有效性受时间和地域的限制，专有技术没有这种限制。

需要使用专利或者专有技术的项目不适宜招标，要同时满足以下三个方面的条件：一是项目功能的客观定位决定必须使用指定的专利或者专有技术，而非招标人的主观要求。但是，仅仅因为项目技术复杂或者技术难度大，不能作为免于招标的理由。二是项目使用的专利或专有技术具有不可替代性。项目功能定位必须使用特定的专利或者专有技术，且没有可以达到项目功能定位同样要求的其他替代技术方案。如果可以使用不同的专利或者专有技术替代，能够满足相同或相似的项目功能定位的技术需求目标，且不影响项目的质量和使用效率，就可以通过招标选择供应商或承包人。如某项目电梯工程招标，要求电梯运行的速度、稳定、舒适、安全和节能等技术经济指标满足功能需求目标。尽管市场上各个品牌及型号的电梯都拥有几项不同的专利或专有技术，但大多数专利和专有技术能够相互替代并实现相同或相似的功能需求目标，应当通过招标选择供应和安装单位。三是项目使用的专利或专有技术无法由其他单位分别实施或提供。大部分产品或生产工艺的专利或者专有技术具有独占性，专利或者专有技术的独占性决定了特定的专利或者专有技术只能由 1 家或少数几家特定的单位提供，而无法通过招标选择项目供应或承包人。

（二）采购人依法能够自行建设、生产或者提供。符合本项规定的条件可以不进行招标的主要考虑是为了降低成本。准确理解该规定需要注意以下三个要点。

一是采购人指符合民事主体资格的法人、其他组织，不包括与其相关的母公司、子公司，以及与其具有管理或利害关系的，具有独立民事主体资格的法人、其他组织。由于符合本项不需要招标，所以此处使用了“采购人”而非“招标人”这一概念。如某水电集团公司是某水电站项目法人的股东，虽然水电集团公司具有水电站施工的相应资质能力，但因水电站项目的采购人是独立组建的水电站项目法人，该项目法人不能未经招标而将该项目直接发包给水电集团公司。

二是采购人自身具有工程建设、货物生产或者服务提供的资格和能力。能够自行建设、生产或者提供的工程、货物和服务，既可能是采购人为了自己使用，也可能是提供给他人。例如，某房地产开发公司除具有房屋开发资质外，还具有相应的房屋建筑工程施工总承包一级资质，其开发的商品房就可以按有关法律法规和规定自行组织施工，而不需要招标。

三是采购人不仅要具备自行建设、生产或者提供的资格和能力，还应当符合法定要求。对于依照法律、法规规定采购人不能自己同时承担的工作事项，采购人仍应进行招标。例如，承担某政府投资项目管理职能的主体即使具有施工资质能力，不能同时承担该政府投资项目的施工承包。再如，根据《建设工程质量管理条例》及有关规定，工程监理单位与被监理工程的施工承包单位以及建筑材料、建筑构配件和设备供应单位有隶属关系或者其他利害关系的，不得承担该项建设工程的监理业务。因此，采购人如果自行提供了工程监理服务，则不能同时承包工程施工以及建筑材料、建筑构配件和设备的供应。

需要说明的是，《条例》第29条规定的暂估价项目招标时，如果以总承包人作为暂估价项目的招标人，不适用本项规定。

（三）已通过招标方式选定的特许经营项目投资人依法能够自行建设、生产或者提供。这里所称的特许经营项目，是指政府将公共基础设施和公用事业的特许经营权出让给投资人并签订特许经营协议，由其组建项目公司负责投资、建设、经营的项目。适用本条规定需要满足两个条件。

一是特许经营项目的投资人是通过招标选择确定的。政府采用招标竞争方式选择了项目的投资人，中标的项目投资人组建项目公司法人，并按照与政府签订项目特许经营协议负责项目的融资、建设、特许经营。类似的项目特许经营模式有BOT、BOO、TOT、BT等。由于已经通过招标竞争确定了项目投资人，并据此确定了公共产品、公共服务的价格，或者项目建成后的资产转让价格及有关权利、义务和责任，允许特许经营项目的项目法人不再经过招标将其工程、货物或者服务直接发包给具备建设、制造、提供能力的投资人，不仅不会影响公共利益，而且可以降低特许经营项目的建设成本，吸引更多的市场主体积极参与提供公共服务。

二是特许经营项目的投资人（而非投资人组建的项目法人）依法能够自行建设、生产和提供。对这一规定的理解和适用，参照对本款第二项的释义。需要说明的是，特许经营项目的投资人可以是法人、联合体，也可以是其他经济组织和个人。其中，联合体投资的某个成员只要具备相应资格能力，不论其投资比例大小，经联合体各成员同意，就可以由该成员自行承担项目建设、生产或提供。

（四）需要向原中标人采购工程、货物或者服务，否则将影响施工或者功能配套要求。本项规定了原中标项目可以不进行招标而继续追加采购的情形，应当正确把握以下三个方面。

一是原项目是通过招标确定了中标人，因客观原因需要向原合同中标人追加采购工程、货物或者服务。追加采购的内容必须是原项目招标时不存在，或因技术经济客观原因不可能包括在原项目中一并招标采购，而是在原项目合同履行中产生的新增或变更需求，或者是原项目合同履行结束后产生的后续追加项目。

二是如果不向项目原中标人追加采购，必将影响工程项目施工或者产品使用功能的配套要求。例如，原建设工程变更用途需要追加供热管道安装，或需要追加其他附属配套设施或主体工程需要加层等，因受技术、管理、施工场地等限制，只能由原中标人施工承包。再如，原生产机电设备需要追加非通用的备品备件或消耗材料，或原生产控制信息系统功能需要改进和升级等，为保证与原货物和服务的一致配套，只能向原中标人追加采购。因实际需求情况复杂，本项没有对追加采购的数量作出规定，实践中应当从严掌握，合理界定范围，而不能无限制地追加。

三是原项目中标人必须具有依法继续履行新增项目合同的资格能力。如果是原中标人破产、违约、涉案等造成终止或无法继续履行新增项目合同的，应按规定重新组织招标选择原有项目或新增项目的中标人。

由于符合以上条件的追加采购没有竞争性，有可能增加采购成本，形成规避招标，产生腐败交易。例如，招标人故意将原招标项目化整为零，先招小项目，后送大项目，或不具备条件即启动招标等，形成追加采购的事实等。为此，必须加强监督，严格本项规定的适用。

（五）国家规定的其他情形。国家规定主要有全国人民代表大会及其常委会制定的法律、决议，国务院制定的行政法规、决定、规范性文件以及国务院有关部门制定的规章等。

三、禁止以弄虚作假的方式规避招标

为防止采购人滥用上述规定情形规避招标，本条第2款强调，招标人为适用前款规定弄虚作假的，属于规避招标行为。一些招标人采用弄虚作假，隐瞒事实，伪造和混淆项目主体、项目性质和资金来源，拆解分割项目，以及提供其他可以不进行招标的虚假情况等方式达到规避招标。例如，伪造资质或者资格证书，用以证明具备自行建设、生产或者提供的能力；伪造证明材料证明招标项目需要采用不可替代的专利或者专有技术；以垫资施工为目的，打着BT（建设和转让）的旗号，实际并不存在产权的转让（T），以此规避施工招标等。

第十条［自行招标能力］

招标投标法第十二条第二款规定的招标人具有编制招标文件和组织评标能力，是指招标人具有与招标项目规模和复杂程度相适应的技术、经济等方面的专业人员。

【释义】本条是关于招标人自行招标能力的规定。

一、招标组织形式分为自行招标和委托代理招标

所谓自行招标，就是招标人自己办理招标公告、资格预审公告、投标邀请、编制资格预审文件和招标文件、对资格预审文件和招标文件进行澄清说明、组织开标、组建评标委员会评标、定标等全过程招标事项。根据《招标投标法》第12条第2款和第3款规定，招标人自行招标，应当具有编制招标文件和组织评标的能力，并向有关行政监督部门备案。

委托招标代理机构组织招标，符合专业化发展要求，有利于提高招标工作的质量、效率和规范化程度。不具备自行招标能力的招标人应当委托招标代理机构办理招标事宜，具备自行招标能力的招标人也可以将全部或者部分招标事宜委托招标代理机构办理，但任何单位和个人不得为招标人指定招标代理机构。

二、招标人是否具有自行招标能力应依据其拥有的专业人员判断

招标项目管理人员的专业能力结构是决定招标工作质量、效率和规范化程度的基本因素。因此，本条规定招标人具有编制招标文件和组织评标的能力，是指具备与招标项目规模和复杂程度相适应的技术、经济等方面的专业人员。这里所说的专业人员，与《条例》第12条对招标代理机构要求的招标师不同，包括项目投资咨询师、项目管理师、工程造价师、招标师、专业工程师、会计师等或具有相同专业水平和类似项目工作经验业绩的专业人员。在具体招标项目中，招标人自行组织招标配备的技术、经济专业人员的专业结构、数量和专业能力水平应当与招标项目所属行业、专业特性、项目规模以及复杂程度相适应，以满足项目实施管理的要求，适应项目组织、技术、财务、招标采购、合同等管理的需要，适应项目质量、进度、成本、安全、环境、法律风险等控制的需要。

第十一条［招标代理资格］

招标代理机构的资格依照法律和国务院的规定由有关部门认定。

国务院住房城乡建设、商务、发展改革、工业和信息化等部门，按照规定的职责分工对招标代理机构依法实施监督管理。

【释义】本条是关于招标代理机构资格认定与监督管理的规定。

一、招标代理机构实行资格认定制度

招标代理机构是依法设立、从事招标代理业务并提供相关服务的社会中介组织。根据《招标投标法》第14条规定，国家对招标代理机构实行资格认定制度，由有关行政监督部门按照《招标投标法》和有关规定明确的认定标准和办法，对申请从事招标代理业务的机构组建成立、注册资金、专业人员结构数量及其代理服务业绩、社会信用等要素条件进行评审论证，对符合相关资格条件的机构赋予其招标代理资格。招标代理机构应当满足《招标投标法》第13条规定的条件，同时遵守《招标投标法》和《条例》关于招标人的规定。

二、招标代理机构资格认定的主体和条件

根据《招标投标法》第14条和《国务院办公厅印发国务院有关

部门实施招标投标活动行政监督的职责分工意见的通知》（国办发［2000］34号）规定，目前招标代理机构资格主要有以下五类。一是工程建设项目招标代理机构资格，由住房和城乡建设部负责认定。二是从事与工程建设有关的进口机电设备采购的招标代理机构的资格，由商务部负责认定。三是从事中央投资项目招标代理机构资格，由国家发展和改革委员会负责认定。四是从事通信设备招标代理机构资格，由工业和信息化部负责认定。五是从事其他招标代理业务的招标代理机构的资格，按现行职责分工，分别由有关行政主管部门认定。

招标代理机构的资格认定条件主要包括：招标代理机构的营业场所、相应资金和相应的办公条件；从事招标代理的年限、业绩和工作质量；编制招标文件和组织评标的相应专业人员的结构、数量、资历及类似工作经验，以及有关法律行政法规、部门规章规定的其他条件。为了保证招标代理行为的独立公正性，招标代理机构不得与行政机关和其他国家机关存在隶属关系或者其他利益关系。招标代理资格一般分为两到三个等级，分别对应不同的代理业务范围。

三、招标代理机构的监督管理

本条第2款规定，国务院住房城乡建设、商务、发展改革、工业和信息化等部门，按照规定的职责分工对招标代理机构依法实施监督管理。从当前招标代理实践看，有关部门应当重点从以下三个方面加强对招标代理机构的监督管理，依法严肃惩处和记录违法违规行为。一是招标代理机构申请和变更代理资格等级和业务范围的能力条件及其有关证明材料应当真实可靠，不得弄虚作假。二是招标代理机构应当按照认定的相应资格等级范围和招标人委托代理的权限依法开展招标代理活动。招标代理收费标准应当符合国家有关规定，禁止非法租借、伪造、涂改使用代理资格证书和代理业绩，禁止恶性竞争。三是招标代理机构应当严格遵守法律法规、诚实守信，严禁违法违规、弄虚作假、损害社会公共利益，侵犯招标人或其他相关主体的合法权益。

目前，由于招标代理机构的资格认定部门较多，标准不一，各招标代理资格认定和监管部门之间又缺乏必要的信息沟通和协调，以致招标代理机构需要向多个部门申请资格、办理年检，增加了招标代理机构的负担。在具体承揽招标代理业务方面，受地方、行业保护的影响，招标代理机构又需要向各地方、部门层层办理注册登记和备案，以及重复申报相关信息资料，严重影响了招标代理业务的顺利开展。因此，招标代理行业迫切需要通过制定统一的招标代理机构资格基础标准，搭建市场主体信息共享平台，建立各招标代理资格认定和监管的协调互认机制。

第十二条［招标从业人员资格］

招标代理机构应当拥有一定数量的取得招标职业资格的专业人员。取得招标职业资格的具体办法由国务院人力资源社会保障部门会同国务院发展改革部门制定。

【释义】本条是关于招标职业资格制度的规定。

招标代理机构是社会中介服务机构，提供专业代理服务。《招标投标法》第13条第2款对招标代理机构的人员组成提出了明确的专业能力要求，即招标代理机构应当有能够编制招标文件和组织评标的相应专业力量。为了落实《招标投标法》要求，进一步提高招标代理机构从业人员的职业素质，强化职业责任，规范职业行为，本条建立招标职业资格准入制度。

一、建立招标职业资格准入制度的必要性

（一）加强招标采购从业队伍建设的迫切要求。招标采购职业既是法律、政策、经济、技术复合型职业，同时也是涉及国家公共利益、市场主体权益、法律责任和风险的重要职业。当前，招投标行业已经形成了一支广泛分布在各个行业和领域的庞大职业队伍。但是，由于缺乏统一的职业资格标准和行为规范，以致从业队伍来源构成混杂、不稳定，专业素质参差不齐，教育程度、从业经验和专业能力差距较大，很多从业人员的法律、信誉意识和自律意识淡薄，从而无法有效地指导和规范招投标行为。这是造成招标投标工作差错失误、招投标违法违规行为屡禁不止的重要原因之一。建立招标职业资格准入制度，确立了招标采购的职业岗位和行业地位，提升了招标采购人员的职业归属感、职业约束力和职业责任意识；同时，创建了完整的招标采购专业知识体系和资格能力标准，为招标采购从业人员的职业素质教育及其任职、考核、升迁提供了系统、科学的依据。这

将有效激励和约束招标采购从业人员行为，努力学习专业知识和职业技能，强化诚信守法的职业责任，不断提升职业素质和专业服务能力。

（二）构建招标投标市场自律机制的现实需要。招标采购从业人员的诚信自律是招标投标市场诚信自律的基础。只有将招标采购主体的社会信用、责任真正落实到从业人员上，才能最终有效地规范市场主体行为，净化招标投标市场。建立招标职业资格准入制度，可以通过对从业人员的职业资格准入申请、考试认证、继续教育、业绩考核、行为记录、信用档案以及清退不合格人员等监督管理措施，有效约束和激励从业人员不断提高素质、自律诚信、强化责任、规范行为，真正落实市场主体的信用和责任，最终实现招标投标主体的法律责任约束和从业人员的自律约束有机结合，从源头上构建起有效规范招标投标市场主体的长效自律机制。

（三）适应了招标采购职业化的全球趋势。目前，美国和欧洲国家大多建立了招标采购职业资格的培训和认证体系。美国、英国、澳大利亚、新西兰政府的招标采购人员都必须经过专业机构严格的资格培训和考试认证合格，才能上岗任职，这些实践为我国建立招标职业资格准入制度提供了有益借鉴。中国是世贸组织成员国，随着《政府采购协定》的签订和政府采购市场的进一步开放，招标投标活动也将日益融入国际化轨道。这就需要我国从实际国情出发，尽快建立招标采购从业人员职业资格制度，以适应招标采购职业化的全球趋势。

二、招标代理机构应当拥有一定数量获得招标职业资格的专业人员

招标代理机构作为独立的中介机构，为采购人提供采购全过程服务，客观上要求加强资格管理，严格市场准入。招标采购从业人员的职业素质和专业能力是影响招标代理机构资格能力的决定性因素，因此，取得招标职业资格的人员数量规模应作为认定招标代理机构资格能力的基本指标，这有助于改变由于缺乏客观评价标准和对专业人员的刚性要求，导致招标代理机构准入失控、无限扩张和无序竞争的局面，有助于进一步完善和强化招标代理机构的资质管理，从而保证具有合格资格的代理机构进入招标采购市场。有关招标代理机构资格认定和管理部门应根据本条规定修改完善有关招标代理机构资格认定办

法和条件，合理制定各类招标代理机构应当拥有取得招标职业资格人员的数量标准，并严格监督执行。

同时，建立招标职业资格制度为推动建立各招标代理机构资格标准的统一互认机制创造了条件。目前，由于建设工程、机电设备（国际）、中央投资项目、通信设备等招标代理机构的资格认定缺乏统一的对接标准，以致难以改变招标代理机构多头重复申请和年检，以及多头接受监督的现状。建立统一招标职业资格制度后，为实现招标代理机构统一互认创造了必要的基础条件。

三、招标职业资格的具体实施管理办法由国务院人力资源社会保障部门会同国务院发展改革部门制定

国务院人力资源社会保障部门是各类专业人员职业资格的行政主管部门，国务院发展改革部门是招标投标活动的指导协调部门，所以，有关招标职业资格申请条件、考试科目与标准、从业注册登记与考核、继续教育，以及已经取得招标师职业水平证书的人员如何申请转换为招标职业资格证书等具体组织实施管理办法，将由上述两个部门依据本条和有关规定制定相关实施办法。

第十三条［招标代理权］

招标代理机构在其资格许可和招标人委托的范围内开展招标代理业务，任何单位和个人不得非法干涉。

招标代理机构代理招标业务，应当遵守招标投标法和本条例关于招标人的规定。招标代理机构不得在所代理的招标项目中投标或者代理投标，也不得为所代理的招标项目的投标人提供咨询。

招标代理机构不得涂改、出租、出借、转让资格证书。

【释义】本条是关于招标代理机构行为规范的规定。

一、招标代理机构应当在其资格许可和委托的范围内开展业务

（一）招标代理机构应当在其资格许可范围从事招标代理业务。为了规范招标代理行为，招标代理机构应当依法取得有关行政监督部门认定的招标代理机构资格，并在其资格许可的范围内从事招标代理业务。未取得招标代理资格或者超越资格许可范围承担招标代理业务

的，其招标代理行为无效，并将承担相应的法律责任。

（二）招标代理机构应当在招标人委托的权限范围内从事招标代理业务。《民法通则》第63条规定："公民、法人可以通过代理人实施民事法律行为。代理人在代理权限内，以被代理人的名义实施民事法律行为。被代理人对代理人的代理行为，承担民事责任。"据此，招标代理机构不仅应当在其资格许可的范围内，而且还要在招标人委托的职责范围内，以招标人的名义依法办理相关招标事宜，其行为后果由招标人承担。

二、任何单位和个人不得非法干涉招标代理业务

该规定主要针对以下两种情形。

（一）非法限制外地和外部门招标代理机构。有些地方和部门采用各种方式限制外地和外部门的招标代理机构开展招标代理业务。例如，外省市招标代理机构必须先到招标项目所在地有关部门进行注册、登记、备案后才能从事招标代理活动，或者招标代理机构的从业人员除按国家规定取得招标职业资格外，还必须取得当地有关部门的考试合格证书才能从业等。《行政许可法》第15条第2款规定，地方性法规和省、自治区、直辖市人民政府规章，不得设定应当由国家统一确定的公民、法人或者其他组织的资格、资质的行政许可；不得设定企业或者其他组织的资格、资质的行政许可；其设定的行政许可，不得限制其他地区的个人或者企业到本地区从事生产经营和提供服务，不得限制其他地区的商品进入本地区市场。

（二）非法干涉招标代理机构的正常业务。招标代理机构在其资格许可范围和招标人委托权限内，有权依法自主开展招标代理业务，不受任何单位和个人的非法干涉。实践中非法干涉招标代理业务的主要情形有：强制进行资格预审或者资格后审；指定资格审查委员会成员；干预资格预审文件、招标文件的编制，特别是资格审查标准和方法，以及评标标准和方法的编制；授意或者强令招标代理机构从事违法违规行为等。

三、招标代理机构应当严格遵守有关招标人的规定

既然招标代理机构以招标人的名义办理招标事宜，《招标投标法》

和《条例》关于招标人的规定，自然适用于招标代理机构。考虑到并非所有招标项目都委托招标代理机构进行代理，以及为了避免重复，本条从立法技术上做了处理，即明确招标代理机构代理招标业务，应当遵守《招标投标法》和《条例》关于招标人的规定。这些规定主要有：资格预审文件和招标文件发售期不得少于5日；不得以不合理的条件限制或者排斥潜在投标人，资格预审文件和招标文件不得含有倾向或者排斥潜在投标人等违法内容；不得向他人透露已获取招标文件的潜在投标人的名称、数量以及可能影响公平竞争的情况；应当保证评标在严格保密的情况下进行；应当接受有关行政监督部门的监督管理等。

四、本条规定了招标代理机构不得从事的两类行为

（一）有利益冲突的行为。即招标代理机构不得在所代理的招标项目中投标或者代理投标，也不得为所代理的招标项目的投标人提供咨询。作此限定的主要考虑是：招标代理机构在代理工作中，熟悉和掌握了本项目的相关情况，如果在所代理的招标项目中投标或者代理投标，将影响投标人之间的公平竞争。如果为所代理的招标项目的投标人提供咨询，可能导致串通投标。招标代理机构在所代理的招标项目中投标或者代理投标，构成了自己代理和双方代理，不符合代理权行使的要求。

（二）违反资格证书管理规定的行为。资格证书是招标代理机构取得资格许可的证明文件，招标代理机构应当遵守《行政许可法》规定，不得涂改、出租、出借和非法转让。涂改是指故意涂抹和修改招标代理资格证书原有的文字、图形或者其他标志；出租是指以招标代理资格证书的使用权来换取他人租金的行为；出借是指将招标代理资格证书借给他人使用的行为；非法转让是指招标代理机构违反法律法规的规定，转让招标代理资格证书。这些行为背离了行政许可制度的初衷，容易滋生各种违法违规行为。为此，《行政许可法》第80条规定，被许可人有“涂改、倒卖、出租、出借行政许可证件，或者以其他形式非法转让行政许可的”行为的，行政机关应当依法给予行政处罚；构成犯罪的，依法追究刑事责任。

第十四条［招标代理合同］

招标人应当与被委托的招标代理机构签订书面委托合同，合同约定的收费标准应当符合国家有关规定。

【释义】本条是关于委托招标代理合同的规范要求。

一、招标人与招标代理机构应当签订书面委托合同

《合同法》第10条规定，“当事人订立合同，有书面形式、口头形式和其他形式。法律、行政法规规定采用书面形式的，应当采用书面形式。当事人约定采用书面形式的，应当采用书面形式。”《合同法》第11条规定，“书面形式是指合同书、信件和数据电文（包括电报、电传、传真、电子数据交换和电子邮件）等可以有形地表现所载内容的形式。”

招标人与招标代理机构签订的委托代理合同，不属于即时结清合同，合同履行期比较长，且必须明确约定招标、投标、开标、评标、中标、签订合同等过程中双方的权利、义务。由于涉及第三人投标人利益，还必须接受行政监督部门的监督。因此，本条规定招标人与招标代理机构应当签订书面委托代理合同，约定委托代理招标工作的范围和权限，一般包括以下全部或部分工作内容：委托招标项目的招标方案，招标公告（投标邀请书），资格预审文件和招标文件编制、印刷、发售和澄清，组织和协助资格审查，接收投标文件，组织开标和评标，协助签订中标合同和合同管理等。

二、合同约定的招标代理服务收费应当遵守国家有关规定

因为大多数依法必须进行招标的项目涉及社会公共利益，关系国有投资的有效利用，以及招投标各方利益，需要政府实施必要的指导和监督。现行招标代理收费标准依据《国家计委关于印发〈招标代理服务收费管理暂行办法〉的通知》（计价格〔2002〕1980号）、《国家发展和改革委办公厅关于招标代理服务收费有关问题的通知》（发改办价格［2003］857号）以及《国家发展改革委关于降低部分建设项目收费标准规范收费行为等有关问题的通知》（发改价格［2011］534号）。根据政府指导价的要求和上述有关规定，招标代理服务收费应

在规定的收费标准内上下浮动幅度不得超过20%。招标代理服务收费标准为同一内容一次招标投标全流程的基准价格，但不含工程量清单、工程标底或工程招标控制价的编制费用，此项费用按有关规定另行计算和收取。双方应以各标段或标包中标金额为基准额，分别适用代理服务费用标准，并采用差额定率累进法计算代理收费额，当相同内容一次全流程招标代理服务合计收费额分别超过最高限额，即工程代理450万元、货物代理350万元、服务代理300万元的，则按照超过限额的比例降低各标段代理服务费用。招标人与受托招标代理机构在规定的收费标准和浮动幅度内协商确定招标项目具体代理收费标准和金额，委托代理业务范围超出相关规定的工作内容和标准的，委托代理双方可就增加的工作量，另行协商确定服务费用。招标代理服务费用一般应由招标人支付，招标人、招标代理机构另有约定的，从其约定。

依法必须招标项目的代理双方不遵守招标代理服务收费标准的，构成违法。《价格法》第39条规定，经营者不执行政府指导价、政府定价以及法定的价格干预措施、紧急措施的，责令改正，没收违法所得，可以并处违法所得五倍以下的罚款；没有违法所得的，可以处以罚款；情节严重的，责令停业整顿。

第十五条［公告与标准文本］

公开招标的项目，应当依照招标投标法和本条例的规定发布招标公告、编制招标文件。

招标人采用资格预审办法对潜在投标人进行资格审查的，应当发布资格预审公告、编制资格预审文件。

依法必须进行招标的项目的资格预审公告和招标公告，应当在国务院发展改革部门依法指定的媒介发布。在不同媒介发布的同一招标项目的资格预审公告或者招标公告的内容应当一致。指定媒介发布依法必须进行招标的项目的境内资格预审公告、招标公告，不得收取费用。

编制依法必须进行招标的项目的资格预审文件和招标文件，应当使用国务院发展改革部门会同有关行政监督部门制定的标准文本。

【释义】本条是关于招标公告和资格预审公告发布、资格预审文件和招标文件编制的规定。

《招标投标法》第18条第1款规定："招标人可以根据项目本身的要求，在招标公告或者投标邀请书中，要求潜在投标人提供有关资质证明文件和业绩情况，并对潜在投标人进行资格审查；国家对投标人资格条件有规定的，依照其规定。"该款对资格审查作了原则性规定。资格审查作为招标投标活动的关键环节之一，不规范的资格审查活动严重危害招标投标活动的公正和公平，因此有必要在《条例》中给予补充和细化。

资格审查方式分为资格预审和资格后审。所谓资格预审是指招标人在发出投标邀请书或者发售招标文件前，按照资格预审文件确定的资格条件、标准和方法对潜在投标人订立合同的资格和履行合同的能力等进行审查。资格预审的目的是为了筛选出满足招标项目所需资格、能力和有参与招标项目投标意愿的潜在投标人，最大限度地调动投标人挖掘潜能，提高竞争效果。对潜在投标人数量过多或者大型复杂等单一特征明显的项目，以及投标文件编制成本高的项目，资格预审还可以有效降低招投标的社会成本，提高评标效率。所谓资格后审，根据《条例》第20条规定，是指开标后由评标委员会按照招标文件规定的标准和方法进行的资格审查。

一、当前公告发布、资格预审文件和招标文件编制以及资格审查活动亟须规范

（一）资格预审公告和招标公告发布以及资格预审文件和招标文件的编制存在诸多不规范的现象。一是不在覆盖面比较大的媒介发布公告。具体表现为在地方性的小报上发布公告，受众局限在当地，阻碍潜在投标人获取资格预审或者招标信息，削弱了招标投标的竞争效果。二是资格预审文件或者招标文件内容不完整，遗漏甚至故意隐瞒依法应当公开的信息。主要表现在招标范围界定不清，资格条件等要求脱离招标项目的实际需要，评标标准和方法不够详细，甚至开标后再确定具体评标标准等。三是招标文件内容与招标公告南辕北辙。具体表现在招标文件载明的招标范围被任意扩大或者缩小，或者附加了招标公告没有规定的投标人资格条件或者提高招标公告规定的资格条件等等。四是限制或者排斥潜在投标人。具体表现在为有针对性地照

顾或者排斥特定潜在投标人，设定苛刻的资格条件、特定行政区域或者特定行业的业绩要求、某一特定的专利产品或者评审因素和标准等。五是故意埋设“陷阱”，偏离招标投标目的设立否决投标文件的条款（习惯称之为废标条款）等等。

（二）资格审查活动亦存在诸多不规范的现象。一是部分招标人不能正确认识资格审查活动的重要性，资格审查流于形式，甚至采用随机抽签等方式，未能发挥在投标人资格和能力方面的过滤把关作用，影响招标项目的顺利实施。二是脱离项目实际和市场供求状况，一刀切地要求进行资格预审或者资格后审，人为地将资格审查工作复杂化或者简单化，加大招标投标社会成本，影响工作效率。三是部分招标人在资格审查活动中，量体裁衣地设定资格标准和条件，搞暗箱操作，借此排斥潜在投标人、组织围标串标和虚假招标。四是资格审查标准和条件一般涉及技术、管理、经济、财务甚至法律等专业性较强的因素，对审查人员有较高的专业素质要求，实践中经常出现由非专业人员进行审查的现象，影响了资格审查结果的客观公正性和科学性。

二、招标人应当依法发布资格预审公告和招标公告

《招标投标法》第16条规定：“招标人采用公开招标方式的，应当发布招标公告。依法必须进行招标的项目的招标公告，应当通过国家指定的报刊、信息网络或者其他媒介发布。”本条规定的“依法发布”，是指招标公告的内容和发布招标公告的媒介应当符合规定。一是发布公告的媒介由国务院发展改革部门指定。根据国务院的授权，国家发展改革部门负责指定依法必须招标项目的公告发布媒介。二是不同媒介发布同一招标项目的公告内容应当一致。不同媒介上同一招标项目公告内容的不一致将导致信息不对称，从而影响潜在投标人的判断和决策，损害招标投标活动的公正性和公平性。三是指定媒介发布境内招标项目的公告必须免费，指定的媒介均是国内有较大覆盖面的媒介，自愿接受免费发布公告的条件才能被指定为发布媒介。

公开招标采用资格预审方式的，以资格预审公告代替招标公告，资格预审公告的发布也应当依照《招标投标法》和《条例》的规定。尽管资格预审方式既适用于公开招标项目，也适用于邀请招标项目，

但邀请招标不一定要发布资格预审公告。

需要指出的是，公开招标的项目发布资格预审公告后，一般无需再发布招标公告，且招标文件只发售给通过资格预审的且确认参与投标的申请人。

三、招标人应当依法编制资格预审文件和招标文件

资格预审文件是告知潜在投标人招标项目的内容、范围和数量、投标资格条件的载体，是指导资格预审活动全过程的纲领性文件，是潜在投标人编制资格预审申请文件、资格审查委员会对资格预审申请文件进行评审并推荐或者确定通过资格预审的申请人的依据。

招标文件是告知潜在投标人招标项目的内容、范围和数量、投标资格条件、招标投标的程序规则、投标文件编制和递交要求、评标的标准和方法、拟签订合同的主要条款、技术标准和要求等信息的载体，是指导招标投标活动全过程的纲领性文件，是投标人编制投标文件、评标委员会对投标文件进行评审并推荐中标候选人或者直接确定中标人，以及招标人和中标人签订合同的依据。

资格预审文件和招标文件的编制应当符合《招标投标法》、《条例》的规定，否则可能会导致重新招标甚至招标、投标和中标均无效的后果。根据《条例》第 23 条和第 82 条规定，资格预审文件或者招标文件的内容违反法律、行政法规的强制性规定，违反公开、公平、公正和诚实信用原则，影响资格预审结果或者潜在投标人投标的，依法必须进行招标的项目的招标人应当在修改资格预审文件或者招标文件后重新招标，对中标结果造成实质性影响，且不能采取补救措施予以纠正的，招标、投标、中标无效，应当依法重新招标或者评标。此外，资格预审文件的主要内容不得与已经发布的资格预审公告矛盾，招标文件的主要内容也不得与已经发布的资格预审文件或者招标公告冲突。

需要说明两点：一是除"应当依照招标投标法和《条例》的规定"外，还需遵守有关规章、地方性法规和规范性文件等。当然，这些下位规章、法规性文件不能违反《招标投标法》和《条例》。二是本条所谓的公开招标的项目应当依法编制招标文件只是为了突出强调招标公告和招标文件在具体规定上的延续性，邀请招标的项目当然应

当依法编制资格预审文件（采用资格预审时）和招标文件。

四、依法必须招标项目的资格预审文件和招标文件应当使用标准文本

（一）明确标准资格预审文件和标准招标文件由国务院发展和改革部门牵头，会同国务院有关行政监督部门制定。制定和使用标准资格预审文件和标准招标文件是世界银行、亚洲开发银行等国际组织和欧美发达国家的成熟做法。长期以来，我国招标投标市场受行政分工体系的影响，条块分割、政出多门，严重制约了招标投标市场的统一和经济社会的发展，以及招标投标法律法规全面正确实施。为了规范资格预审文件和招标文件编制活动，提高资格预审文件和招标文件编制质量，国务院发展改革部门会同国务院八个行政监督部门于2007年11月颁布了《标准施工招标资格预审文件》和《标准施工招标文件》，取得了良好的社会效果。按照标准文件的体系规划，九部委又于2011年12月颁布了《简明标准施工招标文件》和《标准设计施工总承包招标文件》。标准招标文件的编制施行有利于进一步统一我国各个行业的招标投标规则，促进形成统一开放和竞争有序的招标投标市场；有利于提高资格预审文件和招标文件的编制质量和效率，进一步规范招标投标活动；有利于衔接我国各项投资和建设管理制度，发挥制度的整体优势；有利于提高资格预审文件和招标文件编制的透明度，预防和遏制腐败。

（二）依法必须招标项目的资格预审文件和招标文件应当使用标准资格预审文件和标准招标文件。该规定参照了世界银行的相关规定。世界银行《货物、工程和非咨询服务采购指南》第2.12款规定：借款人应使用世行发布的相应标准招标文件（SBD）。世行可接受为适用项目具体情况而做的、必要的最小改动。任何此类改动只能放在投标资料表或合同资料表中，或放在合同专用条款中，而不得对世行标准招标文件（SBD）中的标准文字（the standard wording）进行修改。需要说明的是，本条规定依法必须进行招标的项目应当使用标准文本，是指应当按照标准文本的使用规定使用。所谓“使用规定”，是国务院发展改革部门会同国务院有关行政监督部门为标准文件的颁布实施而配套发布的使用说明、部门规章和规范性文件，包括《〈标

准施工招标资格预审文件〉和〈标准施工招标文件〉试行规定》（国家发展改革委等九部委56号令）、《关于做好标准施工招标资格预审文件和标准施工招标文件贯彻实施工作的通知》（发改法规［2007］3419号）和《关于印发简明标准施工招标文件和标准设计施工总承包招标文件的通知》（发改法规［2011］3018号）等。这些部门规章、规范性文件以及作为各个标准文件组成部分的使用说明，对标准文件的适用范围、配套体系和使用要求等作了规定。具体包括：一是标准资格预审文件中的申请人须知和资格审查办法正文部分以及标准招标文件中的投标人须知正文、评标办法正文和通用合同条款均应不加修改地直接引用。二是国务院有关行业主管部门可根据本行业招标特点和管理需要，对《标准施工招标文件》和《简明标准施工招标文件》中的“专用合同条款”、“工程量清单”、“图纸”、“技术标准和要求”，《标准设计施工总承包招标文件》中的“专用合同条款”、“发包人要求”、“发包人提供的资料和条件”作出具体规定。其中，“专用合同条款”可对“通用合同条款”进行补充、细化，但除“通用合同条款”明确规定可以作出不同约定外，“专用合同条款”补充和细化的内容不得与“通用合同条款”相抵触，否则抵触内容无效。三是招标人或者招标代理机构应结合招标项目具体特点和实际需要编制填写“投标人须知前附表”和“评标办法前附表”，并可在“专用合同条款”中对“通用合同条款”进行补充、细化和修改。但是前附表的填写内容不得与相关正文内容相抵触，否则抵触内容无效；专用合同条款不得违反法律、行政法规的强制性规定，以及平等、自愿、公平和诚实信用原则，否则相关内容无效。

需要说明两点：一是《条例》未对资格预审和资格后审作倾向性规定。虽然《条例》关于资格预审的规定远多于资格后审，并不意味着《条例》更重视或者鼓励资格预审。《条例》对资格预审规定的内容之所以多于资格后审，主要原因是资格预审需要经过公告发布、预审文件编制发售、澄清说明、预审申请文件编制提交、资格审查等一系列流程，而根据《条例》第20条规定，资格后审属于评标工作的一部分，适用现行有关评标的规定即可。二是采用何种资格审查方式由招标人根据实际自主确定。在什么情况下采用资格预审，世界银行的相关规定可供参考。世界银行《货物、工程和非咨询服务采购指南》第2.9款规定：通常对于大型或复杂的工程，或在准备详细的投标文件成本很高不利于竞争的情况下，诸如专为用户设计的设备、工业成套设备、专业化服务以及交钥匙合同、设计和施工合同或管理承包等，对投标人进行资格预审是必要的。国际咨询工程师联合会（FIDIC）在《FIDIC招标程序》中也将资格预审活动列为其推荐的招投标程序的一个主要环节。

第十六条［文件发售］

招标人应当按照资格预审公告、招标公告或者投标邀请书规定的时间、地点发售资格预审文件或者招标文件。资格预审文件或者招标文件的发售期不得少于5日。

招标人发售资格预审文件、招标文件收取的费用应当限于补偿印刷、邮寄的成本支出，不得以营利为目的。

【释义】本条是关于资格预审文件、招标文件发售的规定。

一、招标人应当在规定的时间和地点发售资格预审文件和招标文件

（一）资格预审公告中应当载明发售资格预审文件的时间和地点，招标公告或者投标邀请书中应当载明发售招标文件的时间和地点。这一规定是公开原则的要求，其目的是为了方便潜在投标人了解获取资格预审文件和招标文件的必要信息，从而及时获取资格预审文件和招标文件，便于潜在投标人参与投标竞争。需要说明的是，所谓发售并不意味着有偿出售。为减轻投标人负担，吸引更多的潜在投标人参与竞争，鼓励招标人或其招标代理机构免费发放资格预审文件和招标文件，确需收取必要的成本费用的，也应当依照本条第2款的规定，不得以营利为目的。

（二）招标人应当在规定的时间和地点发售文件。按照公告或者投标邀请书中规定的时间和地点发售资格预审文件和招标文件，是诚实信用原则的要求。虚构发售地点或者以各种借口和手段阻止潜在投标人获取资格预审文件和招标文件，是当前招标投标实践中存在的不规范行为之一，不但违反了《招标投标法》和《条例》有关不得以不合理的条件限制或者排斥潜在投标人或者投标人的规定，也违背了诚实信用原则。

二、资格预审文件和招标文件的发售期不得少于5日

（一）发售期不得少于 5 日是《条例》作出的一个最低期限的规定。本条规定一个低限发售期是为了保证潜在投标人有足够的时间获取资格预审文件和招标文件，吸引更多的潜在投标人参与投标，以保证招标投标的竞争效果。通过缩短资格预审文件或招标文件的发售期限，限制或排斥潜在投标人的现象在实践中多有发生。对于依法必须进行招标的项目，由于招标文件发售期包括在《招标投标法》第 24 条规定的留给投标人编制投标文件的期限内，适当延长招标文件发售期并未延长项目的招标周期。因此，为了更多地吸引潜在投标人参与投标，招标人在确定具体招标项目的资格预审文件或者招标文件发售期时，应当综合考虑节假日、文件发售地点、交通条件和潜在投标人的地域范围等情况，在资格预审公告或者招标公告中规定一个不少于 5 日的合理期限。

（二）本条规定的发售期不得少于 5 日是指日历天，并不是工作日。发售期采用日历天而非工作日的主要考虑，是为了提高效率。但是，招标人不得故意利用节假日，尤其是类似于“黄金周”的长假发售资格预审文件或者招标文件，特别是发售期最后一天应当回避节假日，否则将在事实上构成限制或者排斥潜在投标人，并且也有违招标投标活动应当遵循的诚实信用原则。

（三）本条规定的文件发售期不仅是针对公开招标项目的资格预审文件的发售，邀请招标或者公开招标但已经进行资格预审的项目，其招标文件的发售期也应当遵守本条不得少于 5 日的规定。

三、资格预审文件和招标文件的收费不得以营利为目的

本条规定，招标人或其招标代理机构发售资格预审文件、招标文件收取的费用仅限于印刷、邮寄的成本费用。该规定参考了联合国贸易法委员会《货物、工程和服务采购示范法》等国际规则的相关规定。本条规定的发售费用不包括图纸等资料的押金，图纸等资料的押金应在确定中标结果后、投标人退还相应图纸等资料时如数返还给投标人。在《条例》征求意见过程中，有人建议资格预审文件、招标文件的费用，除了印刷、邮寄成本外，还应包括编制成本、评审费用等。

本条未采纳上述建议，主要考虑：一是资格预审文件、招标文件的编制成本和评审费用是招标人应承担的成本，通过收取资格预审文件、招标文件费用转嫁给潜在投标人有失公允。二是编制成本及评审费用的支出缺乏统一标准，难以判断招标人收取的费用是否构成营利。三是实践中招标人借出售资格预审文件、招标文件之机营利的现象比比皆是，有的招标文件售价高达上万元，给潜在投标人造成了沉重负担，也在一定程度上限制、排斥了部分潜在投标人，不利于维护招投标市场秩序。

第十七条［资格预审文件提交时间］

招标人应当合理确定提交资格预审申请文件的时间。依法必须进行招标的项目提交资格预审申请文件的时间，自资格预审文件停止发售之日起不得少于5日。

【释义】本条是关于提交资格预审申请文件时间的规定。

一、招标人应当合理确定提交资格预审申请文件的时间

资格预审申请人编制提交资格预审申请文件需要一定的时间。招标人合理地确定这一时间，是吸引潜在投标人参与投标，保证潜在投标人充分响应资格预审文件的各项要求，确保资格预审工作的质量，顺利实现资格预审目的的重要条件。

招标人确定的提交资格预审申请文件的时间应当合理。合理的资格预审申请文件提交时间应当是充分考虑了各方面因素，能够保证申请人有足够的时间按照资格预审文件的要求编制完成并按时提交资格预审申请文件。影响资格预审申请文件提交时间的因素包括招标项目的具体情况、资格预审文件对资格预审申请文件的内容和格式要求、资格预审申请文件的提交方式、潜在投标人的地域分布状况，等等。

资格预审申请文件的提交时间应当在资格预审公告中载明。这是《招标投标法》规定的公开原则的要求，以便潜在投标人根据资格预审公告规定的提交时间做好编制和提交资格预审文件的工作计划，在规定时间前完成相关工作。

二、依法必须招标项目提交资格预审申请文件的时间不得少于5日

根据《招标投标法》第24条规定，依法必须招标项目的投标文

件，其编制时间为自招标文件开始发出之日起至投标人提交投标文件截止之日止，最短不得少于20日。其目的是为了保证投标人有足够的时间编制招标文件，以保证招标竞争的质量。参照《招标投标法》第24条规定，本条为依法必须招标项目的资格预审申请文件编制规定了一个“不得少于5日”的期限。由于这一期限相对较短，为保证有较为充足的编制时间，本条规定“不少于5日”的期限从资格预审文件停止发售之日起算。

需要说明的是，本条所规定的期限是一个低限。招标人应当根据本条规定，综合考虑招标项目具体情况、申请人的地域分布状况等因素，确定一个不短于5日的资格预审文件编制时间。《条例》征求意见过程中，有意见建议，资格预审文件编制时间应当自资格预审文件停止发售之日起至递交资格预审申请文件截止之日止，不得少于5个工作日。对此，一种意见认为，大量潜在投标人跨地区经营，资格预审申请文件的编制、用章和交通等需要较长的时间，5个工作日仍然过短。另一种意见则认为，现行法律规定的招标投标所需时间已经很长，再为资格预审文件的准备规定太长的时间不符合我国的国情。上述两种意见相互冲突。考虑到电子化招标投标系统建立后，跨地区经营的企业将不会再受到时间过短的困扰，规定一个过长的时间不利于保证效率，而规定一个过短的时间又不利于引起充分竞争，综合考虑，本条规定为不得少于5日。

第十八条［资格预审主体和依据］

资格预审应当按照资格预审文件载明的标准和方法进行。

国有资金占控股或者主导地位的依法必须进行招标的项目，招标人应当组建资格审查委员会审查资格预审申请文件。资格审查委员会及其成员应当遵守招标投标法和本条例有关评标委员会及其成员的规定。

【释义】本条是关于资格预审审查主体和标准的规定。

一、资格预审应当按照资格预审文件载明的标准和方法进行

（一）资格预审文件应当载明资格审查的标准和方法。资格审查的标准和方法是资格审查主体进行资格审查的依据，也是指导申请人

科学合理地准备资格预审申请文件的依据。公开原则要求资格预审的标准和方法必须在资格预审文件中载明，以便申请人决定是否提出资格预审申请，并在决定提出申请时能够有针对性地准备资格预审申请文件，保证资格申请和审查活动有统一的尺度，并有利于加强利害关系人和社会的监督，防止暗箱操作，保障资格预审活动公正和公平。实践中，资格预审的审查标准一般根据具体的审查因素设立，审查因素集中在申请人的投标资格条件（包括法定的和资格预审文件规定的）和履约能力两个方面，一般包括申请人的资格条件、组织机构、营业状态、财务状况、类似项目业绩、信誉和生产资源情况等，相应的审查标准则区别审查因素设立为定性或定量的评价标准。资格预审的审查方法一般分为合格制和有限数量制。所谓合格制是按照资格预审文件载明的审查因素和审查标准对申请人的资格条件进行符合性审查，凡通过审查的申请人均允许参加投标。所谓有限数量制是指在合格性审查的基础上，按照资格预审文件载明的审查因素和审查标准进行定量评分，从通过合格性审查的申请人中择优选择一定数量参与投标。从提高投标的竞争性考虑，资格预审应当尽可能采用合格制，即凡符合资格预审文件规定资格条件的资格预审申请人，都有权参加投标。当潜在投标人过多时，也可以采用有限数量制，但招标人应当在资格预审文件中载明通过资格预审的申请人数量和择优选择申请人的方法，不得以抽签、摇珠等随机方式确定通过资格预审的申请人。

（二）资格预审必须按照资格预审文件规定的标准和方法进行。公平和公正原则要求必须按照资格预审文件中事先公开的标准和方法进行审查，同等地对待每一个资格预审申请人。如果资格审查时可以修改资格预审文件载明的标准和方法，就有可能利用不合法、不合规和不合理的标准和条件排斥潜在投标人，资格预审活动将不可避免地为虚假招标、串通投标和排斥潜在投标人等行为大开方便之门。

二、国有资金占控股或者主导地位的依法必须招标项目的资格预审由资格审查委员会负责

由资格审查委员会负责审查资格预审申请文件有利于提高资格审查的科学性和公正性。资格审查通常会涉及技术、管理、经济、财务甚至法律等方面的专业问题，由技术、经济专家组成的资格审查委员

会进行资格审查有利于公正、科学和客观地选择符合条件的投标人。由依法组建的资格审查委员负责审查资格预审申请文件，仅限于国有资金占控股或者主导地位的依法必须招标的项目，这是《条例》对招标项目实行差别化管理的具体体现。近年来，中央和地方查处的与招标投标有关的腐败大案多数属于国有资金占控股或者主导地位的项目，由于这些项目不同程度地存在投资主体缺位的问题，招标人可能通过资格预审搞虚假招标、围标串标和排斥潜在投标人等方式牟取私利，侵蚀国家和人民的财产。实行专家评审制度则可以形成一定的权力制衡，促进资格预审活动的公正和公平。

三、资格审查委员会应当遵守有关评标委员会及其成员的规定

本条规定既包括《招标投标法》和《条例》有关评标委员会组建的规定，也包括对评标委员会及其成员权利、义务的规定。

（一）资格审查委员会的组建应当符合《招标投标法》第 37 条规定。根据《招标投标法》第 37 条规定，依法必须招标项目的资格审查委员会应当由招标人的代表和有关技术、经济等方面的专家组成，成员人数为五人以上单数，其中技术、经济等方面的专家不得少于成员总数的三分之二；技术和经济专家应当来自国务院有关部门或者省、自治区、直辖市人民政府有关部门提供的专家名册或者招标代理机构的专家库；专家产生的方式一般采取随机抽取方式，随机抽取无法满足特殊项目要求的可以由招标人直接确定。

（二）资格审查委员会及其成员享有《招标投标法》和《条例》规定的权利。根据《条例》第 48 条规定，资格审查委员会有权要求招标人提供评标所必需的信息；根据《招标投标法》第 40 条规定，资格审查委员会有向招标人推荐通过资格预审的申请人或者根据招标人授权直接确定通过资格预审的申请人的权利；根据《条例》第 48 条规定，资格审查委员会及其成员有要求招标人合理延长资格审查时间的权利；根据《招标投标法》第 39 条和《条例》第 52 条规定，资格审查委员会有权要求资格预审申请人对资格预审申请文件中含义不清的内容、明显的文字或者计算错误作出必要的澄清、说明；根据《招标投标法》第 42 条规定，资格审查委员会经评审后认为所有资格预审申请文件均不符合资格预审文件要求的，有权否决所有资格预审

申请文件；根据《招标投标法》第65条和《条例》第60条规定，资格审查委员会成员认为招标投标活动不符合法律、行政法规规定的，有向招标人提出异议和向行政监督部门投诉的权利。

（三）资格审查委员会及其成员应当履行《招标投标法》和《条例》规定的义务。根据《招标投标法》第37条和《条例》第46条规定，资格审查委员会的成员与投标人存在利害关系的，应当主动回避；根据《招标投标法》第40条、第44条，以及《条例》第49条和本条第1款规定，资格审查委员会成员应当按照资格预审文件规定的标准和方法进行资格审查，客观公正地履行职责，不得私下接触投标人，不得收受投标人给予的财物或者其他好处，不得向招标人征询确定中标人的意向，不得接受任何单位或者个人明示或者暗示提出的倾向或者排斥特定投标人的要求，不得透露对资格预审文件的评审、比较和通过资格预审的资格预审申请人的推荐情况以及与资格审查有关的其他情况，不得有其他不客观、不公正履行职务的行为。根据《招标投标法》第40条规定，资格审查委员会完成资格审查后应当向招标人提交资格审查报告。根据《条例》第62条规定，资格审查委员会成员有配合行政监督部门调查处理投诉的义务。

需要说明的是，实践中资格预审文件一般均规定资格预审申请文件须密封提交，而资格预审活动又没有资格预审申请人在进入评审前的密封检查制度，为了防止招标人提前拆封甚至损毁、篡改特定申请人的资格预审申请文件，资格审查委员会在评审前应当严格检查资格预审申请文件的密封情况，如果出现一些被提前拆封，或者资格申请人文件存在被损毁等痕迹，应当依法启动澄清、说明程序或者要求招标人召集相关资格预审申请人对其资格预审申请文件进行核查和确认。招标人为彰显其公正性和公平性，也可以在资格预审文件中作出相应的规定和安排，甚至可以规定资格预审申请文件的提交截止时间即为资格审查委员会开始评审的时间，尽可能压缩资格预审申请文件的保管时间。规章、地方性法规以及标准文件均可对此予以细化和规范。

第十九条［资格预审结果］

资格预审结束后，招标人应当及时向资格预审申请人发出资格预

审结果通知书。未通过资格预审的申请人不具有投标资格。

通过资格预审的申请人少于3个的，应当重新招标。

【释义】本条是关于资格预审结果的规定。

一、招标人负有及时通知资格预审结果的义务

本条要求招标人及时将资格预审的结果告知资格预审申请人，以便通过资格预审的申请人根据招标项目和自身的实际情况决定是否参与投标，并按照招标人的安排及时购领招标文件；以便没有通过资格预审的申请人及时调整经营计划，集中资源开拓新的市场。因此，资格预审结果的通知应当及时。所谓及时，应当根据项目具体情况，秉持诚实信用原则，在资格预审结果确定后，尽可能早地通知资格预审申请人。资格预审结果的通知应当区别通过和未通过两种情况，并采用书面形式。对于通过资格预审的申请人，招标人可以用投标邀请书代替资格预审结果通知书。根据《条例》第15条规定和现行标准文件，依法必须招标的项目，招标人应当要求通过的资格预审申请人收到结果通知后以书面方式确认是否参与投标，以避免招标失败和保证竞争效果。根据《招标投标法》第22条规定，资格预审结果的通知不应泄露通过资格预审的申请人名称和数量。《条例》起草过程中，有意见认为资格预审结果通知应当告知未通过资格预审的申请人其未通过资格预审的原因或理由，有利于约束招标人和资格审查委员会的行为。还有意见认为，资格预审结果及未通过资格预审的原因应当通过网络媒介公示。这些意见中，除公示资格预审结果不符合《招标投标法》第22条规定外，告知未通过的原因和理由对规范资格预审活动确有其积极意义，各地区、各部门可以积极探索。

二、未通过资格预审的申请人不得参加投标

资格预审的目的是为了筛选出满足招标项目所需资格、能力和有参与招标项目投标意愿的潜在投标人。未通过资格预审的申请人意味着资格、能力不能满足招标项目的需要，或者明显不具备竞争优势。需要说明三点：一是通过资格预审的申请人并不必然或者必须参加投标。有些招标人在潜在投标人购买资格预审文件时即要求潜在投标人递交投标保证金即是对资格预审活动的错误理解。二是未通过资格预

审的申请人包括未提交资格预审申请文件的潜在投标人。三是通过资格预审仅仅表明申请人具备了投标资格。资格预审通过后，投标人发生合并、分立、破产等重大变化，可能影响其资格的，应当按照《条例》第 38 条的规定处理。

三、通过资格预审的申请人少于3个的应当重新招标

《招标投标法》第 28 条规定投标人少于 3 个的，招标人应当依法重新招标。根据本条第 2 款的规定，通过资格预审的申请人少于 3 个，意味着投标人必然少于 3 个。为提高效率，没有必要等到投标截止时间届至再决定重新招标。需要说明的是，这里的重新招标既可以是重新进行资格预审，也可以是直接发布招标公告（即采用资格后审方式）进行重新招标。通过资格预审申请人不足 3 个的，招标人应当分析导致这种结果的原因，包括资格预审公告的期限是否足够长、范围是否足够广，资格预审文件所提资格要求和审查标准是否过高或者脱离实际，是否存在限制或者排斥潜在投标人等。重新招标时，招标人应当甄别原因并予以纠正。

第二十条［资格后审］

招标人采用资格后审办法对投标人进行资格审查的，应当在开标后由评标委员会按照招标文件规定的标准和方法对投标人的资格进行审查。

【释义】本条是关于资格后审的规定。

关于资格后审，实践中存在一些不规范的操作，如将资格后审安排在开标后、评标前由招标人自己进行资格审查等。由于这种操作缺乏公开的标准和程序，不利于保护投标人的合法权益，为招标人滥用资格后审、排斥投标人提供了方便。有鉴于此，本条对资格后审进行了规范。

一、资格后审的审查主体是评标委员会

资格后审是相对于资格预审而言的。未进行资格预审的招标项目需要对投标人进行资格审查的，应当在开标后由评标委员会根据招标文件规定的标准和方法进行资格审查。正如前文所述，资格审查一般

都涉及技术、管理、经济、财务甚至法律等方面的专业问题，资格后审由依法组建的评标委员会负责，有利于招标人公正、科学和客观地选择符合其在招标文件中设定的标准和要求的申请人，减少审查工作的随意性，规范资格后审活动；有利于将资格审查与评标结合考虑，避免将其人为地分割为两个部分影响工作效率。

需要说明的是，本条规定的资格后审不同于《条例》第56条规定的履约能力审查，这种履约能力审查有时也称之为资格后审。履约能力审查目的是在确定中标人前，由评标委员会按照招标文件或者资格预审文件规定的标准和条件，对中标候选人的履约能力进行审查确认，不能通过此项审查的中标候选人不能被确定为中标人。鉴于投标人的履约能力是动态的，以及招标需要经过一个较长的时间阶段，在确定中标人前进行履约能力审查是必要的。

二、资格后审的标准和方法应当在招标文件中载明

在招标文件中载明资格后审的标准和方法是《招标投标法》规定的公开原则的要求，有利于加强社会监督和当事人之间的相互监督，有利于评标委员会统一评审规则，从而保证资格后审结果的公正和公平。资格后审作为评标工作的一部分由评标委员会负责，评标委员会应当遵守《招标投标法》第40条和《条例》第49条规定，并按照招标文件规定的标准和方法进行评审。

第二十一条［文件的澄清和修改］

招标人可以对已发出的资格预审文件或者招标文件进行必要的澄清或者修改。澄清或者修改的内容可能影响资格预审申请文件或者投标文件编制的，招标人应当在提交资格预审申请文件截止时间至少3日前，或者投标截止时间至少15日前，以书面形式通知所有获取资格预审文件或者招标文件的潜在投标人；不足3日或者15日的，招标人应当顺延提交资格预审申请文件或者投标文件的截止时间。

【释义】本条是关于资格预审文件和招标文件澄清和修改的规定。

一、资格预审文件或者招标文件发出后招标人可以进行修改和澄清

招标人对已发出的资格预审文件或者招标文件进行澄清和修改，

既可能是主动的，也可能是被动的。所谓主动，就是招标人自己发现资格预审文件或者招标文件存在遗漏、错误、相互矛盾、含义不清、需要调整一些要求或者存在违法的规定时，可以通过修改和澄清方式进行补救。所谓的“被动”，是相对于招标人主动修改和澄清而言的，尽管修改和澄清的实际自主权仍在招标人，但需要修改和澄清的问题来自潜在投标人。招标人根据潜在投标人提出的疑问和异议对资格预审文件和招标文件作出修改和澄清，是招标人和潜在投标人之间的一种良性互动。事实上，招标人作为文件编制人，自身往往很难发现其编制的文件中存在的错漏，以及可能存在的一些不尽合理甚至不合法的规定和要求，潜在投标人从投标角度提出的疑问和异议，有助于招标人及时纠正错误，完善文件，提高采购质量。从这个意义上讲，招标人应当重视潜在投标人提出的疑问和异议，并认真加以对待，切忌有排斥情绪。相应地，潜在投标人应当在资格预审文件和招标文件规定的时间前，认真学习和研究资格预审文件和招标文件，并将自己的疑问和异议及时反馈给招标人，以便招标人在修改和澄清招标文件时有所参考，在一定程度上也能避免自己被动地响应资格预审文件和招标文件。

需要说明的是，潜在投标人对资格预审文件和招标文件的疑问和异议均可能导致澄清和修改。疑问和异议的区别在于：一是疑问主要是关于资格预审文件和招标文件中可能存在的遗漏、错误、含义不清甚至相互矛盾等问题；而异议则主要是针对资格预审文件和招标文件中可能存在的限制或者排斥潜在投标人、对潜在投标人实行歧视待遇、可能损害潜在投标人合法权益等违反法律法规规定和“三公”原则的问题。二是疑问应当在资格预审文件和招标文件规定的时间之前提出，异议则应当在《条例》第 22 条规定的时间前提出，以便招标人及时纠正，防止损失扩大。当然，逾期提出的疑问和异议，如果问题确实存在，招标人也应当认真对待，依法及时纠正存在的问题。三是疑问及其回复应当以书面形式通知所有购买资格预审文件或者招标文件的潜在投标人，以保证潜在投标人同等获得投标所需的信息。《条例》第 22 条并没有规定异议及其回复应当以书面形式通知所有购买资格预审文件或者招标文件的潜在投标人，但根据本条规定，需要对资格预审文件或者招标文件作出修改或者澄清的异议及其回复应当以书面形式通知所有购买资格预审文件或者招标文件的潜在投标人。

二、澄清或者修改必须在规定的时间前进行

根据本条规定，澄清和修改可能影响资格预审申请文件或者投标文件编制的，应当在提交资格预审申请文件截止时间至少3日前，或者投标截止时间至少15日前通知所有获取资格预审文件或者招标文件的潜在投标人，以确保潜在投标人有足够的时间根据澄清和修改内容相应调整投标文件、资格预审申请文件。主要考虑是，有些澄清、修改可能不影响投标文件或者资格预审申请文件的编制，为提高效率，本条在补充资格预审申请文件澄清、修改时间的同时，将必须在投标截止时间至少15日前以书面方式进行的澄清或者修改，限定在可能影响投标文件编制的情形。

实践中可能影响资格预审申请文件编制的澄清或者修改的情形包括调整资格审查的因素和标准，改变资格预审申请文件的格式，增加资格预审申请文件应当包括的资料、信息等。可能影响投标文件编制的澄清或者修改情形，包括但并不限于对拟采购工程、货物或服务所需的技术规格，质量要求，竣工、交货或提供服务的时间，投标担保的形式和金额要求，以及需执行的附带服务等内容的改变。这些改变将给潜在投标人带来大量额外工作，必须给予潜在投标人足够的时间以便编制完成并按期提交资格预审申请文件或者投标文件。因此，招标人以书面形式通知潜在投标人的时间至文件提交截止时间不足3日或者15日的，招标人应当顺延提交资格预审申请文件或者投标文件的截止时间。对于减少资格预审申请文件需要包括的资料、信息或者数据，调整暂估价的金额，增加暂估价项目，开标地点由同一栋楼的一个会议室调换至另一会议室等不影响资格预审申请文件或者投标文件编制的澄清和修改，则不受3日或者15日的期限限制。

需要说明的是，随着电子招标的逐步推广，一些招标项目允许潜在投标人匿名从网上下载资格预审文件和招标文件，已获取资格预审文件或者招标文件的潜在投标人的名称和联系方式可能无法事先知悉，需要对资格预审文件或者招标文件进行澄清和修改的，招标人在提供下载资格预审文件和招标文件的网站上公布澄清或者修改内容即可。

第二十二条［对文件的异议］

潜在投标人或者其他利害关系人对资格预审文件有异议的，应当在提交资格预审申请文件截止时间2日前提出；对招标文件有异议的，应当在投标截止时间10日前提出。招标人应当自收到异议之日起3日内作出答复；作出答复前，应当暂停招标投标活动。

【释义】本条是关于对资格预审文件和招标文件异议的规定。

本条进一步明确了招标投标活动的异议制度。设立异议制度的本意在于加强当事人之间的相互监督，鼓励当事人之间加强沟通，及早友好地解决争议，避免矛盾激化，从而提高招标投标活动的效率。正因为如此，实名提出异议，有利于招标人与异议人及时进行充分沟通。

一、提出异议的主体是潜在投标人和其他利害关系人

本条规定的异议主体的范围源自《招标投标法》第65条规定。本条所称潜在投标人包括资格预审申请人。就有关招标投标活动的异议主体而言，其他利害关系人是指投标人以外的，与招标项目或者招标活动有直接或者间接利益关系的法人、其他组织和自然人。主要有：一是有意参加资格预审或者投标的潜在投标人。在资格预审公告或者招标公告存在排斥潜在投标人等情况，致使其不能参加投标时，其合法权益即受到侵害，是招标投标活动的利害关系人。二是在市场经济条件下，只要符合招标文件规定，投标人为控制投标风险，在准备投标文件时可能采用订立附条件生效协议的方式与符合招标项目要求的特定分包人和供应商绑定投标，这些分包人和供应商和投标人有共同的利益，与招标投标活动存在利害关系。三是投标人的项目负责人一般是投标工作的组织者，其个人的付出相对较大，中标与否与其个人职业发展等存在相对较大关系，是招标投标活动的利害关系人。

二、对资格预审文件和招标文件的异议应当在规定的时间前提出

本条与《条例》第44条和第54条规定是对特定情形下提出异议时间的限制。资格预审文件和招标文件是决定资格审查和招标成败的关键文件，应当体现招标投标活动应当遵循的公开、公平、公正和诚实信用原则，符合相关法律法规的规定，避免排斥潜在投标人。资格

预审申请人和潜在投标人等在获取资格预审文件和招标文件后，发现存在上述问题且有异议的，应当在资格预审申请截止时间2日前或者投标截止时间10日前提出，以便招标人有足够的时间采取必要的措施给予纠正，尽可能减少对正常招标投标程序的影响，避免事后纠正造成损失过大。实践中，提出异议的人应当充分重视本款规定的异议提出时限，避免异议权甚至投诉权因时效原因而灭失。

需要说明的是，本条规定的提出异议的截止时间普遍晚于《条例》第21条规定的招标人对资格预审文件和招标文件进行澄清或者修改的时间，兼顾了效率和公平。第21条是针对招标人的要求。为确保潜在投标人有足够的时间准备资格预审申请文件和投标文件，招标人对资格预审文件和招标文件进行澄清或者修改越早越好。

三、招标人应当在限期内履行对异议作出答复的义务

为保障异议人的合法权益和招标项目的实施进度，招标人应当自收到异议之日起3日内作出答复，避免激化矛盾。需要说明三点：一是本款要求招标人在规定时限内答复，但对答复质量未作要求。主要考虑是，《条例》对异议人提出异议并没有质量要求，异议回复应当体现效率原则，重在及时消除异议人的疑惑，过于强调回复的质量将延迟招标人的回复时间；异议并不是解决有关招标投标争议的最终手段，除非当事人接受有关异议的回复，异议人可以根据《条例》第60条规定寻求行政救济。二是本款未对异议和答复的形式进行统一要求，主要也是考虑效率原则，鼓励当事人以异议方式消除分歧。实践中异议和回复的形式可以由当事人根据具体情况在资格预审文件或招标文件中事先给予明确，或者完全由当事人自主决定。考虑到第60条第2款规定异议是投诉的前置条件，为保障异议的可追溯性，异议的提出和答复应尽可能采用书面形式，并应当妥善保存备查。三是招标人对异议的答复构成对资格预审文件或者招标文件澄清或者修改的，招标人应当按照《条例》第21条规定办理。

四、对异议作出答复前招标人应当暂停招投标活动

如果异议所反映的问题确实存在又不及时给予纠正，将可能导致不可逆转的后果，因此招标人必须尽快进行核实，采取必要措施给予

纠正并回复异议人。异议人不满意的，可以根据条例第60条规定向行政监督部门提出投诉以维护自己的合法权益。要求暂停招投标活动的规定可以进一步强化招标人及时回复异议的义务，防止招标人故意拖延。

需要说明的是，根据本条规定应当暂停的招投标活动，是指异议一旦成立即受到影响，且在异议答复期间需要采取的下一个招投标环节的活动。暂停的具体期限取决于异议的性质、对资格预审文件和招标文件的影响以及招标人处理异议的效率。

具体到异议成立时招标人采取的纠正措施，则取决于资格预审文件或者招标文件存在的问题。例如，有关资格预审文件或者招标文件存在排斥潜在投标人、对投标人实行歧视待遇的异议成立的，应当在本条规定的时间内作出回复，并不得组织对资格预审申请文件评审或组织开标活动；招标人修改招标文件或者资格预审文件，且修改内容影响投标文件或者资格预审申请文件编制的，招标人应当按照《条例》第21条规定顺延提交资格预审申请文件或者投标文件的截止时间，修改内容不影响投标文件或者资格预审申请文件编制的，则不需要顺延提交资格预审申请文件或者投标文件的截止时间；有关资格预审文件或招标文件的内容存在《条例》第23条规定情形的异议成立而又未及时给予纠正以致影响了资格预审结果或者潜在投标人投标的，招标人应当按照第23条规定修改文件内容后重新组织招标。

第二十三条［文件的合法性］

招标人编制的资格预审文件、招标文件的内容违反法律、行政法规的强制性规定，违反公开、公平、公正和诚实信用原则，影响资格预审结果或者潜在投标人投标的，依法必须进行招标的项目的招标人应当在修改资格预审文件或者招标文件后重新招标。

【释义】本条是关于资格预审文件和招标文件内容合法性要求的总体性规定。

资格预审文件和招标文件违反法律和行政法规的强制性规定，违反公开、公平、公正和诚实信用原则，通过设定苛刻的资格条件，要求特定行政区域的业绩，提供差别化信息，隐瞒重要的信息等做法，是招投标活动中存在的突出问题之一。其结果必然会影响资格审查结果和潜在投标人投标，并且还有可能因投标人数量过少而导致招标失败，招标人必须纠正资格预审文件或者招标文件中违背法律规定的相关内容后再重新招标，否则很可能导致第二次招标仍然失败。针对实践中存在上述问题，本条规定了相应处理措施。

一、适用本条规定应当满足两个条件

（一）资格预审文件或者招标文件内容违法。具体包括两个方面：一是资格预审文件和招标文件违反法律法规的强制性规定。所谓强制性规定，表现为禁止性和义务性强制规定，也即法律和行政法规中使用了“应当”、“不得”、“必须”等字样的条款。如《招标投标法》第23条和《条例》第21条规定，对已发出的资格预审文件或者招标文件的澄清或者修改内容可能影响资格预审申请文件或者投标文件编制的，招标人应当在提交资格预审申请文件截止时间至少3日前，或者投标截止时间至少15日前通知所有资格预审文件或招标文件的收受人；《招标投标法》第20条和《条例》第32条关于招标文件不得要求或者标明特定的生产供应者的规定，不得设定与招标项目的具体特点和实际需要不相适应或者与合同履行无关的资格、技术、商务条件，不得以特定行政区域或者特定行业的业绩、奖项作为加分条件或者中标条件的规定；《条例》第26条关于投标保证金不得超过招标项目估算价的2%的规定。《建设工程质量管理条例》第9条有关建设单位必须向有关的勘察、设计、施工和监理等单位提供与建设工程有关的原始资料，并保证原始资料真实、准确和齐全的规定；第10条有关建设单位不得违反工程建设强制性标准的规定，等等。上述规定均属于强制性规定，资格预审文件和招标文件的内容不得违反。

二是资格预审文件和招标文件内容违反“三公”和诚实信用原则。所谓违反“三公”原则是指资格预审文件和招标文件没有载明必要的信息，针对不同的潜在投标人设立有差别的资格条件，提供给不同潜在投标人的资格预审文件或者招标文件的内容不一致，指定某一特定的专利产品或者供应者，资格预审文件载明的资格审查标准和方法或者招标文件中载明评标标准和方法过于原则，自由裁量空间过大，使得潜在投标人无法准确把握招标人意图，无法科学地准备资格预审申请文件或者投标文件，等等。所谓违反诚实信用原则是指资格预审文件和招标文件的内容故意隐瞒真实信息，典型表现是隐瞒工程场地条件等可能影响投标价格和建设工期的信息，恶意压低工程造价逼迫潜在投标人放弃投标或者以低于成本的价格竞标，从而影响工程质量和安全。

（二）违法内容影响了资格预审结果或者潜在投标人投标。

所谓影响指已经造成影响，其时点是资格预审评审结束后或者投标文件提交截止后也即开标后才发现。在此之前发现的违法行为，按照《条例》第 21 条或者第 22 条规定，修改资格预审文件或者招标文件。修改内容可能影响资格预审申请文件或者招标文件编制的，招标人应当顺延提交资格预审申请文件或者招标文件的时间。影响资格预审结果或者潜在投标人投标的表现形式有：具备资格的潜在投标人未能参加资格预审或者未能参加投标、已经通过资格预审的申请人或者投标人没有充分竞争力，等等。

需要说明的是，影响潜在投标人投标也包括招标文件中构成合同的内容违反法律、行政法规的强制性规定和公开、公平、公正和诚实信用原则，这些内容不一定会影响中标结果，但可能会损害投标人的合法权益，甚至损害国家和社会公共利益。例如，违背国家有关规定任意压缩工程的合理工期，工程质量要求违背国家工程建设强制性标准。招标文件中的上述内容无效，不得作为合同组成部分。

二、符合本条规定条件的依法必须进行招标的项目应当重新招标

存在本条规定的违法情形并造成本条规定的损害后果的，招标人应当纠正有关的违法行为，并组织重新招标，以维护竞争的公平、真实和充分。重新招标应当重新发布招标公告或者资格预审公告，不再进行资格预审的可直接发布招标公告。

需要说明的是，本条规定的重新招标要区别情况，依法必须招标的项目在确定中标人前发现资格预审文件或者招标文件存在本条规定的情形的，招标人应当修改资格预审文件或者招标文件的内容重新招标；中标人确定后，合同已经订立或者已经开始实际履行的，应当根据《条例》第 82 条规定办理。

第二十四条［标段划分］

招标人对招标项目划分标段的，应当遵守招标投标法的有关规

定，不得利用划分标段限制或者排斥潜在投标人。依法必须进行招标的项目的招标人不得利用划分标段规避招标。

【释义】本条是关于标段划分的规定。

《招标投标法》和《条例》所指的标段划分，是指招标人在充分考虑合同规模、技术标准规格分类要求、潜在投标人状况，以及合同履行期限等因素的基础上，将一项工程、服务，或者一个批次的货物拆分为若干个合同进行招标的行为。标段划分既要满足招标项目技术经济和管理的客观需要，又要遵守《招标投标法》等相关法律法规规定。

一、招标人可以根据实际需要划分标段

招标项目划分标段或者标包，通常基于以下两个方面的客观需要。一是适应不同资格能力的投标人。招标项目包含不同类型、不同专业技术、不同品种和规格的标的，分成不同标段才能使有相应资格能力的单位分别投标。二是满足分阶段实施要求。同一招标项目由于受资金、设计等条件的限制必须划分标段，以满足分阶段实施要求。

二、标段划分通常需要考虑的因素

一是法律法规规定。《合同法》第 272 条第 1 款和《建筑法》第 24 条均规定，招标人划分标段时，不得将应当由一个承包人完成的建筑工程肢解成若干部分分别招标发包给几个承包人投标。《招标投标法》第 19 条第 3 款规定，招标人应当合理划分标段，并在招标文件中载明。二是经济因素。招标项目应当在市场调研基础上，通过科学划分标段，使标段具有合理适度规模，保证足够竞争数量的单位满足投标资格能力条件，并满足经济合理性要求。既要避免规模过小，单位固定成本上升，增加招标项目的总投资，并可能导致大型企业失去参与投标竞争的积极性；又要避免规模过大，可能因符合资格能力条件的单位减少而不能满足充分竞争的要求，或者具有资格能力条件的单位因受资源投入限制，而无法保质保量按期完成招标项目，并由此增加合同履行的风险。三是招标人的合同管理能力。标段数量增加，必将增加实施招标、评标和合同管理的工作量，因此标段划分需要考虑招标人组织实施招标和合同履行管理的能力。四是项目技术和管理要

求。招标项目划分标段时应当既要满足项目技术关联配套及其不可分割性要求，又要考虑不同承包人或供应商在不同标段同时生产作业及其协调管理的可行性和可靠性。

因工程、货物、服务招标的实际情况差异较大，本条没有对同一个投标人在多个标段投标以及同时中标多个标段的情况作出规定。招标人应当根据标段划分、潜在投标人数量及其资格能力和生产要素配置状况，以保证充分竞争和避免规避招标等为前提，在资格预审文件和招标文件中依法科学合理作出规定。

三、不得利用标段划分实现非法目的

具体说来就是不得利用划分标段限制排斥潜在投标人或者规避招标。一是通过规模过大或过小的不合理划分标段，保护有意向的潜在投标人，限制或者排斥其他潜在投标人。二是通过划分标段，将项目化整为零，使标段合同金额低于必须招标的规模标准而规避招标；或者按照潜在投标人数量划分标段，使每一潜在投标人均有可能中标，导致招标失去意义。这些规避招标的行为大多数为了实现非法交易，必须严格禁止。

第二十五条［投标有效期］

招标人应当在招标文件中载明投标有效期。投标有效期从提交投标文件的截止之日起算。

【释义】本条是关于投标有效期的规定。

投标有效期是投标文件保持有效的期限。投标文件是投标人根据招标文件向招标人发出的要约，根据《合同法》有关承诺期限的规定，投标有效期为招标人对投标人发出的要约作出承诺的期限，也是投标人就其提交的投标文件承担相关义务的期限。

一、招标文件应当载明投标有效期且应当明确具体的期限

在招标文件中规定投标有效期并要求投标人在投标文件中做出响应，是国际国内招投标实践的常见做法，能够有效约束招投标活动当事人，保护招投标双方的合法权益。

（一）投标有效期有利于保护当事人双方的合法权益。对投标人

而言，仅需预测一定期限内的市场风险，确保投标报价的合理性和竞争力；有助于投标人科学地规划企业的经营活动。对招标人而言，能够合理计划和安排各项招标工作，及时和有序地完成开标、评标、定标和合同签订工作。即便投标人在投标有效期内撤销投标，招标人也能依法追偿所遭受的损失。如果招标文件没有统一规定投标有效期，对投标人而言，不仅将因招投标活动缺乏预期而影响对生产经营活动的安排甚至可能错失其他经营机会，而且会导致投标保证金长期被占用，损害其合法权益；对招标人而言，由于招标人作出承诺的期限是不确定的，投标人必须考虑在招标人迟迟不能作出承诺的情况下所面临的经营风险，投标人将不得不提高其投标价格，加之不同投标人考虑市场风险对投标价格的影响程度存在差异，会进一步导致投标价格缺乏可比性，影响招标的顺利进行乃至采购目的的实现。

（二）国际规则均要求招标文件载明投标有效期。联合国贸易法委员会《货物、工程和服务采购示范法》第 31 条规定，投标应在招标文件列明的时限内有效。世界银行《货物、工程和非咨询服务采购指南》第 2. 13 款规定，投标人提交的投标应在招标文件载明的期限内保持有效，以使借款人有充足的时间完成对投标的比较和评价，并获得一切必要的批准以便能够在该期限内授予合同。世界贸易组织《政府采购协定》第 12 条规定，招标文件应当载明投标文件的有效期。《亚洲开发银行贷款采购指南》第 2. 13 款也有类似规定。

需要说明的是，招标文件规定的投标有效期反映了招标人的要求，是投标有效期的低限，投标人承诺的投标有效期必须不短于招标文件规定的投标有效期，否则将构成对招标文件的非实质性响应。

二、投标有效期从提交投标文件截止日起计算

《招标投标法》第 29 条规定："投标人在招标文件要求提交投标文件的截止时间前，可以补充、修改或者撤回已提交的投标文件，并书面通知招标人。补充、修改的内容为投标文件的组成部分。"该条规定意味着投标截止时间后已经提交的投标文件对投标人和招标人产生约束力，投标人无权补充、修改或者撤销已提交的投标文件。因此，本条规定投标有效期从提交投标文件截止之日起计算。联合国贸易法委员会《货物、工程和服务采购示范法》第 31 条也有类似规定。

三、招标人应当合理确定投标有效期期限

招标文件规定的投标有效期应当合理，既不能过长也不宜过短。过长的投标有效期可能导致投标人为了规避风险而不得不提高投标价格，过短的投标有效期又可能使招标人无法在投标有效期内完成开标、评标、定标和签订合同，从而可能导致招标失败。合理的投标有效期不但要考虑开标、评标、定标和签订合同所需的时间，而且要综合考虑招标项目的具体情况、潜在投标人的信用状况以及招标人自身的决策机制。

在《条例》起草过程中，有的意见建议列出可以延长投标有效期的各种情形，也有的意见建议对投标有效期的具体时间给予统一规定，还有的意见担心投标有效期的延长会被招标人滥用造成不公平，等等。但是，由于反馈的意见因行业和地区而异，离散度较大，逐一规定太过琐碎，也容易以偏概全，故《条例》暂未作规定。对于需要延长投标有效期的情况，《工程建设项目施工招标投标办法》（国家发展和改革委员会等七部委令第 30 号）规定，在原投标有效期结束前，出现特殊情况的，招标人可以书面形式要求所有投标人延长投标有效期。投标人同意延长的，不得要求或被允许修改其投标文件的实质性内容，但应当相应延长其投标保证金的有效期；投标人拒绝延长的，其投标失效，但投标人有权收回其投标保证金。因延长投标有效期造成投标人损失的，招标人应当给予补偿，但因不可抗力需要延长投标有效期的除外。《工程建设项目货物招标投标办法》（国家发展和改革委员会等七部委令第 27 号）和世界银行《货物、工程和非咨询服务采购指南》均有类似规定。

第二十六条［投标保证金］

招标人在招标文件中要求投标人提交投标保证金的，投标保证金不得超过招标项目估算价的 2%。投标保证金有效期应当与投标有效期一致。

依法必须进行招标的项目的境内投标单位，以现金或者支票形式提交的投标保证金应当从其基本账户转出。

招标人不得挪用投标保证金。

【释义】本条是关于投标保证金的规定。

一、投标保证金的概念、作用和形式

投标保证金是投标人按照招标文件规定的形式和金额向招标人递交的，约束投标人履行其投标义务的担保。招投标作为一种特殊的合同缔结过程，投标保证金所担保的主要是合同缔结过程中招标人的权利。为有效约束投标人的投标行为，有必要设立投标保证金制度。国际规则均对投标保证金给予了明确规定。世界银行《货物、工程和非咨询服务采购指南》第2.14款规定，借款人可以选择是否要求投标人提交投标保证金。如果要求投标保证金，投标保证金应按招标文件规定的金额和格式提交。《亚洲开发银行贷款采购指南》和联合国贸易法委员会《货物、工程和服务采购示范法》第32条均有类似规定。

《条例》第35条和第74条规定了投标保证金不予退还的情形，实际上也反映了投标保证金的作用，即保证在提交投标文件截止时间后投标人不撤销其投标，并按照招标文件和其投标文件签订合同。具体讲：一是投标截止后至中标人确定前，投标人不得修改或者撤销其投标文件。二是保证投标人被确定为中标人后，按照招标文件和投标文件与招标人签订合同，不得改变其投标文件的实质性内容或者放弃中标，如果招标文件要求中标人必须提交履约保证金的，投标人还应当按照招标文件的规定提交履约保证金。如果投标人未能履行上述投标义务，招标人可不予退还其递交的投标保证金，也即招标人可以因此获得至少相当于投标保证金的经济补偿。此外，投标保证金对约束投标人的投标行为，打击围标串标、挂靠、出借资质等违法行为也有一定的效果。

投标保证金一般采用银行保函，其他常见的投标保证金形式还有现钞、银行汇票、银行电汇、支票、信用证、专业担保公司的保证担保等，其中现钞、银行汇票、银行电汇、支票等属于广义的现金。由于工程建设项目招标标的金额普遍较大，为减轻投标人负担，简化招标人财务管理手续，鼓励更多的投标人参与投标竞争，同时为防止投标保证金被挪用和滥用，投标保证金一般应优先选用银行保函或者专业担保公司的保证担保形式。招标人应当在招标文件中载明对保函或者保证担保的要求，投标人应当严格按照招标文件的规定准备和提交。需要注意两点：一是如果招标过程中招标人修改过提交投标文件的截止时间，投标人应当注意是否需要调整已经提前开具的保函或者保证担保的有效期，否则有可能导致否决投标。二是以现金形式提交的投标保证金不属于《担保法》规定的定金而是质押。《最高人民法院关于适用〈中华人民共和国担保法〉若干问题的解释》第 85 条规定："债务人或者第三人将其金钱以特户、封金、保证金等形式特定化后，移交债权人占有作为债权的担保，债务人不履行债务时，债权人可以以该金钱优先受偿。"

参照有关国际规则的规定，《条例》就投标保证金从两个方面作出了新的规定。一是投标保证金是否退还取决于当事人意思自治，招标人应当在招标文件中规定投标人撤销投标时是否退还投标保证金。二是不按招标文件提交投标保证金或者提交的投标保证金不符合招标文件规定的，是否构成无效投标亦取决于当事人的意思自治，《条例》第 51 条并未将没有按要求提交投标保证金作为法定的否决投标的理由，是不是否决投标由招标人在招标文件中规定。

二、投标保证金制度执行中存在的问题亟须规范

投标保证金被误用或者滥用主要有以下情形：一是错误地认为投标人在任何投标中均必须提交投标保证金。不加区分地要求投标人提交投标保证金，导致有关人员将投标保证金错误地理解为投标文件不可或缺的组成部分。一些案例显示，即便招标文件中没有对投标保证金的金额、形式作出规定，评标因素中也包括对投标保证金的符合性评审。二是要求潜在投标人在购买资格预审文件或者招标文件时递交投标保证金。一部分招标人担心购买了资格预审文件或者招标文件的潜在投标人不按期递交资格预审申请文件或者投标文件，造成投标人少于三个而导致招标失败，影响项目的实施进度，因此将提交投标保证金作为潜在投标人购买资格预审文件或者招标文件的先决条件。三是投标保证金的受益和处置不规范。投标保证金是提交给招标人的担保，其受益人为招标人。因此，当投标人出现依法不予退还投标保证金的情形时，处置权人应为招标人。但是，一些招标代理机构未经招标人授权擅自处置投标保证金，谋取不法利益，甚至经常出现恶意延期返还所收取的投标保证金的情况，还有一些代理机构强行将投标保

证金用于补偿招标代理服务费。这些做法违背了设立投标保证金的目的，侵犯了投标人的合法权益。四是不同投标人的投标保证金由同一家投标人出具。部分投标人为谋取中标，在投标活动中围标串标，通过各种方式从其设立的不同账户分别为参与围标串标的其他投标人提供投标保证金。五是不合理地提高投标保证金金额谋取不法利益，限制和排斥潜在投标人。

三、本条对实践中存在的问题做了有针对性规定

（一）是否要求投标人提交投标保证金由招标人在招标文件中规定。正如上文所述，投标保证金并不是投标文件不可或缺的组成文件。联合国贸易法委员会《货物、工程和服务采购示范法》第 32 条、世界银行《货物、工程和非咨询服务采购指南》和《亚洲开发银行贷款采购指南》第 2.14 款均规定是否提交投标保证金由招标人自主选择，本条规定也遵循了同样的原则。

招标文件要求投标人提交投标保证金的，招标文件应当对投标保证金的提交时间、形式、金额和有效期等提出具体要求。如果是以保函形式提交，其要素还包括对保证人的资格要求。联合国贸易法委员会《货物、工程和服务采购示范法》第 32 条第（f）目规定："采购实体应在招标文件中具体说明对出具投标担保者的要求以及所需投标担保的性质、形式、数额和其他主要条件。"第（b）目规定："招标文件中可规定投标担保的出具人"。世界银行《货物、工程和非咨询服务采购指南》第 2.14 款规定："如果要求投标保证金，投标保证金应按招标文件规定的金额和格式提交。"如果招标文件要求投标人提交投标保证金而没有对投标保证金提出具体要求，投标人将无所适从。当然，招标文件对投标保证金的具体要求应当符合有关法律、法规和规章的规定，包括本款关于投标保证金有效期应当与投标有效期一致的规定，不能不合理地增加投标成本，或者借此限制、排斥潜在投标人，等等。

招标文件规定投标人应当提交投标保证金的，投标人应当按照招标文件的要求提交。根据投标人的意愿，投标人可以选择在招标文件规定的提交投标文件截止之日前，将投标保证金与投标文件分别提交给招标人，也可以同时提交。投标保证金采用银行转账的，应当在投

标截止前到达招标人指定的账户。

（二）投标保证金有效期应当与投标有效期一致。在《条例》起草过程中，有的意见建议投标保证金有效期应略长于投标有效期一段时间，以确保在投标有效期结束前中标人未与招标人签约或未按招标文件规定提供履约保证金时，招标人仍有机会扣留其投标保证金。《FIDIC 招标程序》第 3.1.3 项也建议："投标保证金的有效期应当等于投标有效期加上投标人按照合同条款的约定提交履约担保的时间。"《条例》未采纳上述意见，主要是考虑：一是本条规定更有利于防止投标保证金被误用或者滥用。投标保证金有效期和投标有效期一致可以有效遏止招标人强行要求投标人在购买招标文件或者资格预审文件时提交投标保证金。即便投标人自愿选择在投标截止前提交，其有效期的起算日期应当与投标有效期一致，即从提交投标文件截止之日起算。二是本条规定有利于招标人自觉增强招标工作的计划性和前瞻性。招标人应当合理确定投标有效期的具体期限，合理规划招标工作，确保在投标有效期结束前完成与中标人签订合同的工作。一旦中标人拒绝与招标人签订合同或者拒绝按招标文件规定提交履约保证金，招标人也有足够的时间兑付投标保证金。这样，投标保证金在约束投标行为的同时，也能在一定程度上约束招标人的行为，防止招标人工作拖沓，造成投标人损失。当然，如果出现一些特殊情况，招标人需要延长投标有效期的，投标人可以选择退出投标以规避风险，投标人也可以同意延长投标有效期。三是本条规定有利于投标保证金的及时返还。投标保证金有效期与投标有效期一致有利于促进招标人尽快完成定标和签订合同等工作，以便及时返还投标保证金，减轻投标人负担。当然，投标人提交的投标保证金有效期等于投标有效期的，方为有效。

（三）投标保证金最高不得超过招标项目估算价的 2%。所谓的"招标项目估算价"是指根据招标文件、有关计价规定和市场价格水平合理估算的招标项目金额。从实际操作看，招标人在招标文件中规定的投标保证金应当是依据招标项目估算价计算的一个具体的和绝对的金额，不宜在招标文件中要求一个基于投标报价的百分比，以避免可能提前泄漏投标报价。该具体金额是招标人要求的投标保证金的最高限，即不得超过招标项目估算价的 2%。但对投标人而言，招标人所要求的最高限是其提交的投标保证金的最低限，也即其所提交的投标保证金应当高于或者等于招标人在招标文件中规定的具体金额。

在《条例》起草过程中，有的意见建议为投标保证金设定一个具体的上限金额。《条例》未采纳上述意见，主要是考虑是，《条例》所调整的采购对象千差万别，不加区分地统一规定投标保证金的具体限额，不利于发挥投标保证金的作用。尽管投标人不履行投标义务时，招标人将至少能够获得相当于投标保证金的经济补偿，如果投标保证金不足以补偿招标人的损失，招标人可以依法要求赔偿不足部分的损失。但在实践中，因为追索程序耗时费力，加之举证证明实际损失较为困难，招标人往往畏难而退。有鉴于此，对一些规模较大的项目，如果投标人提交的投标保证金相对于项目合同金额比例过小，则不足以约束其投标行为。例如，投标人出于某种企图，恶意低于成本投标，如果中标后面临的亏损大大高于投标保证金，投标人宁可牺牲其投标保证金，也要尝试对投标文件实质性内容进行变更，或者拒绝签订合同，从而影响招标工作的顺利完成，这也是部分招标人建议提高投标保证金金额的主要原因之一。因此，比较科学合理的做法是，对投标保证金的限额实行因项目规模、项目性质因素而异的差别化政策。

《条例》起草过程中，还有一种意见认为，在招标文件中规定一个基于招标项目估算价的具体投标保证金额度可能会泄露招标人的底价。鉴于本条规定的百分比是招标人可以在招标文件中规定的最高限，招标人不一定按照2%的比例规定投标保证金的具体金额，只要招标人不泄漏具体的百分比，不会造成泄漏招标人底价的后果。

（四）境内投标单位以现金或者支票形式提交的投标保证金应当来自其基本账户。目前，除基本账户外，国家对投标人开立存款账户并没有太多限制，管理也相对宽泛。正如上文所述，投标人开立不同的银行账户为其他投标人提供投标保证金，在围标串标等违法违规行为中几成定律，不少地方出台了投标保证金必须来自投标人基本账户的相关规定，对遏制围标串标行为发挥了积极作用，本规定正是在总结各地成熟做法的基础上形成的。为此，《条例》第40条进一步规定，不同投标人的投标保证金来自同一单位或者个人账户的构成串通投标。境内投标单位以现金或者支票方式提交的投标保证金不是来自基本账户给中标结果造成无法纠正的实质性影响的，按照本《条例》

第 82 条的规定处理。

（五）投标保证金不得挪用。不得挪用投标保证金的义务主体是招标人。招标人委托招标代理机构代其收取投标保证金的，招标代理机构当然也不得挪用。该禁止性规定意味着，如果招标人或其委托的招标代理机构挪用投标保证金，应承担相应的法律责任，投标人依法享有追偿挪用收益的权利。投标保证金采用银行保函、保证等担保方式的，在兑付前一般不存在挪作他用的情况，挪用的情形多出现在现金、支票等担保方式。根据最高人民法院有关担保法的司法解释，即便是以现金方式提交的投标保证金，也属于特定化形式的质押，只是转移了对该动产的占有，在投标人出现不予返还的情形之前，其所有权仍属于投标人，如果招标人挪用于投资等其他目的，所获得的收益应当归投标人所有。在《条例》起草过程中，有一种意见建议对招标代理机构收取投标保证金的情形给予规范。由于招标代理机构不是投标保证金的法定受益人，根据《民法通则》的规定，其收取投标保证金时，只能以代理人身份和招标人的名义收取，相应的权利和义务仍属于招标人。因此，本款未采纳该意见。

第二十七条 [标底编制]

招标人可以自行决定是否编制标底。一个招标项目只能有一个标底。标底必须保密。

接受委托编制标底的中介机构不得参加受托编制标底项目的投标，也不得为该项目的投标人编制投标文件或者提供咨询。

招标人设有最高投标限价的，应当在招标文件中明确最高投标限价或者最高投标限价的计算方法。招标人不得规定最低投标限价。

【释义】本条是关于编制标底和最高投标限价的规定。

一、编制标底应当自愿、唯一和保密

（一）招标人可以自行决定是否编制标底。标底是招标人组织专业人员，按照招标文件规定的招标范围，结合有关规定、市场要素价格水平以及合理可行的技术经济方案，综合考虑市场供求状况，进行科学测算的预期价格。标底是评价分析投标报价竞争性、合理性的参考依据。工程招标项目通常具有单件性（独特性），缺少可供比较分

析和控制的价格参考标准，特别对于潜在投标人不多，竞争不充分或容易引起串标的工程建设项目，往往需要编制标底。货物招标项目的价格与现成货物的可比性较强，一般不需要编制标底。招标人可以根据招标项目的特点需要自主决定是否编制，以及如何编制标底，有关部门不应当干预。

在《招标投标法》颁布前，为了防止恶性压价和串通抬标，许多部门和地方曾经规定以标底价格为基准，设定一个价格上限和下限范围作为判定投标报价是否入围、有效和合理的直接标准。目前仍有少数部门和地方在延续这一做法。如此定位标底存在以下弊端：一是不利于引导投标人理性竞争。标底编制工作的技术经济性很强，编制方案的可塑性大，且编制涉及的环节和人员较多，既难于保证标底的保密，又难以保证标底编制的准确，更无法保证标底所依据的技术经济方案可行、先进和合理。因此，如果以标底价格为基准并设定一个上下幅度范围作为确定投标报价是否入围、有效和中标的直接依据，将限制投标竞争，使投标竞争演变为争相接近标底的“数字竞争”。二是容易诱发违法违规行为。由于标底及其上下限范围直接决定了投标报价的有效性和合理性，加之标底应当保密，使其成为各方竞相打探的焦点，出现了通过泄露标底获取不当收益等违法违规行为。三是标底有可能成为地方或者行业保护的手段。由于标底及其上下限范围限制了投标人的竞争，实践中很容易被利用，成为保护落后、排斥开放竞争的手段。因此，应当禁止以标底及其上下限范围作为判定投标报价是否入围、有效和合理的直接依据。当然也要避免另外一种倾向，就是强制推行“无标底”招标的做法，以致标底应有的参考作用也随之消失。

（二）一个招标项目只能有一个标底。标底与投标报价表示的招标项目内容范围、需求目标是相同的、一致的，体现了招标人准备选择的一个技术方案及其可以接受的一个市场预期价格，也是分析衡量投标报价的一个参考指标，所以一个招标项目只能有一个标底，否则将失去用标底与投标报价进行对比分析的意义。需要说明的是，所谓招标项目，在分标段或者标包的招标项目中是指具体的标段或者标包。

（三）标底必须保密。标底在评标中尽管只具有参考作用，但为了使标底不影响和误导投标人的公平竞争，标底在开标前仍然应当保密。

二、受委托编制标底的中介机构负有避免利益冲突的义务

由于受委托编制标底的中介机构获知了其他投标人不易获知的有关招标项目的信息，为了保证招标竞争的公平公正，预防串通投标或者取得不正当的竞争优势，本条规定接受招标人委托编制标底的中介机构不得参加该项目的投标，也不得为该项目的投标人编制投标文件或者提供咨询。

三、最高投标限价的设置应当自愿、公开

最高投标限价是招标人根据招标文件规定的招标范围，结合有关规定、投资计划、市场要素价格水平以及合理可行的技术经济实施方案，通过科学测算并在招标文件中公布的可以接受的最高投标价格或最高投标价格的计算方法。超过最高投标限价的投标超出了招标人的承受能力，应当被否决。通常在潜在投标人不多、投标竞争不充分或容易引起串标的招标项目中使用，可以防止投标人串通抬标。

最高投标限价与标底的区别是：最高投标限价是招标人可以承受的最高价格，必须在招标文件中公布，对投标报价的有效性具有强制约束力，投标人必须响应；标底是招标人可以接受的预期市场价格，在开标前必须保密，对投标报价没有强制约束力，仅作为评标参考。其共同点是：两者均必须依据招标文件确定的内容和范围，以及与投标报价相同的清单进行编制；两者都具有难以避免和不同程度的风险，编制工作的失误都将影响评标和中标结果，特别是最高投标限价编制失误甚至会导致招标失败和难以挽回的损失。

四、招标人不得规定最低投标限价

因为投标人的竞争能力和完成招标项目的个别成本具有很大差异，为了保证充分竞争，促进技术管理进步，节省采购成本，本条明确规定招标人不得设置最低投标限价，即不允许作出“低于最低限价的投标报价为无效投标”等规定。为了防止投标人以低于成本的报价竞争，可以通过对投标价格的分析论证来判断其是否低于成本，包括

参考标底、其他投标人的报价，以及投标人的证明材料等，而不能统一设定最低限价。

第二十八条［踏勘现场］

招标人不得组织单个或者部分潜在投标人踏勘项目现场。

【释义】本条是关于踏勘项目现场的规定。

一、招标人根据招标项目需要可以组织踏勘项目现场

《招标投标法》第21条规定，招标人根据招标项目的具体情况，可以组织潜在投标人踏勘项目现场。招标项目现场的环境条件对投标人的报价及其技术管理方案有影响的，潜在投标人需要通过踏勘项目现场了解有关情况。工程施工招标项目一般需要实地踏勘招标项目现场。货物和服务招标项目如果与现场环境条件关联性不大，则不需要踏勘现场。根据招标项目情况，招标人可以组织潜在投标人踏勘，也可以不组织踏勘。

二、招标人不得组织单个或者部分投标人踏勘项目现场

为了防止招标人向潜在投标人有差别地提供信息，造成投标人之间的不公平竞争，招标人不得组织单个或者部分潜在投标人踏勘项目现场。招标人根据招标项目需要，组织潜在投标人踏勘项目现场的，应当组织所有购买招标文件或接收投标邀请书的潜在投标人实地踏勘项目现场。根据《招标投标法》第22条规定，招标人不得向他人透露已获取招标文件的潜在投标人的相关信息。确需组织踏勘项目现场的，招标人可分批次组织潜在投标人踏勘。招标人组织全部潜在投标人实地踏勘项目现场的，应当采取相应的保密措施并对投标人提出相关保密要求，不得采用集中签到甚至点名等方式，防止潜在投标人在踏勘项目现场中暴露身份，影响投标竞争，或相互沟通信息串通投标。需要说明的是，潜在投标人收到有关踏勘现场的通知后自愿放弃踏勘现场的，不属于本条规定的招标人组织部分投标人踏勘现场。

三、组织踏勘项目现场应当注意的问题

（一）组织全部潜在投标人踏勘项目现场的时间，应尽可能安排

在招标文件规定发出澄清文件的截止时间之前，以便在澄清文件中统一解答潜在投标人踏勘项目现场时提出的疑问。

（二）潜在投标人应全面踏勘项目现场。潜在投标人需要对可能影响投标报价及技术管理方案的现场条件进行全面踏勘。例如，工程建设项目的地理位置、地形、地貌、地质、水文、气候情况，工程现场的平面布局、交通、供水、供电、通讯、污水排放等条件，以及工程施工临时用地、临时设施搭建的条件是否满足招标文件规定的要求。

（三）潜在投标人对踏勘项目现场后自行作出的判断负责。无论招标人组织还是潜在投标人自行踏勘项目现场，潜在投标人根据踏勘项目现场做出的投标分析、推论和判断，应当自行负责。

（四）招标人统一解答潜在投标人踏勘现场中的疑问。潜在投标人踏勘项目现场产生的疑问需要招标人澄清答复的，一般应当在招标文件规定的时间内向招标人提出。招标人应当以书面形式答复并作为招标文件的澄清说明，提供所有购买招标文件的潜在投标人。招标人认为必要时，也可以按招标文件规定，在踏勘项目现场后，组织投标预备会（标前会）公开解答潜在投标人提出的疑问，但应当以书面答复为准。

第二十九条［总承包招标］

招标人可以依法对工程以及与工程建设有关的货物、服务全部或者部分实行总承包招标。以暂估价形式包括在总承包范围内的工程、货物、服务属于依法必须进行招标的项目范围且达到国家规定规模标准的，应当依法进行招标。

前款所称暂估价，是指总承包招标时不能确定价格而由招标人在招标文件中暂时估定的工程、货物、服务的金额。

【释义】本条是关于总承包招标的规定。

本条规定的目的是为了引导和规范总承包，为总承包招标提供必要的法律依据，防止利用总承包规避招标。

一、招标人可以依法选择不同的总承包方式

总承包是国家鼓励和扶持的工程承包方式。《建筑法》第 24 条规定："提倡对建筑工程实行总承包，禁止将建筑工程肢解发包。建筑

工程的发包单位可以将建筑工程的勘察、设计、施工、设备采购一并发包给一个工程总承包单位，也可以将建筑工程勘察、设计、施工、设备采购的一项或者多项发包给一个工程总承包单位；但是，不得将应当由一个承包单位完成的建筑工程肢解成若干部分发包给几个承包单位。”我国加入世界贸易组织后，工程建设领域面临与国际工程承包和管理方式接轨的巨大压力。为了贯彻“走出去”发展战略，国务院有关行业主管部门陆续出台了一系列政策措施，鼓励工程建设项目实行总承包，培育和发展工程总承包企业，不断提高国际竞争力。总结国际工程承包实践，工程总承包的主要方式有施工总承包、设计－施工总承包、设计采购施工总承包。国际咨询工程师联合会（FIDIC）于1999年推出了新版的系列合同条件，核心合同文本是施工总承包、生产设备设计－施工总承包和设计采购施工/交钥匙合同条件。世界银行也于2006年推出了适用于世界银行贷款项目的设计施工总承包合同文本。近年来，工程总承包在国际工程承包界迅速普及。据统计，2005年美国有30%以上的工程建设项目采用设计施工总承包方式，英国43%的房屋建筑工程采用设计施工总承包方式，近年来所占比例还有所提高。我国企业承揽的海外工程大部分采用的是设计施工或者设计采购施工一体化的总承包方式。2011年12月，国家发改委等九部委发布了《标准设计施工总承包招标文件》，为规范和推动我国工程总承包提供了具体可行的操作准则。

本条规定的总承包是指广义的总承包，包括设计承包、勘察承包和施工承包等单项总承包。狭义的总承包则是指承包范围至少包括了设计和施工的总承包。

传统的施工总承包具有施工责任主体一元化的优点，但施工承包人按图施工，招标人需要协调设计和施工的矛盾。设计施工总承包相对于传统的施工总承包具有下列优点：一是设计和施工由单一责任主体负责，招标人无需进行设计和施工之间的协调，因设计和施工的矛盾和纠纷减少，可以减少项目建设过程中的索赔和争议，有利于工程项目建设的顺利进行。二是可以提高设计的可建造性，承包人不再简单照图施工并利用图纸错误寻求索赔，而是更加积极地利用其施工经验避免设计错误，提高设计的可行性。三是设计和施工两个阶段可以合理搭接，能够大大节约工程工期。四是可以提高工程造价的确定性，设计施工一体化可以大大降低设计变更和索赔的发生。当然，设计施工总承包会在一定程度限制招标人进行设计变更的主动权，以及对工程质量、进度的控制力度，招标人必须提高风险管理意识，在招标文件中细化质量、进度要求和功能需求，并加强过程控制。设计施工总承包也需要我国现行的城乡规划、施工图审查、施工许可和资质管理以及计价管理规定等相关制度与之配套。

二、以暂估价形式包括在总承包范围内的工作内容一定条件下应当招标

（一）本条进一步明确了暂估价的定义。本条第2款将暂估价定义为总承包招标时不能确定价格而由招标人在招标文件中暂时估定的工程、货物、服务的金额。《建设工程工程量清单计价规范》（GB 50500－2008）将暂估价定义为招标人在招标文件中规定的用于支付必然发生但暂时不能确定价格的工程、货物、服务的金额。两者在表述上有所差别，但其含义完全一致：一是必然要发生的工程、货物或者服务；二是暂时不能确定价格；三是由招标人暂估给定的金额。

总承包招标文件中设立暂估价是国际国内工程实践中的常见做法。国际咨询工程师联合会（FIDIC）合同条款中设有暂估价管理的相关内容，并就暂估价管理设立了相应机制。实践中设立暂估价一般基于下列原因：一是招标人自己的功能需求仍未最终明确，对一些专业工程或者设备材料无法提出具体的标准和要求，无法纳入投标竞争。二是因设计深度不够，招标时部分工程、货物或者服务的技术标准和要求仍不明确，无法纳入竞争。三是部分专业工程必须由专业承包人设计才能保证质量、使用功能和可建造性，或者一些对项目质量、使用功能和设计美学非常关键的工程需要由经验丰富的专业承包人完成。四是一些重要材料设备价格因品牌和质量差异很大，且对工程使用功能十分重要，为防止过度竞争而降低品质，也设为暂估价，以便在履约过程中以专项采购方式给予适度的控制。鉴于《建设工程质量管理条例》禁止肢解发包和鼓励总承包，本条规定的暂估价的设立应限于因招标人需求未明确、设计深度不够或者招标人规定进行专业分包和专项供应的，暂时无法纳入招标竞争的工程、货物和服务。

《条例》起草过程中，有一种意见认为，应当对暂估价占合同估

算价的比例作出规定，即暂估价的总额不得超过合同估算价的10%或者30%。该意见反映了实践中存在的招标人滥用暂估价或者不具备招标所需的图纸等技术文件即启动招标的情况，这些情况对工程建设项目的质量、安全和进度构成了危害，应当加以规范。鉴于本条主旨是为总承包范围内的暂估价依法进行招标提供依据，不同行业的具体情况也存在一定的差别，故《条例》未做统一规定。

（二）暂估价工作内容一定条件下应当招标。以暂估价形式包括在总承包范围内的工程、货物和服务，属于依法必须进行招标的项目范围且达到国家规定规模标准的，应当依法进行招标。《招标投标法》第4条规定："任何单位和个人不得将依法必须进行招标的项目化整为零或者以其他方式规避招标。"强制招标的目的之一就是利用竞争机制提高投资使用效益。包括在总承包招标范围之内的暂估价事实上并没有经过竞争，如果应当招标而不招标，将在事实上构成规避招标。当然，本条规定也明确了必须招标的条件是"属于依法必须进行招标的项目范围且达到国家规定规模标准"，而不是所有的暂估价项目均必须进行招标。

关于暂估价项目的招标，《建设工程工程量清单计价规范》（GB 50500－2008）、《标准施工招标文件》（国家发改委等九部委56号令）和《工程建设项目货物招标投标办法》（国家发改委等七部委27号令）均有相应的规定。实践中相对成熟的做法主要有三种：一是总承包发包人（也即总承包招标人）和总承包人共同招标。二是总承包发包人招标，给予总承包人参与权和知情权。三是总承包人招标，给予总承包发包人参与权和决策权。三种做法的核心原则均离不开共同招标。之所以"共同招标"，是因为就暂估价项目的实施而言，总承包发包人和总承包人双方都是利害关系人：一是暂估价项目包括在总承包范围内，依法应当由承包人承担工期、质量和安全责任。二是暂估价的实际开支最终由总承包发包人承担，其在关注质量的同时，更有关注价格的权利。三是共同招标是一个确保透明、公平的实现途径，可以避免总承包发包人和总承包人之间的猜忌，从而有助于合同的顺利履行。但是，实践中当事人往往将"共同招标"简单地理解为由总承包发包人和总承包人双方共同作为暂估价项目的招标人，双方共同与暂估价项目中标人签订合同。这种做法并不是完全没有可操作性，也受到了一些有强力控制项目实施愿望的总承包发包人的欢迎。但是，由于由此形成的合同法律关系不清晰，不符合现行法律法规所提倡的总承包责任主体一元化的原则，双方责任、权利和义务的界定难免出现遗漏、重叠或者冲突，实践中出现了扯皮多、易投诉和进度慢等诸多问题，一定程度上影响了总承包合同的顺利履行。由总承包发包人自己作为暂估价项目的招标人是实践中最受招标人青睐的方式，尽管执行中总承包发包人可能会给予总承包人一定的参与权和知情权，但这种方式最终是由总承包发包人与暂估价项目中标人签订合同，而暂估价项目属于总承包人的承包范围，不但在实施过程中难以协调，一旦出现质量、安全、进度等问题，容易出现总承包发包人和承包人相互推诿。由承包人作为暂估价项目招标人已经被实践证明是最佳的选择，该做法同时给予总承包发包人足够的话语权，由承包人与暂估价项目中标人签订合同，有利于理顺合同关系，方便合同履行。

在《条例》起草过程中，有一种意见认为，暂估价项目在竣工结算时进行审价即可，如果采用招标方式，依法有承揽资格和能力的总承包人不一定能够中标，会导致责任主体缺失。鉴于暂估价项目属于总承包人的承包范围，由总承包人作为招标人并签订合同非但不存在主体缺失的情况，反而突出强调了总承包的主体责任，而不招标正是本条规定努力加以避免的。如果允许总承包人承揽依法必须招标的暂估价项目，将为规避招标大开方便之门。

需要说明四点：一是总承包招标中的服务不包括工程监理。工程监理制是我国基本建设制度之一，《建设工程质量管理条例》第35条禁止建设工程监理单位与施工承包单位存在利害关系。二是广义的暂估价包括招标文件中规定的暂列金额。暂列金额是指招标文件中给定的，用于在签订协议书时尚未确定或不可预见变更的施工及其所需材料、工程设备、服务等的金额。暂列金额与暂估价的区别在于前者不一定发生，而后者是必然要发生但因某种原因暂时无法确定最终的和准确的金额。但暂列金额项目是否招标，需要综合考虑《条例》第9条，以及合同变更条款等因素。三是暂估价项目必须招标的规定同样适用于以暂估价形式包括在分包工程招标范围内的货物。四是为避免暂估价项目招标时无法吸引足够多的潜在投标人投标导致招标失败，总承包发包人在启动总承包招标前应当充分重视招标规划工作，数量或者金额过小等可能无法以合理的标包或者标段进行招标的专业工程、货物或者服务应当纳入总承包招标竞价的范围，因设计深度不够等原因无法纳入竞争的，招标人也应当在完善设计后再启动总承包招标。

第三十条［两阶段招标］

对技术复杂或者无法精确拟定技术规格的项目，招标人可以分两阶段进行招标。

第一阶段，投标人按照招标公告或者投标邀请书的要求提交不带报价的技术建议，招标人根据投标人提交的技术建议确定技术标准和要求，编制招标文件。

第二阶段，招标人向在第一阶段提交技术建议的投标人提供招标文件，投标人按照招标文件的要求提交包括最终技术方案和投标报价的投标文件。

招标人要求投标人提交投标保证金的，应当在第二阶段提交。

【释义】本条是关于两阶段招标的规定。

一、两阶段招标的适用范围

两阶段招标主要适用于技术复杂或者无法精确拟定技术规格的项目。对于这类项目，由于需要运用先进生产工艺技术、新型材料设备或采用复杂的技术实施方案等，招标人难以准确拟定和描述招标项目的性能特点、质量、规格等技术标准和实施要求。在此情况下，需要将招标分为两个阶段进行。在第一个阶段，招标人需要向至少三家以上供应商或承包人征求技术方案建议，经过充分沟通商讨，研究确定招标项目技术标准和要求，编制招标文件。在第二个阶段，投标人按照招标文件的要求编制投标文件，提出投标报价。两阶段招标既能够弥补现行制度下不能进行谈判的不足，满足技术复杂或者不能精确拟定技术规格项目招标需要，同时又能够确保一定程度的公开、公平和公正。招标文件一旦确定下来，投标人就应当按照招标文件要求编制投标文件，不得就技术和商务内容进行谈判。

两阶段招标是国际通行的一种实施方式。联合国国际贸易法委员会《货物、工程和服务采购示范法》第 19 条和第 46 条，以及世界银行《货物、工程和非咨询服务采购指南》第2.6款均对两阶段招标作了规定。本条没有具体界定可以采用两阶段招标的适用范围，由招标人根据项目的具体特点和实际需要自主确定。世界银行规定的两阶段招标适用范围可供参考：一是需要以总承包方式采购的大型复杂设施设备；二是复杂特殊的工程；三是由于技术发展迅速难以事先确定技术规格的信息通讯技术。

二、第一阶段征求技术建议

第一阶段征求技术建议可以分为以下四个步骤。

（一）征询技术建议。招标人依法发布招标公告或者投标邀请书，或根据需要另行编制和发放《征求技术建议文件》，对招标项目基本需求目标和投标人（或称技术方案建议人）资格基本条件以及对技术建议书的编制、递交提出要求。

为了鼓励投标人积极提出优化、合理的技术方案建议，招标人在招标公告、投标邀请书或者《征求技术方案建议》中可以选择以下约定：经过第一阶段评审，对第二阶段编制招标文件中采用的全部或部分投标技术建议或其他优秀的技术建议将给予投标人奖励补偿，以及奖励补偿的具体标准。同时要求递交技术方案建议的投标人声明：同意招标人采用其技术方案建议。

（二）提交技术建议书。投标人按照招标公告、投标邀请书或者《征求技术建议文件》，研究编制和递交技术方案建议书。

投标人递交的技术建议书不带报价，因为第一阶段属于征求技术建议并据此研究编制招标文件，不以选择中标人为目标，以及最终技术方案尚未确定，在第一阶段提交的投标报价缺乏针对性。为了不影响第二阶段投标的竞争性和公平性，本条第2款规定，投标人递交的技术建议书原则上不要带报价。但是，招标人基于市场调研目的，或者为了评价技术方案的经济性，可以要求技术建议书附带参考价格，并可要求投标人将技术建议书和参考价格书采用双信封分别装订密封。其中，投标人的参考价格书应当严格保密，仅供评审人员研究确定招标项目技术标准和要求时参考。

（三）评价和选择技术方案建议。招标人通过评审、商讨和论证，可以采用某一个或几个已经提交的技术建议，或据此研究形成新的技术方案，作为编制招标文件技术标准和要求的基础。在这一步骤，招标人与技术方案建议人可以充分沟通、反复商讨以及随时要求对方增加补充有关资料。技术方案建议人可以随时撤回投标技术方案建议，也不需要提交投标保证金。

（四）编制招标文件。招标人根据研究确定的技术方案编制招标文件。招标人研究确定的项目技术方案既要充分满足招标项目的技术特点和需求，又应当禁止通过采用不合理的技术标准和投标资格歧视、排斥或偏袒潜在投标人，尽可能使第一阶段递交技术方案建议的投标人参加投标，或者至少要保证有足够数量的投标人参与公平竞争。

三、第二阶段投标

招标人编制完成招标文件后，应该向第一阶段递交技术方案建议的投标人提供招标文件。技术方案建议人可以不参加第二阶段的投标而无需承担责任。招标人根据最终确定的技术方案，以及潜在投标人的数量状况，可以决定是否接受未提交技术建议的潜在投标人投标，并在招标文件中载明。招标人允许未提交技术建议的潜在投标人投标的，应当深入分析利弊，特别是要充分考虑未提交技术建议的潜在投标人应当具备的资格条件、对未中标的技术方案建议人的补偿等。

在此阶段，投标人应当严格按照招标文件编制、提交包括具有竞争性、约束力的投标报价以及技术管理实施方案的投标文件，并按照招标文件要求提交投标保证金。有关招标文件的编制、投标、开标、评标等活动，应按照《招标投标法》和《条例》规定执行。

需要说明两点：一是两个阶段均属于招投标活动，均应当遵循公开、公正、公平和诚实信用原则，招标人不应借此限制或者排斥潜在投标人。二是因提交技术建议书的潜在投标人放弃第二阶段投标导致投标人不足 3 个的，招标人应当分析招标失败的原因，纠正招标文件中可能存在的限制或者排斥潜在投标人等问题，再重新组织招标。

第三十一条［招标终止］

招标人终止招标的，应当及时发布公告，或者以书面形式通知被邀请的或者已经获取资格预审文件、招标文件的潜在投标人。已经发售资格预审文件、招标文件或者已经收取投标保证金的，招标人应当

及时退还所收取的资格预审文件、招标文件的费用，以及所收取的投标保证金及银行同期存款利息。

【释义】本条是关于终止招标的规定。

招标程序启动的标志是发布资格预审公告、招标公告或者发出投标邀请书。虽然招标程序启动后终止招标是实践中难以避免的现象，但为了规范终止招标的行为，防止招标人利用终止招标排斥、限制潜在投标人，或者损害投标人的合法权益，本条对终止招标做了规定。

一、招标人终止招标程序应当慎重

除非有正当理由，招标人启动招标程序后不得擅自终止招标。主要原因在于：一是招标人擅自终止招标不符合《招标投标法》规定的诚实信用原则。招投标的过程是形成和订立合同的过程，招标人启动招标程序意味着向潜在投标人发出了要约邀请，没有正当、合理的理由，招标人就应当依法完成招标工作。二是允许招标人擅自终止招标难以保障招投标活动的公正和公平。如果允许招标人在没有正当理由的情况下擅自终止招标，招标人随时可以根据参与投标竞争的情况，通过决定是否终止招标来实现非法目的，为先定后招、虚假招标、排斥潜在投标人提供了便利。三是允许招标人擅自终止招标将挫伤潜在投标人参与投标的积极性，最终削弱招标竞争的充分性。招标程序一旦启动，潜在投标人为响应招标即着手投标准备工作，产生相应的人力和物力的投入，终止招标对潜在投标人将造成损失。长此以往，必将打击潜在投标人参与投标的信心和积极性。四是不允许招标人擅自终止招标有利于促使招标人做好招标前的计划和准备工作，提高工作效率。实践中比较常见的是招标人因重新调整标段划分、改变投标人资格条件或者招标范围、已发布的招标项目基本信息不准确等原因而终止招标，这些情形反映了招标准备工作的不充分。不允许招标人擅自终止招标，有利于督促招标人充分重视招标准备工作。

尽管如此，招标过程中出现了非招标人原因无法继续招标的特殊情况的，招标人可以终止招标。这些特殊情况主要有：一是招标项目所必需的条件发生了变化。《招标投标法》第9条规定："招标项目按照国家有关规定需要履行项目审批手续的，应当先履行项目审批手续，取得批准。招标人应当有进行招标项目的相应资金或者资金来源已经落实，并应当在招标文件中如实载明。”据此规定，招标人启动招标程序必须具备一定的先决条件。需要审批或者核准的项目，必须履行了审批和核准手续；招标项目所需的资金是招标人开展招标并最终完成招标项目的物质保证，招标人必须在招标前落实招标项目所需的资金；在法定规划区内的工程建设项目，还应当取得规划管理部门核发的规划许可证。上述这些条件具备后，招标人才能够启动招标工作。在招标过程中，上述条件可能因国家产业政策调整、规划改变、用地性质变更等非招标人原因而发生变化，导致招标工作不得不终止。二是因不可抗力取消招标项目，否则继续招标将使当事人遭受更大损失。这类原因包括自然因素和社会因素，其中自然因素包括地震、洪水、海啸、火灾；社会因素包括颁布新的法律、政策、行政措施以及罢工、骚乱等。

二、终止招标时招标人应承担一定的义务

（一）在发布公告阶段终止招标的，应当发布终止招标公告。由于公告阶段面向的不特定潜在投标人，因此必须以公告方式告知所有潜在投标人。

（二）向潜在投标人发出了投标邀请书后终止招标的，应当以书面形式通知受邀请的所有潜在投标人。

（三）发售资格预审文件或者招标文件后终止招标的，招标人应当及时以书面形式通知已经获取资格预审文件、招标文件的潜在投标人，并退还潜在投标人购买资格预审文件或者招标文件的费用。在《条例》起草过程中，有的意见提出招标文件印刷费用成本很大，终止招标也不应退回购买招标文件的费用。即便终止招标系不可抗力或者其他非招标人原因所造成的，从公平原则考虑，招标人应当退还有关费用。

（四）已经递交了投标保证金后终止招标的，招标人应当及时退还收取的投标保证金及银行同期存款利息。需要说明的是，所谓及时应当是在招标人作出终止招标的决定的同时通知有关投标人办理退还手续，以减少投标人损失。银行同期存款利息是指以现金、支票等方式提交的投标保证金本身产生的孳息，不具任何赔偿性质。为避免因利息退还出现不必要的争议，招标文件应当载明利息的计算方法和退

还要求，以银行保函、专业担保公司保证担保方式提交的投标保证金并不产生孳息，不存在同时返还银行同期存款利息的问题。

特别需要指出的是，根据诚实信用原则和《合同法》第 42 条规定，招标人启动招标后应当依法履行先合同义务。无正当理由终止招标或者因自身原因必须终止招标给投标人造成损失的，招标人违反了先合同义务，应承担缔约过失责任，依法赔偿损失。

《条例》起草过程中，有的意见建议本条应对招标人发出中标通知书甚至签订了合同后终止招标的情况做出规定。根据《招标投标法》第 46 条规定，签订合同后招投标活动已告结束，不存在终止招标的问题，而解除合同属于《合同法》调整的范围。至于招标人在发出中标通知书后终止招标则是一个复杂问题，理论和实务界存在两种观点。一种意见认为，根据《招标投标法》第 45 条规定，中标通知书发出后对招标人和中标人有法律约束力，意味着合同已经成立，终止招标属于违约行为，招标人应当承担违约责任。另一种意见认为，根据《招标投标法》第 46 条规定，招投标活动结束的标志是签订合同，中标通知书最多意味着合同成立，招标人应当依法承担缔约过失责任。上述两种观点均有一定的道理，没有争议的是两种观点下的责任追究均归属于《合同法》调整的范围。因此《条例》未作规定。

需要说明的是，本条规定的招标终止有别于暂停或者中止。暂停或者中止招投标活动也是实践中难以避免的现象。招标过程中出现应当暂停的特殊情况的，招投标活动应当中止或者暂停，待暂停的原因消除后再行恢复，以免影响招标效果，甚至造成无法挽回的或者纠正成本过大的后果。暂停招标的情形包括招标人依据《条例》第 22 条规定决定暂停招投标活动，行政监督部门根据《条例》第 62 条责令招标人暂停招投标活动，招标人在启动招标后需要调整工程设计而决定暂停等。

第三十二条［限制或者排斥投标人行为］

招标人不得以不合理的条件限制、排斥潜在投标人或者投标人。

招标人有下列行为之一的，属于以不合理条件限制、排斥潜在投标人或者投标人：

（一）就同一招标项目向潜在投标人或者投标人提供有差别的项

目信息；

（二）设定的资格、技术、商务条件与招标项目的具体特点和实际需要不相适应或者与合同履行无关；

（三）依法必须进行招标的项目以特定行政区域或者特定行业的业绩、奖项作为加分条件或者中标条件；

（四）对潜在投标人或者投标人采取不同的资格审查或者评标标准；

（五）限定或者指定特定的专利、商标、品牌、原产地或者供应商；

（六）依法必须进行招标的项目非法限定潜在投标人或者投标人的所有制形式或者组织形式；

（七）以其他不合理条件限制、排斥潜在投标人或者投标人。

【释义】本条是关于禁止排斥和限制投标人的规定。

允许潜在投标人公平地参与投标竞争，是招标制度发挥资源配置基础性作用的前提和保障。受地方、部门利益影响，甚至招标人为谋取不正当利益，实践中存在着以各种方式排斥、限制潜在投标人的现象，阻碍了统一开放、竞争有序的招投标大市场的形成。针对这一情况，本条在《招标投标法》第18条第2款规定的基础上，对限制、排斥潜在投标人的行为做了细化规定，为行政监督部门依法查处提供了明确的依据。本条共列举了以不合理条件限制或者排斥潜在投标人或投标人的7种情形。

一、向潜在投标人或者投标人有差别地提供招标项目信息

向投标人一视同仁地提供项目信息，是保证公平竞争的前提。实践中一些招标人通过提供差别化的信息排斥、限制潜在投标人。这种情形可能发生在招标公告发布、现场踏勘、投标预备会、招标文件的澄清修改以及投标文件的澄清说明等环节。例如，招标人在两个以上媒介发布的同一招标项目的招标公告内容不一致；招标人单独或者分别组织潜在投标人踏勘项目现场和举行投标预备会；招标人向所有获取招标文件的潜在投标人有差别地介绍需求目标，有差别地提供招标文件的澄清与修改内容，评标委员会有差别地提供投标文件的澄清和说明的机会。这些有差别的信息会导致各投标人竞争基础的不平等，

影响和限制了投标人之间的公平竞争。

二、设定的资格、技术、商务条件与招标项目的具体特点和实际需要不相适应或者与合同履行无关

招标人可以在招标公告、投标邀请书和招标文件中要求潜在投标人具有相应的资格、技术和商务条件，但不得脱离招标项目的具体特点和实际需要，随意和盲目地设定投标人要求，否则既可能排斥合格的潜在投标人，也可能导致社会资源的浪费。例如，某冶金系统的办公大楼施工招标，却要求投标人具有冶金专业项目的类似业绩；某货物招标项目，按照某投标供应商拥有的条件“量体裁衣”，将本来无关紧要的普通技术指标设定为必须响应的实质性指标，或者要求项目负责人近几年内没有违反交通安全的行政处罚记录。所有这些，均脱离了招标项目的具体特点和实际需要。

三、依法必须进行招标的项目以特定行政区域或者特定行业的业绩、奖项作为评标加分条件或者中标条件

投标人来自不同地区和行业，其所积累的业绩和获得的奖项通常具有地域性和行业性，如果以特定行政区域和特定行业的业绩、奖项作为评标加分条件，会限制或排斥本地区、本行业之外的潜在投标人。此处的“加分”泛指评标中各种形式的优惠、倾斜等特殊待遇。例如，某招标项目规定投标人获得项目所在地区的产品质量或企业信誉奖励，或者投标人的项目负责人是项目所在地区的劳动模范的，给予评标加分；某招标项目规定投标人拥有本行业项目业绩的，将给予评标加分等。这些都是地方保护和行业封锁的典型表现，应当禁止。

理解和适用本项规定应当区别对待以下两种情况。一是如果招标项目需要以投标人的类似项目的业绩、奖项作为评标加分条件，则可以设置全国性的奖项作为评标加分条件。二是可以从项目本身具有的技术管理特点需要和所处自然环境条件的角度对潜在投标人提出类似项目业绩要求或评标加分标准。例如，要求具有100万千瓦燃煤机组安装业绩，300公里以上软土地基的高速公路业绩，危情水库的除险加固业绩，高海拔、冻土、沙漠等特殊自然条件下的工作业绩等。同时，应注意考虑具有类似项目业绩条件的潜在投标人数量，以保证足

够的竞争性。

四、对不同的潜在投标人或者投标人采取不同的资格审查或者评标标准

这种情形通常表现为招标人在资格预审文件和招标文件中载明的资格审查标准和评标标准模棱两可或内外有别，在具体资格审查和评标过程中，通过另行制定倾向性或排斥性的操作细则，对本地区和本行业之外或者意向中标人之外的投标人采取更加苛刻的资格审查或评标标准，达到限制排斥潜在投标人的目的。例如，要求本地区和本行业外的投标人必须经过本地工商部门或行业主管部门注册、登记、备案等。

五、限定或者指定特定的专利、商标、品牌、原产地或者供应商

这种情形通常发生在货物招标中。招标人在招标公告、资格预审文件或招标文件中限定或者指定特定的专利、商标、品牌、原产地或者供应商，倾向和保护意向中的投标人，限制或排斥其他潜在投标人。根据《招标投标法》和有关规定，招标文件中规定的各项技术标准应当满足项目技术需求，保证公平竞争，不得指定、标明某一个或者某几个特定的专利、商标、品牌、设计、原产地或生产供应商，不得含有倾向或排斥潜在投标人的其他内容。如果必须引用某一品牌或生产供应商才能准确清楚地说明招标项目的技术标准和要求，则应当在引用的品牌或生产供应商名称前加上“参照或相当于”的字样，而且引用的货物品牌或生产供应商在市场上具有可选择性。

六、依法必须进行招标的项目非法限定潜在投标人或者投标人所有制形式或者组织形式

潜在投标人的所有制形式分为公有制和非公有制两种。其中公有制又可以分为国家所有制和集体所有制；非公有制包括个体、私营企业和外商投资企业。此外，随着企业股份制改革的推进，产生了一种混合所有制经济，即一个企业包含国有、集体、个体、私营、外资等不同所有制的投资主体。投标人的组织形式，除依法招标的科研项目允许个人参加投标外，一般指法人或者其他组织。其中，法人主要是

依法组建的公司，包括有限责任公司和股份有限公司。其他组织指不具备法人资格、能够独立承担民事责任的组织，如合伙企业、个体工商户等。除法律法规对工程承包人和货物、服务供应商的所有制形式或组织形式提出要求外，招标人不得限定潜在投标人或者投标人的所有制形式或者组织形式，不得歧视、排斥不同所有制性质、不同组织形式的企业参加投标竞争。

七、以其他不合理条件限制、排斥潜在投标人或者投标人

实践中可能出现的情形有：资格预审公告或者招标公告中获取资格预审文件或者招标文件的要求不合理的；以各种借口阻挠潜在投标人取得资格预审文件或者招标文件的；资格预审文件和招标文件的发售期限、投标截止时间和招标文件澄清或者修改的通知时间不符合规定的；要求投标人递交超过规定比例的投标保证金等。

第三章 投 标

第三十三条［投标活动不受地区或者部门限制］

投标人参加依法必须进行招标的项目的投标，不受地区或者部门的限制，任何单位和个人不得非法干涉。

【释义】本条是关于不得非法干涉、限制投标的规定。

一、发挥招投标制度优化资源配置的作用需要打破地方和行业保护

本条依据的是《招标投标法》第6条。该条规定，任何单位和个人不得违法限制或者排斥本地区、本系统以外的法人或者其他组织参加投标，不得以任何方式非法干涉招投标活动。实行招标采购的目的之一，就是通过公开、公平、公正的竞争，促进各类要素的自由流动和高效配置，更好地发挥市场配置资源的基础性作用。地区封锁和行业保护既违背了招标制度的立法初衷，也不符合市场经济的基本要求。本条规定的目的，是为了解决实践中存在的地区封锁和行业保护问题。

鼓励投标人参与竞争，也是国际采购规则所秉持的一项立法原则。世界银行《货物、工程和非咨询服务采购指南》规定，为促进竞争，允许来自所有国家的厂商和个人为世行贷款项目提供货物、工程和非咨询服务；对参与采购竞争的厂商或者个人的任何条件应当严格限定于保证履约能力所必需，不允许借款人以与履约能力和利益冲突无关的原因而拒绝某个厂商或者个人参与采购。联合国贸易法委员会《货物、工程和服务采购示范法》也规定，不得因国籍不同而歧视供应商或者承包人，也不得因非客观合理的标准、要求或者程序而歧视供应商或者承包人。

二、任何单位和个人不得非法干涉投标人参与投标竞争

本条禁止的行为，是对依法必须招标项目的投标人进行地区或者部门限制，即仅仅因为投标人所在地区或者部门的原因而限制其参与

投标竞争，以及对投标行为的非法干涉。《条例》没有具体列明限制本地区、本部门投标人参与投标竞争行为的具体表现形式。实践中限制、排斥本地区、本部门以外投标人的行为主要有：仅在本地区或本行业范围内发布资格预审公告或招标公告等招标信息；要求潜在投标人必须在本地区注册登记或备案；对本地区或本行业外的潜在投标人、投标人采取不同的资格审查或者评标标准；以本地区或本行业的业绩、奖项作为加分条件或者中标条件等。此外，《关于禁止在市场经济活动中实行地区封锁的规定》（国务院令第 303 号）第 4 条列举了 7 种主要的地区封锁行为，可以为认定和判断非法干涉、限制投标人提供参考。

三、违反本条规定视情况承担不同的法律后果

本条规定的义务主体，是任何单位和个人。其中，招标人限制或者排斥本地区或者本部门以外的投标人参与依法必须进行招标项目投标竞争，构成本条以及《条例》第 63 条规定行为的，按照《招标投标法》第 51 条规定进行处罚；国家工作人员限制本地区或者本部门以外的投标人参与依法必须进行招标项目投标竞争，构成《条例》第 6 条禁止行为的，按照《条例》第 81 条规定处罚；构成地区封锁行为的，按照《关于禁止在市场经济活动中实行地区封锁的规定》（国务院令第 303 号）的规定处理和处罚。

第三十四条［对投标人的限制］

与招标人存在利害关系可能影响招标公正性的法人、其他组织或者个人，不得参加投标。

单位负责人为同一人或者存在控股、管理关系的不同单位，不得参加同一标段投标或者未划分标段的同一招标项目投标。

违反前两款规定的，相关投标均无效。

【释义】本条是为了维护投标公正性而对投标作出的限制性规定。

一、防止利益冲突是维护投标公正性的必然要求

本条规定与《条例》第 33 条规定在立法宗旨上互为补充。为鼓励竞争，提高竞争的充分性，第 33 条禁止限制排斥本地区、本系统以

外的投标人参与竞争，禁止对投标活动进行非法干涉。但鼓励竞争不是绝对的，不意味着不加区分地允许所有人参加投标。为了维护竞争的公正性，世界银行《货物、工程和非咨询服务采购指南》规定，参与世行贷款项目采购的厂商不得存在利益冲突，否则将失去被授予合同的资格。《指南》列明了存在利益冲突的四种情形：该厂商所提供的货物、工程或非咨询服务来源于其自身或关联单位为该项目提供的咨询服务或者与该咨询服务直接相关；除允许提交备选投标外，该厂商提交了多个投标报价；该厂商及其员工与借款人的专业职员有密切的商业或者家庭关系；世行标准招标文件中列举的其他情形。世界贸易组织《政府采购协定》（2006 年 12 月修订本）规定，采购过程要避免利益冲突。我国台湾地区《政府采购法》第 38 条规定，政党及与其具关系企业关系之厂商，不得参与投标；前项具关系企业关系之厂商，准用公司法有关关系企业之规定。

二、本条规定了限制投标的具体情形

（一）与招标人存在利害关系可能影响招标公正性。考虑到我国经济体制改革还需要进一步深化，各行业、各地区经济社会发展水平不一，以及产业政策与竞争政策的协调，本条没有一概禁止与招标人存在利害关系法人、其他组织或者个人参与投标，构成本条第 1 款规定情形需要同时满足“存在利害关系”和“可能影响招标公正性”两个条件。即使投标人与招标人存在某种“利害关系”，但如果招投标活动依法进行、程序规范，该“利害关系”并不影响其公正性的，就可以参加投标。

（二）单位负责人为同一人的不同单位不得参加同一标段投标或者未划分标段的同一招标项目投标。单位负责人，是指单位法定代表人或者法律、行政法规规定代表单位行使职权的主要负责人。所谓法定代表人，是指由法律或者法人组织章程规定，代表法人对外行使民事权利、履行民事义务的负责人。如《公司法》规定，公司法定代表人依照公司章程的规定由董事长、执行董事或者经理担任；《全民所有制工业企业法》规定，厂长是企业的法定代表人；国家机关的最高行政官员是机关法人的法定代表人等。所谓法律、行政法规规定代表单位行使职权的主要负责人，是指除法人以外，法律、行政法规规定的代表单位行使职权的主要负责人。如个人独资企业的负责人，依照《个人独资企业法》的规定，是指个人独资企业的投资人；代表合伙企业执行合伙企业事务的合伙人等。

（三）存在控股或者管理关系的不同单位不得参加同一标段投标或者未划分标段的同一招标项目投标。所谓控股关系，见第8条释义。所谓管理关系，是指不具有出资持股关系的其他单位之间存在的管理与被管理关系，如一些事业单位。存在控股或者管理关系的两个单位在同一标段或者同一招标项目中投标，容易发生事先沟通、私下串通等现象，影响竞争的公平，因此有必要加以禁止。

需要说明三点：一是潜在投标人负有主动披露其可能存在本条第2款规定情形的义务，不主动披露构成弄虚作假。二是本条第2款规定不适用于资格预审。单位负责人为同一人或者存在控股、管理关系的不同单位，可以在同一招标项目中参加资格预审，但招标人只能选择其中一家符合资格条件的单位参加投标。具体选择方法，招标人应当在资格预审文件中载明。三是为防止利益冲突，限制投标人参与投标不限于本条规定的三种情形。例如，《条例》第13条第2款规定，招标代理机构不得在所代理的招标项目中投标或者代理投标，也不得为所代理的招标项目的投标人提供咨询。第27条第2款规定，接受委托编制标底的中介机构不得参加受托编制标底项目的投标，也不得为该项目的投标人编制投标文件或者提供咨询。第37条第3款规定，联合体各方在同一招标项目中以自己名义单独投标或者参加其他联合体投标的，相关投标均无效。第38条规定，投标人发生合并、分立、破产等重大变化的，应当及时书面告知招标人。投标人不再具备资格预审文件、招标文件规定的资格条件或者其投标影响招标公正性的，其投标无效。

三、存在利益冲突的投标无效

本条第3款规定，存在前两款规定情形的投标均无效。所谓无效，是指自始无效。只要存在本条前两款规定的情形，不论于何时发现，相关投标均应作无效处理。具体说来，在评标时，评标委员会应当否决其投标；中标公示后，招标人应当取消其中标资格；合同签订后，相关合同无效，应当恢复原状，不能恢复原状的中标人应当赔偿因此造成的损失。

《招标投标法》只规定了中标无效。《条例》增加规定投标无效，一方面可以进一步明确相关投标的法律后果，减少纠纷，另一方面也便于招投标活动当事人及时采取相应处理措施，进而提高招投标效率。

第三十五条［投标文件的撤回与撤销］

投标人撤回已提交的投标文件，应当在投标截止时间前书面通知招标人。招标人已收取投标保证金的，应当自收到投标人书面撤回通知之日起5日内退还。

投标截止后投标人撤销投标文件的，招标人可以不退还投标保证金。

【释义】本条是关于投标文件撤回和撤销的规定。

一、投标截止时间前投标人可以撤回已经提交的投标文件

《招标投标法》第29条赋予了投标人在投标截止时间前撤回投标文件的权利。从合同订立的角度，投标属于要约。投标截止时间就是投标（要约）生效的时间，也是投标有效期开始起算的时间。潜在投标人是否作出要约，完全取决于自己的意愿。因此，在投标截止时间前，允许投标人撤回其投标，但投标人应当书面通知招标人。这与《合同法》第17条有关撤回要约的规定是一致的。投标保证金约束的是投标人的投标义务，在投标截止时间后生效。投标人撤回投标文件后，招标人应当退还其投标保证金。针对招标实践中存在的迟迟不退还投标保证金，损害投标人利益的问题，本条第1款对退还投标保证金的时限提出了明确要求，即招标人应当自收到投标人书面撤回通知之日起5日内退还。

二、投标截止后投标人不得撤销投标文件

投标截止后，投标有效期开始计算。投标有效期内投标人的投标文件对投标人具有法律约束力。根据《合同法》第19条有关承诺期限内要约不得撤销的规定，投标人不得在投标有效期内撤销其投标，否则将削弱投标的竞争性。投标人撤销其投标给招标人造成损失的，应当根据《合同法》第42条规定，承担缔约过失责任。如果招标文件要求投标人递交投标保证金的，投标人在投标有效期内撤销投标可

能付出投标保证金不予退还的代价，投标保证金不足以弥补招标人损失的，投标人依法还应对超出部分的损失承担赔偿责任。由于投标人撤销投标文件并不必然影响竞争，也不必然造成招标人损失，所以本条第 2 款规定投标人撤销投标文件的，招标人可以不退还投标保证金。是否退还由招标人根据潜在投标人数量在招标文件中明确。

三、本条规定同时厘清了实践中两个经常被混淆的概念

一是投标文件的撤回与撤销。投标截止前，投标文件尚未产生约束力，投标人有权撤回其已经递交的投标文件，且不需要承担任何法律责任。投标截止后，投标文件对招标人和投标人产生约束力，投标人在投标有效期内撤销其投标文件应当承担相应的法律责任。二是投标保证金的没收与不予退还。招投标活动属于平等主体之间进行的民事活动。没收是我国《行政处罚法》和《刑法》规定的一种行政处罚或者刑事处罚，属于公权力行为，并不适用于平等主体之间的民事行为。因此，“没收”投标保证金的说法不妥，应当是不予退还或者不予返还。

第三十六条［拒收投标文件］

未通过资格预审的申请人提交的投标文件，以及逾期送达或者不按照招标文件要求密封的投标文件，招标人应当拒收。

招标人应当如实记载投标文件的送达时间和密封情况，并存档备查。

【释义】本条是关于投标文件接收的规定。

一、招标人应当拒收不符合要求的投标文件

本条规定了招标人应当拒收投标文件的三种情形。

（一）未通过资格预审的申请人提交的投标文件。根据《条例》第 19 条规定，申请人未通过资格预审的，不具备投标资格，既没有必要也不应该再让其编制和提交投标文件。因此，未通过资格预审的申请人即使递交了投标文件，招标人也应当拒收，否则不仅会使资格预审制度失去意义，对于通过资格预审的申请人来说也不公平。

（二）逾期送达的投标文件。逾期送达是指投标人将投标文件送

达招标文件规定地点的时间超过了招标文件规定的投标截止时间。投标文件的逾期送达，无论是投标人自身原因导致的，还是不可抗力等客观原因导致的，招标人都应当拒绝接收。这既是为了保证所有投标人有相同的投标文件准备时间，也是为了防止逾期送达投标文件的投标人借机获取其他投标人的相关信息而导致不公平竞争。

（三）未按招标文件要求密封的投标文件。密封投标文件的主要目的是为了防止泄露投标文件信息而导致串标，保护招投标双方合法权益不受侵害。需要注意的是，招标文件应详细载明有关投标文件的密封要求，并尽量简化，不宜过多过繁过严。即使投标文件的密封情况与招标文件规定存在偏离，应当允许投标人在投标截止时间前修补完善后再提交，而不应将其扣留作为无效投标。如果投标文件密封存在细微偏离，可以详细记录实际情况并让投标人代表签字确认后予以接收。总之，应尽可能减少投标文件因密封不符合要求而被拒收的情形。

二、招标人不应随意扩大拒绝接收投标文件的情形

本条规定的三种拒收投标文件的情形，都具有客观外在表现形式，比较容易判断，不易引起争议。在此情况下拒收投标文件，一方面可以提高工作效率，避免不合格的投标进入评标环节。另一方面可以确保进入评标的投标文件符合一定要求，保证竞争性。尽管如此，为避免引起争议，防止滥用拒收权，招标人不得扩大拒收投标文件的范围。需要说明的是，电子投标文件的加密、送达时间、送达地点等将根据有关法律法规和《电子签名法》在招标文件中具体规定。

三、投标文件送达的有关情况应当如实记载并存档备查

投标文件的送达时间和密封情况是证明招投标程序公正和规范的重要材料，是投标人以及相关各方在开标时检验确认投标文件密封状况与送达时是否一致，投标文件是否存在泄密情况以及是否按时送达指定地点，并据此确定投标文件开标次序的依据，也是评标委员会以及有关行政监督部门验证和判断投标文件有关情况的依据之一。因此，招标人应当委派专职人员如实记载投标文件的送达时间和密封情况并存档备查。

第三十七条［联合体投标］

招标人应当在资格预审公告、招标公告或者投标邀请书中载明是否接受联合体投标。

招标人接受联合体投标并进行资格预审的，联合体应当在提交资格预审申请文件前组成。资格预审后联合体增减、更换成员的，其投标无效。

联合体各方在同一招标项目中以自己名义单独投标或者参加其他联合体投标的，相关投标均无效。

【释义】本条是关于联合体投标的规定。

《招标投标法》第31条规定，两个以上的法人或者其他组织可以组成一个联合体，以一个投标人的身份共同投标。允许联合体投标对招投标双方各有利弊。总体而言，对技术特别复杂的大型项目，允许联合体投标利大于弊。对投标人而言，组成联合体能够增强投标竞争力和中标后的履约能力，弥补联合体有关成员技术力量的相对不足，达到强强联合和优势互补的效果。对招标人而言，允许联合体投标能够吸引更多有实力的投标人参与投标，提高招投标活动的竞争性，顺利实现招标目的。但是，尽管联合体相对于招标人是利益共同体，联合体各方依法向招标人承担连带责任，其内部仍存在权利和义务的分配问题，如果没有一个有效的协调机制，很容易形成“两层皮”现象，有时招标人不得不付出大量的精力协调联合体内部的工作，影响招标项目的顺利实施，这在一些大型工程中已有教训。针对实践中经常出现的联合体成员变化、投标不唯一等问题，本条作了补充规定。

一、是否接受联合体投标由招标人决定并在招标公告或者投标邀请书中载明

是否允许联合体投标由招标人根据招标项目的实际情况和潜在投标人的数量自主决定。一些大型复杂项目对投标人的资格能力要求较高，能够满足要求的单个潜在投标人较少，具备一定资格能力的潜在投标人只有组成联合体，才具备参与竞争的条件。为保证充分竞争，招标人有必要对潜在投标人进行摸底调查。如果市场上单个潜在投标人的数量能引起竞争，且单个潜在投标人具备独立承担招标项目的能

力，可以不接受联合体投标，以防止潜在投标人利用组成联合体降低竞争效果。如果单个潜在投标人不具备独立承担招标项目的能力，或者不容易引起竞争，则应允许联合体投标。无论何种情形，招标人不得通过限制或者强制组成联合体达到排斥潜在投标人、造成招标失败以规避招标等目的。

招标公告或者投标邀请书应当载明是否允许联合体投标。这一要求反映了招投标活动应当遵循的公开原则。公开招标的项目，是否接受联合体投标应当在资格预审公告或招标公告中载明，以便有意参加投标的潜在投标人能够综合招标项目的具体要求和自身能力，有足够的时间决定是否参与投标以及是否与其他潜在投标人组成联合体参与投标。邀请招标的项目，为了防止被邀请的潜在投标人组成联合体造成不公平或者不充分竞争，甚至可能导致招标失败，投标邀请书中也应当明确是否接受联合体投标。如接受，被邀请的潜在投标人应当在收到投标邀请书后，按照投标邀请书的要求以书面形式确认是否组成联合体，以及联合体的组成情况，以便招标人事先掌握有关信息，决定是否需要补充邀请其他潜在投标人，以保证竞争的充分性，避免因提交投标文件的投标人少于3个而导致招标失败。

二、通过资格预审的联合体的组成不得改变

根据《条例》第19条规定，只有通过资格审查的潜在投标人才具备参与投标竞争的资格。因此实行资格预审的，联合体应当在提交资格预审申请文件前组成。

联合体投标应该满足法定要求。一是两个或者两个以上法人或者其他组织可以组成一个联合体共同投标，但招标人不得强制潜在投标人组成联合体投标。二是联合体成员应当签订联合投标协议。三是联合体成员应具备承担招标项目所需的相应资格条件和能力，即应具备满足联合体协议约定的成员分工所需的资格条件和能力。四是鼓励“强强联合”，即联合体协议约定同一专业分工由两个及以上单位共同承担的，按照就低不就高的原则确定联合体的资质，业绩的考核以各自的工作量所占比例加权折算；不同专业分工由不同单位分别承担的，按照各自的专业资质确定联合体的资质，业绩的考核按照其专业分别计算。

资格预审后增减或者更换联合体成员的投标无效。联合体成员的更换，有可能影响联合体的资格条件和履约能力，也可能影响招标公正性，根据《条例》第 38 条规定其投标也应当无效。究其原因：一是联合体组成成员发生变化后构成新的联合体，不再是提交资格预审申请的联合体，如果允许其投标将会使资格预审失去意义。二是允许联合体更换成员将为不正当竞争行为提供方便，使公平竞争失去保障。需要说明的是，联合体成员发生变化的，联合体投标人应当按照《条例》第 38 条规定，及时书面告知招标人。

三、联合体成员不得在同一招标项目中同时投标

联合体成员以自己的名义在同一招标项目中投标的，联合体和联合体成员的投标均无效。联合体成员又加入到其他联合体，在同一招标项目中投标的，有该成员参加的所有联合体投标均无效。本规定的目的是避免投标人滥用联合体，以多重身份参与投标，导致不公平竞争。需要说明的是，本条规定并没有限制联合体成员在其他标段投标。

在《条例》起草过程中，有的意见建议增加招标人不得限制联合体投标的规定，否则一些新成立的企业永远不可能获得业绩，形成恶性循环，阻碍经济社会的进步。也有的意见认为，特许经营、项目融资、股权转让等招标活动的投标人较少，资格预审后只要联合体牵头人不变，应当允许联合体成员变更。还有意见提出，应当进一步明确联合体各成员均应达到招标项目要求的全部资格条件。上述这些意见均不符合现行规定，也不利于维护招投标活动的公平，《条例》未予采纳。

第三十八条［投标的变化］

投标人发生合并、分立、破产等重大变化的，应当及时书面告知招标人。投标人不再具备资格预审文件、招标文件规定的资格条件或者其投标影响招标公正性的，其投标无效。

【释义】本条是关于投标人重大变化告知义务的规定。

招投标活动需要经历一定的时间阶段，在此过程中投标人可能会发生合并、分立、破产等影响其资格条件或者招标公正性的变化，危害招标人的利益。为保证招投标活动的顺利进行及其公正性，有必要

对投标人课以告知义务。

一、投标人应当将其重大变化书面告知招标人

（一）履行告知义务的主体是通过资格预审的申请人，或者投标人。具体履行告知义务的主体取决于招投标活动所处的阶段。提交资格预审文件截止时间后到资格预审结束前，是提交资格预审申请文件的申请人。资格预审结束后和提交投标文件截止时间前履行告知义务的是通过资格预审的申请人。在此阶段，通过资格预审的申请人虽然还不是投标人，要求其及时将重大变化告知招标人，有利于招标人提前做好相关准备，避免因投标人少于3个而导致招标失败。在提交投标文件截止时间后履行告知义务的主体是投标人。该阶段从投标截止后一直延续到合同签订前，投标人发生可能影响其资格条件和招标公正性的重大变化，都应当告知招标人。合同签订后一方当事人的重大变化，按照《合同法》相关规定处理。

（二）告知的对象是招标人。招标人是招投标活动的组织者，是根据中标结果签订合同的当事人，招标人组织招投标活动不仅应遵循公开、公平和公正原则，而且要保证所订立合同的可执行性，因此资格预审申请人和投标人发生可能影响其资格条件和招标公正性的重大变化时，应当将有关情况通知招标人。

（三）告知应当采用书面形式。资格预审申请人和投标人发生可能影响其资格条件和招标公正性的重大变化，会导致竞争格局的改变，甚至影响中标结果，属于招投标活动中的重大事项，因此必须采用书面形式。

（四）告知应当及时。所谓及时，是指本条规定的重大变化一旦发生，资格预审申请人和投标人应当在第一时间通知招标人，以便招标人可以采取相应措施。通过资格预审的申请人在提交投标文件前发生本条规定的重大变化的，招标人可以通过复核确认是否需要邀请其他参与资格预审的潜在投标人投标，以保证竞争的充分性。在评标阶段投标人发生本条规定的重大变化的，招标人可以及时告知评标委员会，由评标委员会依据资格预审文件或者招标文件对投标人的资格条件进行复核，并对是否影响招标的公正性进行评估。评标结束后投标人发生本条规定的重大变化的，招标人可以根据《条例》第56条规

定，尽快组织原评标委员会根据资格预审文件或者招标文件，对中标候选人的履约能力进行审查，依法维持原评标结果或者重新确定中标候选人。

（五）告知的内容是投标人的重大变化。本条具体列举了合并、分立和破产三种重大变化。所谓合并，是指两家以上的法人或者其他组织依照法律规定，归并为一个法人或者其他组织的行为。分立是指一个法人或者其他组织依照法律的规定，分成两个以上的法人或者其他组织的行为。破产一般是指债务人不能清偿债务的事实状态，也称事实上的破产。法律意义上的破产是指债务人不能清偿债务时所适用的偿债程序和该程序终结后债务人的身份地位受限制的法律状态。除合并、分立、破产之外，影响资格条件的重大变化还有：投标人的重大财务变化、项目经理等主要人员的变化、被责令关闭、被吊销营业执照、一定期限内被禁止参加依法必须招标项目的投标等情形。对于上述情形，本条虽未逐一列举，但一旦发生，投标人也应依照本条规定履行通知招标人的义务。

需要说明的是，联合体投标的，联合体任何成员发生本条规定情形的，也应履行通知招标人的义务。

二、重大变化可能影响资格条件和招标公正性的投标无效

（一）通过资格预审的申请人或者投标人发生本条规定的重大变化，是否影响其资格条件，应当由招标人组织资格审查委员会（限于国有资金占控股或主导地位的依法必须进行招标的项目）或者评标委员会进行评审并作出认定。资格审查委员会或者评标委员会应当依据资格预审文件（已进行资格预审的）或者招标文件（未进行资格预审的）规定的标准进行复核，既不能降低也不能提高审查标准，否则不公平。资格复核不合格的投标无效包括两层意思：一是采用资格预审方式的，投标人在提交投标文件前发生本条规定的重大变化，资格复核不合格的，该投标人失去投标资格。二是已经提交了投标文件的投标人，在确定中标前发生可能影响资格条件的重大变化，经复核确认后其投标无效。

（二）发生本条规定的重大变化，即便资格复核合格但影响招标公正性的，其投标也无效。因重大变化影响招标公正性的情形主要有：

投标人与受委托编制该招标项目标底的中介机构、招标代理机构或者参与该项目设计咨询的其他机构合并；投标人被招标人收购成为招标人子公司影响招标公正性；以有限数量制进行资格预审的，投标人发生分立后虽仍符合资格预审文件的要求，但其资格条件降低至与因择优而未能通过资格预审的其他申请人相同或者更低，等等。上述重大变化是否影响招标公正性，应当区别招标阶段分别由资格审查委员会（限于国有资金占控股或者主导地位的依法必须进行招标的项目）和评标委员会进行评判。

第三十九条［投标人串通投标］

禁止投标人相互串通投标。

有下列情形之一的，属于投标人相互串通投标：

（一）投标人之间协商投标报价等投标文件的实质性内容；

（二）投标人之间约定中标人；

（三）投标人之间约定部分投标人放弃投标或者中标；

（四）属于同一集团、协会、商会等组织成员的投标人按照该组织要求协同投标；

（五）投标人之间为谋取中标或者排斥特定投标人而采取的其他联合行动。

【释义】本条是关于禁止投标人相互串通投标的规定。

投标人相互串通投标是当前招投标实践中的突出问题之一，严重损害了招投标制度的严肃性和招投标活动当事人的合法权益。导致串通投标行为屡禁不止的原因之一，是立法上缺乏对串通投标行为的具体认定标准。本条在总结实践经验的基础上，列举了投标人串通投标的几种表现形式，为认定查处串通投标行为提供依据。

一、禁止投标人相互串通投标

《招标投标法》等现行法律对串通投标均有比较严格的规定。《招标投标法》第 32 条第 1 款禁止投标人相互串通投标报价，禁止招标人与投标人串通投标，第 53 条规定了串通投标的法律责任。《反不正当竞争法》第 15 条和第 27 条对串通投标也有相应规定。《刑法》第 223 条还规定了投标人相互串通投标报价的刑事责任。串通投标破坏招投标的竞争性，影响招投标制度作用的发挥。本条在明令禁止串通投标的同时，列举了串通投标的若干典型表现形式，有利于打击串通投标行为。

需要说明两点：一是串通投标不仅是指串通投标报价。《招标投标法》第 32 条规定的“串通投标报价”与第 53 条规定的“串通投标”表明，《招标投标法》禁止的串通投标并不限于投标报价方面的串通。二是串通投标不一定为谋取中标，也不能以中标作为串通投标的构成要件。

二、本条列举了实践中常见的串通投标行为

（一）投标人之间协商投标报价等投标文件的实质性内容。该项规定不仅指投标人协商抬高、压低报价，或者以高、中、低价格等报价策略分别投标，还可能包括对一些重要技术方案、技术指标等实质性内容的协商。除此之外，同一招标项目的投标人还可能分成两个或两个以上的小集团，分别按照各自协商的原则和利益分配机制串通投标，轮流中标。

（二）投标人之间约定中标人。投标人之间约定中标人是串通投标的一个极端表现，也即围标。实现这一目的的途径有多种，包括按照招标文件规定的评标标准和方法制定不同的投标方案，故意非实质性响应招标文件等。

（三）投标人之间约定部分投标人放弃投标或者中标。包括购买招标文件的潜在投标人根据约定不按招标文件要求准备和提交投标文件，提交了投标文件的投标人根据约定放弃（撤销）投标，排名第一的中标候选人或者被宣布为中标的投标人按照约定放弃中标等。

（四）属于同一集团、协会、商会等组织成员的投标人按照该组织要求协同投标。构成本项规定的串通投标需要同时满足两个条件：一是同一招标项目的不同投标人属于同一组织成员；二是这些不同的投标人按照该组织要求在同一招标项目中采取了协同行动。所谓协同行动是指按照预先确定的策略投标，确保由该组织的成员或者特定成员中标。需要指出的是，同一组织的成员在同一招标项目中投标并不必然属于串通投标。

（五）投标人之间为谋取中标或者排斥特定投标人而采取其他联

合行动。该项为兜底性规定，实践中可能发生的情形如：共同放弃投标或者不提交资格预审申请文件致使投标人不足三家而导致招标失败等。

需要说明四点：一是投标人除主动串通投标外，还可能被动串通投标。例如将资质证书、印章出借给他人用于串通投标。二是串通投标的主体不仅仅是递交投标文件的投标人，有可能是掮客，以及为实现串通目的而不参与投标的人。三是串通投标也不局限于具体招标项目，投标人之间可能结成相互串通投标的伙伴关系或者俱乐部。四是串通投标可能发生在投标以及投标前的准备阶段，也可能发生在开标、评标甚至中标候选人公示阶段。

三、认定串通投标的主体包括评标委员会、行政监督部门、仲裁和司法机关

一是评标委员会。评标委员会在评标时，如果发现本条所列的情形，应当认定为串通投标，否决相关投标并同时报告有关行政监督部门，由行政监督部门依法给予行政处罚。二是行政监督部门。行政监督部门负有监督检查招投标活动和处理投诉举报的职责，除了收到评标委员会的报告外，在日常监督检查和处理投诉举报工作中发现本条所列的情形，应当依法作出处理。三是仲裁和司法机关。《条例》作为行政法规，是仲裁和司法机关审理案件的依据之一。因此，人民法院或者仲裁机构在审理诉讼和仲裁案件时，发现本条所列情形的，应当依法认定为串通投标。

第四十条［串通投标的认定］

有下列情形之一的，视为投标人相互串通投标：

（一）不同投标人的投标文件由同一单位或者个人编制；

（二）不同投标人委托同一单位或者个人办理投标事宜；

（三）不同投标人的投标文件载明的项目管理成员为同一人；

（四）不同投标人的投标文件异常一致或者投标报价呈规律性差异；

（五）不同投标人的投标文件相互混装；

（六）不同投标人的投标保证金从同一单位或者个人的账户转出。

【释义】本条是关于认定投标人相互串通投标的规定。

串通投标隐蔽性强，认定难，查处难。这是串通投标屡禁不止的原因之一。为有效打击串通投标行为，本条采用了“视为”这一立法技术。对于有某种客观外在表现形式的行为，评标委员会、行政监督部门、司法机关和仲裁机构可以直接认定投标人之间存在串通。

一、同一项目中不同投标人的投标文件由同一单位或者个人编制

不同投标人的投标文件由同一单位或者个人编制属于《条例》第39条第1项所规定的情形，是投标人相互串通投标报价的极端表现。如不同单位的投标文件出自同一台电脑，不同单位的投标文件的编制者为同一人，等等。

二、不同投标人委托同一单位或者个人办理投标事宜

本项规定所称的投标事宜包括领取或者购买资格预审文件、招标文件、编制资格预审申请文件和投标文件、踏勘现场、出席投标预备会、提交资格预审文件和投标文件、出席开标会等。根据《招标投标法》第22条和第36条规定，投标人的名称、数量以及投标文件的内容等属于应当保密的信息，以保证招投标活动的公正和公平。不同投标人委托同一单位或者个人办理投标事宜违背了上述规定，可能导致投标人相互串通投标。需要说明三点：一是委托同一单位或者同一人办理同一项目投标的不同环节的，亦属于本项所规定的情形。例如，某单位或个人领取招标文件代表甲投标人，出席开标会时又代表乙投标人。二是投标人委托他人办理投标事宜的，应当要求受托人出具书面承诺，声明受托人不存在受托承担同一项目的招标或者投标，以避免构成违法。三是采用电子招投标的，从同一个投标单位或者同一个自然人的IP地址下载招标文件或者上传投标文件也属于本项规定的情形。

三、不同投标人的投标文件载明的项目管理成员为同一人

项目管理机构及其人员配置是勘察、设计、监理和施工等招标项目普遍要求的投标文件组成内容，不同投标文件中载明的项目管理成员出现同一人可能出于三种原因：一是不同投标文件由同一个单位或

者个人编制，也即属于本条第 1 项规定的情形，构成串通投标。二是同一单位挂靠其他单位，以不同单位的名义分别投标并编制投标文件，该情形不但违背了其他相关法律法规规定，同时也构成串通投标。三是同一人受聘于不同的单位，由于人员特别是有注册执业资格的主要管理人员与受聘单位本应存在一一对应关系，在具体投标项目中项目管理成员中出现同一人的，其最大的可能性就是串标，应当先行给予认定，除非投标人能够证明其不存在串通投标的行为。需要说明的是，串通投标与弄虚作假竞合时，行政监督部门应当依照有关规定从重处罚。

四、不同投标人的投标文件异常一致或者报价呈规律性差异

所谓异常一致是指极小概率或者完全不可能一致的内容在不同投标文件中同时出现，实践中典型的表现包括：投标文件内容错误或者打印错误雷同，由投标人自行编制文件的格式完全一致，属于某一投标人特有的业绩、标准、编号、标识等在其他投标人的投标文件中同时出现，等等。需要说明的是，实践中确有由于投标人之间曾就类似工程有过联合投标经历导致投标文件的技术方案异常一致的情况，可以由评标委员会通过澄清、说明机制予以排除。

除国家有规定收费标准的勘察、设计和监理等服务招标外，不同投标人的报价呈现规律性差异则是不同投标人的投标文件异常一致的特殊表现。实践中的典型表现包括：不同投标人的投标报价呈等差数列、不同投标人的投标报价的差额本身呈等差数列或者规律性的百分比，等等。在通过市场竞争形成投标报价的条件下，不同投标人的报价的规律性差异只有在投标人相互串通投标的情况下才会出现。

五、不同投标人的投标文件相互混装

本项规定在实践中分两种情况：一是不同投标人的投标文件由同一个单位或者个人编制，在打印装订时出现相互混装的情况，属于本条第 1 项所规定情形的一个具体表现，构成串通投标。二是不同投标人先分别编制投标文件，再按照预先协商的原则集中统一，装订时出现相互混装的情况，构成串通投标。

六、不同投标人的投标保证金从同一单位或者个人的账户转出

《条例》第26条规定，现金或者支票形式的投标保证金应当从投标人的基本账户转出，主要目的是为了遏制围标串标行为。本项是与第26条配套的规定。如果不同投标人的投标保证金从同一单位或者个人的账户转出，包括虽然经由投标人自己的基本账户转出但所需资金均是来自同一投标人或者个人的账户的，构成投标人相互串通投标。

需要说明两点：一是“视为”是一种将具有不同客观外在表现的现象等同视之的立法技术，是一种法律上的拟制。尽管如此，“视为”的结论并非不可推翻和不可纠正。为避免适用法律错误，评标过程中评标委员会可以视情况给予投标人澄清、说明的机会；评标结束后投标人可以通过投诉寻求行政救济，由行政监督部门作出认定。二是“视为”必须具备一定的客观外在表现，不宜设立兜底条款。但有其他证据证明投标人串通投标的，评标委员会、行政监督部门、仲裁机构和法院可以依法作出认定，不限于本条所罗列的情形。

第四十一条［招标人与投标人串通］

禁止招标人与投标人串通投标。

有下列情形之一的，属于招标人与投标人串通投标：

（一）招标人在开标前开启投标文件并将有关信息泄露给其他投标人；

（二）招标人直接或者间接向投标人泄露标底、评标委员会成员等信息；

（三）招标人明示或者暗示投标人压低或者抬高投标报价；

（四）招标人授意投标人撤换、修改投标文件；

（五）招标人明示或者暗示投标人为特定投标人中标提供方便；

（六）招标人与投标人为谋求特定投标人中标而采取的其他串通行为。

【释义】本条是关于禁止招标人与投标人串通投标的规定。

招标人与投标人串通投标主要有以下5种情形。

一、提前开启投标文件并将有关信息泄露给其他投标人

《招标投标法》第36条规定，投标文件应当在开标时经过投标

人、其推选的代表或者招标人委托的公证机构检查密封情况后当众拆封，以确保文件内容不被提前泄露，保证招投标活动的公正和公平。招标人在开标前开启投标文件不仅违反了《招标投标法》的规定，将由此获得的应予保密的有关信息泄露给其他投标人，使其根据所获得的有关信息调整投标策略，从而赢得更多的中标机会，也违背了公平原则，损害了投标文件被提前开启的投标人的合法权益。

二、招标人直接或者间接向投标人泄露标底、评标委员会成员等信息

《招标投标法》第22条和第37条规定，标底、评标委员会成员的名单、已获取招标文件的潜在投标人的名称和数量等均属于应当保密的信息，以防止串通投标，维护招投标活动的公正和公平。招标人在开标前直接或者间接地向投标人泄露标底的行为不仅违反了《招标投标法》第22条规定，由于获得标底信息的投标人可以据此调整自己的投标报价，还会影响招投标活动的竞争效果。招标人在中标结果确定前直接或者间接地向投标人泄露评标委员会成员信息的行为不仅违反了《招标投标法》第37条规定，投标人还有可能根据掌握的信息干预和影响评标结果，损害其他投标人的合法权益。本项规定所称的"间接"，是指招标人将有关信息泄露给第三人，经由第三人泄露给投标人，或者以投标人主动求证和招标人默认等方式泄露有关的信息，或者故意将有关信息放置在投标人能够看到的地方。

三、招标人明示或者暗示投标人压低或者抬高投标报价

投标报价是投标文件的核心内容，应当由投标人根据招标文件的要求、投标人自身技术经济实力和市场竞争状况自主报价，充分发挥市场竞争机制的作用，提高资金使用效益。招标人明示或者暗示投标人压低或者抬高投标报价，属于招标人操纵投标活动，由此形成的招投标成果必然背离市场竞争规律，损害国家利益、社会公共利益或者投标人的合法权益。

四、招标人授意投标人撤换、修改投标文件

一是根据《招标投标法》第29条规定，在招标文件规定的提交

投标文件截止时间前，投标人可以撤换、修改已经提交的投标文件，但是否撤换、修改均应当由投标人自主决定。如果招标人授意投标人撤换或者修改投标文件，不但构成对其他投标人的不公平，一般还伴随着招标人利用自己掌握的信息，使特定投标人通过修改或撤换投标文件获得更高的中标机会，或者操纵各个投标人的投标以帮助某一投标人中标。

二是根据《招标投标法》第 28 条和《条例》第 36 条规定，招标人应当拒收逾期送达的投标文件。在招标文件规定的提交投标文件截止时间后，招标人不得允许投标人撤换或者修改投标文件，招标人授意投标人撤换或者修改投标文件并接收的，构成串通投标。

三是根据《招标投标法》第 46 条规定，招标人和中标人应当根据招标文件和中标人的投标文件签订合同。招标人允许投标人在签订合同前撤换或者修改投标文件的，不仅违反了上述规定，而且可能损害国家利益、社会公共利益或者其他投标人的合法权益。

五、招标人授意或者暗示投标人为特定投标人中标提供方便

本项规定的情形在实践中一般表现为由招标人主导，以直接或者相对隐晦的表达方式与其他投标人串通，要求为特定投标人中标提供帮助。例如，授意其他投标人按照其拟定的价格确定投标报价，使特定投标人的投标报价最符合招标文件规定的评价标准，以威胁或者利诱方式向其他投标人明示或者暗示其内定的中标人，要求其他投标人按内定中标人的要求投标报价，形成所谓的“围标”态势，以保证特定投标人中标。

本条第 6 项是兜底条款。招标人与投标人串通投标形式多样，不断翻新。例如，招标人在开标后和评标前，故意损毁、篡改特定投标文件内容，在资格预审活动中损毁、篡改特定资格预审申请人提交的资格预审申请文件等，不一而足。

需要说明三点：一是构成招标人与投标人串通投标需要存在主观意图和客观行为，但不以是否谋取中标为构成要件。二是串通投标是共同行为，本条所列情形以招标人主动发动为主，但也包括投标人主动发动的情形。三是在招标人委托招标代理机构组织招投标活动的情况下，本条规定的各类情形可能会表现为招标代理机构与投标人之间

的串通。

第四十二条 [弄虚作假投标]

使用通过受让或者租借等方式获取的资格、资质证书投标的，属于招标投标法第三十三条规定的以他人名义投标。

投标人有下列情形之一的，属于招标投标法第三十三条规定的以其他方式弄虚作假的行为：

（一）使用伪造、变造的许可证件；

（二）提供虚假的财务状况或者业绩；

（三）提供虚假的项目负责人或者主要技术人员简历、劳动关系证明；

（四）提供虚假的信用状况；

（五）其他弄虚作假的行为。

【释义】本条是关于弄虚作假投标的规定。

弄虚作假是当前招投标活动中存在的突出问题之一，分析其主要原因：一是法律和制度不健全，缺少有效的查处手段。现行法律法规缺少对弄虚作假行为的具体规定，面临着认定难的问题。不仅如此，在现行分散的行政管理体系下，由于条块分割，缺乏信息共享机制，有时甚至受到地方或者行业保护思想的束缚，行政监督部门无法方便快捷地获得必要信息，使弄虚作假有机可乘。二是过度竞争。招投标制度能够有效运行的基础条件之一是存在足够数量的潜在投标人，但僧多粥少、过度竞争又会导致甚至加剧投标人弄虚作假。在工程建设领域，尽管国家对施工、监理企业实行严格的资质管理制度，对重要设备、材料实行生产制造等许可制度，但由于缺少有效的退出机制，市场供求关系严重失衡。面对激烈的市场竞争，投标人为了生存，漠视国家法律，往往不择手段，弄虚作假，以谋取中标。三是部分招标人法制意识淡薄，操纵招投标活动，为保证特定投标人中标，授意或者暗示投标人弄虚作假。四是招标人脱离招标项目的实际需要和市场供求状况，提出苛刻、过高甚至与招标项目不相关的投标资格条件和评标标准，投标人为获得投标或者中标机会，被迫在资格、业绩等方面弄虚作假。五是缺少有效约束投标行为的信用机制，在一定程度上导致了投标人不讲信用的现象，甚至为帮助特定投标人中标不惜弄虚作假。本条总结了实践中常见的投标人弄虚作假行为。

一、使用通过受让或者租借方式获取的资格或者资质证书投标

使用通过受让或者租借等方式获取的资格、资质证书以他人名义投标，是典型的弄虚作假行为。根据我国现行的资格和资质管理制度，取得资格和资质必须具备规定的条件，且资格和资质均与特定的主体不可分割。因此，《行政许可法》、《建筑法》等相关法律均有资格和资质不能转让和出借的规定。使用通过受让或者租借方式获取的他人资质投标，不仅构成以他人名义投标，而且还伴有伪造负责人或者主要技术人员简历、劳动关系证明的行为。

二、使用伪造、变造的许可证件

使用伪造、变造的许可证件，也即假造实际从未获取过的许可证件或者篡改获取的许可证件的许可范围、等级或有效期限等以欺瞒招标人。招标采购标的物的不同，决定了投标人需要具备不同的许可证件。如工程招标可能涉及的许可证件包括相关行政部门核发的营业执照、建筑业企业资质、安全生产许可证、专业人员注册执业资格证书，等等；服务招标可能涉及相关行政部门核发的营业执照、咨询服务企业资质或者资格、专业人员注册执业资格证书，等等；货物招标可能会涉及相关行政部门核发的安全生产许可证、工业产品生产或制造许可证、特种设备安全监察许可、强制认证，等等。

三、提供虚假的财务状况或者业绩

提供虚假的财务状况或者业绩是指投标人所提交的财务状况与其实际情况不符，或者虚构了实际并不存在的业绩。财务状况和业绩情况是考核投标人履约能力的重要指标，资格预审文件或者招标文件中一般均要求投标人提交能够证明其财务状况和业绩情况的证明材料，并在资格审查办法或者评标办法中设立相应的评审因素和标准。投标人为获得投标资格或者中标，往往根据资格审查办法或者评标办法中相应的评审因素和标准，有针对性地虚构其财务状况或者业绩。例如，招标文件规定投标人的资产负债率为85% ~95%时，该项评分为满分。某投标人实际资产负债率为150%，为保证该项评分得到满分，

篡改由会计事务所出具的资产负债表。

四、提供虚假的项目负责人或者主要技术人员简历、劳动关系证明

项目负责人或者主要技术人员简历是考核投标人资格能力的常用指标。投标人提供虚假的项目负责人或者主要技术人员简历、劳动关系证明，构成弄虚作假。需要说明的是，提供虚假的劳动关系证明有时会与以他人名义投标竞合。

五、提供虚假的信用状况

信用状况越来越受到招标人的关注，成为考察投标人投标资格的重要指标。提供虚假的信用状况一般是指故意隐瞒投标人受到的行政处罚、违约，以及安全责任事故等情况。

鉴于实践中投标人弄虚作假的情形难以一一列举，本条第五项设立了兜底条款。

需要说明五点：一是本条规定专指投标人在招投标活动中以骗取中标为目的的弄虚作假，应当根据具体情况予以认定，但不应以事实上的中标作为弄虚作假的构成要件。二是弄虚作假也可能发生在资格预审活动中，以骗取投标资格。三是在串通投标行为中也存在投标人弄虚作假以帮助特定投标人中标的情形。串通投标与弄虚作假的法律责任有差别，如二者出现竞合，应当根据《招标投标法》和《条例》从严处罚，所不同的是串通投标为共同行为，而弄虚作假可能为单方行为，只需要对弄虚作假的当事人给予处罚。四是以恶意方式故意制造《条例》第40条第3项规定的情形，致使其他投标人的投标被否决或者无法通过资格审查的，也构成弄虚作假。五是弄虚作假应当区别于失误和错误。典型的例子是资格预审文件或者招标文件仅要求提供两项类似项目业绩，但资格预审申请人或者投标人提供了四项，其中有一项或者两项包含有虚假信息，由于其他两项业绩已经足以证明其资格条件或者竞争力，纠正这种失误或者错误也不会影响其他投标人，可以按照细微偏差给予修正，而不能简单归类于弄虚作假。

第四十三条［资格预审申请人应遵守投标人规定］

提交资格预审申请文件的申请人应当遵守招标投标法和本条例有

关投标人的规定。

【释义】本条是关于对资格预审申请人规范性要求的技术性规定。

资格预审申请人是明确表达投标意愿并申请投标的潜在投标人，能否参加投标还取决于能否通过资格预审，以及通过资格预审后是否按招标文件规定提交投标文件。因此，实践中对《招标投标法》中有关投标人的规定能否适用于资格预审申请人经常出现争议，一些有关资格预审活动的投诉也往往因为缺少明确的法律依据而无法及时处理，典型的是资格预审申请人在业绩、资质、信誉等方面弄虚作假，以及招标人利用资格预审排斥特定潜在投标人，等等。

完整的资格预审活动需要经历发布公告、编制发售资格预审文件、澄清或修改、编制提交资格预审申请文件、组建资格审查委员会、进行资格审查、通知资格预审结果等程序。该程序与从招标公告发布到中标通知书发出这一程序类似。在此过程中，申请人与投标人所处地位类似，对其规范也具有相似性。为避免重复，有必要在立法技术上进行处理，故本条规定提交资格预审申请文件的申请人应当遵守《招标投标法》和《条例》有关投标人的规定。

一、资格预审申请人享有《招标投标法》和《条例》规定的投标人权利

根据《招标投标法》第 6 条和《条例》第 33 条规定，潜在投标人有参与资格预审活动的权利；根据《招标投标法》第 31 条和《条例》第 37 条规定，资格预审申请人有组成联合体提交资格预审申请文件的权利；根据《招标投标法》第 65 条和《条例》第 60 条规定，资格预审申请人有针对资格预审活动提出异议和投诉的权利，等等。

二、资格预审申请人负有《招标投标法》和《条例》规定的投标人义务

根据《招标投标法》第 26 条规定，资格预审申请人应当具备承担招标项目所需的资格和能力；根据《招标投标法》第 32 条和《条例》第 39 条、第 40 条和第 41 条规定，资格预审申请人不得与其他资格预审申请人和招标人串通；根据《招标投标法》第 33 条和《条例》第 42 条规定，资格预审申请人不得以他人名义或者以其他弄虚作假方

式编制提交资格预审申请文件；根据《招标投标法》第39条和《条例》第52条规定，资格预审申请人有根据资格审查委员会的要求对资格预审申请文件中含义不明确的内容或者明显的文字错误进行必要澄清和说明的义务；根据《条例》第38条规定，资格预审申请人发生合并、分立、破产等重大变化的，有书面告知招标人的义务，等等。

三、资格预审申请人违反《招标投标法》和《条例》有关投标人的规定应当承担相应责任

根据《招标投标法》第53条和《条例》第67条规定，资格预审申请人相互串通或者与招标人串通参与资格预审的，以向招标人或者资格审查委员会成员行贿的手段谋取通过资格预审的，应当承担《招标投标法》第53条规定的法律责任；根据《招标投标法》第54条和《条例》第68条规定，资格预审申请人以他人名义提交资格预审申请文件或者以其他方式弄虚作假谋取通过资格预审的，应当承担《招标投标法》第54条规定的法律责任；根据《条例》第77条规定，资格预审申请人捏造事实、伪造材料或者以非法手段取得证明材料进行投诉，给他人造成损失的，依法承担赔偿责任，等等。

需要说明的是，本条所谓提交资格预审申请文件的申请人应当包括那些最终没有提交资格预审申请文件但已经购买资格预审文件，并编制了部分或者全部资格预审申请文件的潜在投标人，其在编制资格预审申请文件过程中也应当遵守《招标投标法》和《条例》有关投标人的规定。

第四章　开标、评标和中标

第四十四条［开标］

招标人应当按照招标文件规定的时间、地点开标。

投标人少于 3 个的，不得开标；招标人应当重新招标。

投标人对开标有异议的，应当在开标现场提出，招标人应当当场作出答复，并制作记录。

【释义】本条是关于开标的规定。

开标是招投标活动应当遵循的公开原则的体现，以确保投标人提交的投标文件与提交评标委员会评审的投标文件是同一份文件。要如实公布和记录开标过程以及投标文件的唱标内容，以加强招标人和投标人之间，以及投标人与投标人相互之间的监督。

一、开标应在招标文件规定的时间和地点进行

根据本条第 1 款规定，招标文件中应当载明开标时间和开标地点；开标由招标人组织，应在招标文件规定的时间和地点进行。需要说明的是，《招标投标法》第 34 条规定，开标应当在招标文件确定的提交投标文件截止时间的同一时间公开进行。

二、投标人少于3个的应当重新招标

《招标投标法》第 28 条规定，投标人少于 3 个的，招标人应当重新招标。为保证重新招标的竞争性，保护投标人的权益，本条进一步规定，投标人少于 3 个的，招标人不得开标，以免泄露投标人的投标信息。在此情况下，招标人还应当分析导致这种结果的原因并予以纠正。资格预审文件和招标文件存在《条例》第 23 条规定情形的，依法必须招标项目的招标人应当修改招标文件后再重新招标。

三、异议应当在开标现场提出并答复

开标现场可能出现对投标文件提交、截标时间、开标程序、投标

文件密封检查和开封、唱标内容、标底价格的合理性、开标记录、唱标次序等的争议，以及投标人和招标人或者投标人相互之间是否存在《条例》第34条规定的利益冲突的情形，这些争议和问题如不及时加以解决，将影响招投标的有效性以及后续评标工作，事后纠正存在困难或者无法纠正。因此，本条规定，对于开标中的问题，投标人认为不符合有关规定的，应当在开标现场提出异议。异议成立的，招标人应当及时采取纠正措施，或者提交评标委员会评审确认；投标人异议不成立的，招标人应当当场给予解释说明。异议和答复应记入开标会记录或者制作专门记录以备查。

需要说明两点：一是根据《招标投标法》第35条规定，招标人有邀请所有投标人参加开标会的义务，投标人有放弃参加开标会的权利。招标人在招标文件中规定投标人必须出席开标会的，投标人应当委派代表出席。根据本条和《条例》第60条规定，投标人应当尽可能委派代表出席开标会，以便在对开标结果有意见时能当场提出异议，招标人不及时纠正的，可以根据《条例》第60条规定及时向有关行政监督部门投诉。二是开标工作人员包括监督人员不应在开标现场对投标文件作出有效或者无效的判断处理。

第四十五条［评标专家库］

国家实行统一的评标专家专业分类标准和管理办法。具体标准和办法由国务院发展改革部门会同国务院有关部门制定。

省级人民政府和国务院有关部门应当组建综合评标专家库。

【释义】本条是关于评标专家库的规定。

《招标投标法》第37条建立了以评标专家为主体的评标委员会制度，明确评标专家应当从评标专家库中随机抽取。《招标投标法》颁布实施以后，省级以上人民政府有关部门、招标代理机构分别建立了评标专家库，满足了不同项目的评标需要。但与此同时，一些分散建立的评标专家库也存在着专业门类不齐全、专业类别设置不科学、专家水平参差不齐等问题。本条从统一评标专家专业分类标准和管理办法，以及组建综合评标专家库三个方面，对评标专家库进行了规范。

一、国家实行统一的评标专家专业分类标准

评标专家专业分类标准是评标专家库设置的依据，分类标准是否

科学规范，直接影响到能否从专家库中抽取到适宜的评标专家。长期以来，由于缺乏统一的专业分类标准，导致不同政府部门、不同招标代理机构组建的专家库分类标准各异，一些专家库因分类不规范，难以满足实际评标的需要。主要表现为专业层级划分不合理，专业设置不科学，有的专业存在重叠交叉问题，使得被抽取的专家与具体招标项目的匹配度不够。比如，有些专家库专业分类过粗，只有一级，抽取到的专家难以保证专业性要求；有的专家库专业分类过细，造成某些专业的专家数量过少，专家选择余地不大。此外，由于专业分类标准不一致，影响了不同评标专家库专家资源共享。实行全国统一的评标专家专业分类标准，可以有效解决评标专家库相对封闭、专家资源分散、专业分类缺乏针对性等问题，为实现全国范围内的评标专家资源共享奠定基础。

为规范和统一评标专家专业分类标准，建立健全规范化、科学化的评标专家专业分类体系，推动实现全国范围内评标专家资源共享，国家发展改革委等10部委共同颁布了《评标专家专业分类标准（试行）》（发改法规〔2010〕1538号）。《标准》依据专业人员和其技术资格分类，结合评标特点设置专业分类，按照工程、货物、服务三类，每个专业细分为三个级别。根据10部委联合下发通知要求，各类评标专家库都应按照这一标准对评标专家进行分类。

二、国家实行统一的评标专家管理办法

目前，各部门、各地区制定的评标专家管理办法，在健全专家管理、规范专家评标行为等方面发挥了积极作用。但由于不同的评标专家库实行不同的管理办法，管理规则不一、运行规范不一、处罚标准不一，甚至存在相互冲突的地方，一定程度上影响了评标专家独立客观评标。为加强评标专家和评标专家库管理，实现评标专家资源共享，提高评标专家职业道德和业务水平，确保评标专家独立进行评标，保证评标工作的公平和公正，有必要在全国实行统一的评标专家管理办法。

统一的评标专家管理办法的主要内容应当包括：一是专家入库审查制度，包括专家的培训、考核、认证等。二是专家抽取制度，主要包括专家的抽取方式、时间、回避等。三是专家考评制度，考评内容

包括专家的业务能力、个人信用、参加评标的记录等。四是专家动态管理制度，根据实际需要和专家考评情况及时对评标专家进行更换或者补充。五是专家责任制度，主要包括专家的行为规范和要求，以及违反这些要求应承担的责任。根据《条例》第46条第4款规定，实行统一的管理办法，并不改变现行部门职责分工。

三、省级人民政府和国务院有关部门应当建立综合评标专家库

目前，全国存在着不同层级、不同部门、不同招标代理机构建立的评标专家库。这些分散建立的评标专家库虽然在评标活动中发挥着重要作用，但由于受各方面限制，存在着一些不容忽视的问题，影响评标专家作用的进一步发挥。主要表现在分散设立的专家库受地域或者行业的影响，在专家立场的公正性、专家数量的可选择性等方面受到一定限制。特别是随着招标项目综合性的增强，需要考虑的因素越来越多，分散设立的专家库无法满足评标需要。如铁路项目跨越输油管道时，就需要石化方面的防护专家；当跨越水库时，就需要水利方面的设计、施工等专家。近年来，为解决分散设立的评标专家库存在的问题，全国大多数省、自治区、直辖市建立了省级综合评标专家库，实现了不同行业评标专家库的共享。《条例》在总结借鉴地方综合评标专家库建设运行经验的基础上，规定了省级人民政府和国务院有关部门应当组建综合评标专家库，为各行业、各领域招标活动提供专家资源，进一步增强政府公共服务能力。

省级人民政府和国务院有关部门应依据《评标专家专业分类标准（试行）》，整合现有分散的部门专家库，组建跨部门、跨地区的综合评标专家库，并按适当集中、方便招标人的原则合理设置网络终端，为招标人提供专家资源平台，实现专家资源共享，逐步构建起以省级库为基础，与国家库互为补充的门类齐全、管理规范、使用便利的两级综合评标专家库，为各类招标项目提供高质量的评标专家资源。招标人根据招标项目的特点和评审深度，选择所需评标专家的专业和人数，从综合性专家库中抽取。有关行政监督部门按照规定的职责分工，对评标委员会成员的确定方式、评标专家的抽取和评标活动进行监督。

第四十六条［确定评标委员会］

除招标投标法第三十七条第三款规定的特殊招标项目外，依法必

须进行招标的项目，其评标委员会的专家成员应当从评标专家库内相关专业的专家名单中以随机抽取方式确定。任何单位和个人不得以明示、暗示等任何方式指定或者变相指定参加评标委员会的专家成员。

依法必须进行招标的项目的招标人非因招标投标法和本条例规定的事由，不得更换依法确定的评标委员会成员。更换评标委员会的专家成员应当依照前款规定进行。

评标委员会成员与投标人有利害关系的，应当主动回避。

有关行政监督部门应当按照规定的职责分工，对评标委员会成员的确定方式、评标专家的抽取和评标活动进行监督。行政监督部门的工作人员不得担任本部门负责监督项目的评标委员会成员。

【释义】本条是关于组建评标委员会的规定。

《招标投标法》第37条第1款规定，评标由招标人依法组建的评标委员会负责。针对实践中存在的被抽取专家与招标项目匹配性不强、干预操纵评标专家抽取、随意更换评标委员会成员等问题，本条进行了规范。

一、评标专家一般应当以随机抽取的方式确定

为了防止招标人在确定评标专家时的主观随意性和倾向性，避免人为因素的干扰，确保评标专家独立产生和公正评标。评标专家原则上应当采取随机抽取的方式确定。为了保证专家能够胜任评标工作，确保评标的质量，招标人应当从评标专家库内相关专业的专家名单中抽取，以提高评标专家与所评审项目的匹配性。因此，招标人在确定评标专家时，应根据招标内容、项目特点和评审深度确定所需评标专家的专业、数量、经验等条件，从评标专家库中随机抽取。需要说明的是，从评标专家库中挑选符合条件的专家是招标人的权利，其他任何单位和个人都不得以明示或者暗示的方式指定评标委员会成员，不得非法干涉评标专家的抽取活动。

二、非因法定事由不得随意更换评标委员会成员

为了维护评标专家的合法权利，保证评标委员会的稳定性，切实保障评标专家独立客观履行评标职责，招标人不得随意更换评标专家。但在评标过程中，确有特殊原因不能继续评标的，为了保持评标

的正常进行，保证评标的质量、效率和公正性，招标人可以更换不能继续评标的专家。需要更换评标专家的具体情形主要有：一是回避事由，二是擅离职守，三是健康原因。更换评标专家原则上以随机抽取的方式，从评标专家库内相关专业的专家名单中确定。

三、评标委员会成员不得与招标项目存在利害关系或者监督管理关系

（一）与投标人有利害关系的评标委员会成员应当回避。回避制度的主要目的是为了保证评标专家独立、客观公正地履行评标职责。因此，与投标人有利害关系的评标委员会成员应当回避，不得进入评标委员会，已经进入的应当更换。所谓利害关系主要指以下情形：

一是投标人或者投标人主要负责人的近亲属。因为他们与评标结果有直接或间接的利害关系，可能影响对招标项目的公正评标，或者容易引起其他投标人对其是否能够客观公正评标产生怀疑，因此需要回避。关于近亲属的范围，在民事诉讼和行政诉讼中，最高人民法院的司法解释是不同的：民事诉讼中的近亲属包括配偶、父母、子女、兄弟姐妹、祖父母、外祖父母、孙子女、外孙子女，行政诉讼中的近亲属包括配偶、父母、子女、兄弟姐妹、祖父母、外祖父母、孙子女、外孙子女和其他具有抚养、赡养关系的亲属。从评标委员会成员回避的角度看，近亲属的范围以从宽掌握为宜。

二是与投标人有经济利益关系，可能影响对投标公正评审的。这里经济利益关系通常是指3年内曾在参加该招标项目的投标人中任职（包括一般职务）或担任顾问，配偶或直系亲属在参加该招标项目的投标人中任职或担任顾问，与参加该招标项目的投标人发生过法律纠纷，以及其他可能影响公正评标的情况。结合各行业、各地方的有关规定，其他可能影响公正评标的情形主要有：投标人的上级主管、控股或被控股单位的工作人员；评标委员会成员任职单位与投标人单位为同一法定代表人；评标委员会成员持有某投标单位股份。

三是曾因在招标、评标以及其他与招投标有关活动中从事违法行为而受过行政处罚或刑事处罚的。由于招标人不清楚评标委员会成员是否具有回避情形，因此《条例》规定，评标委员会成员有上述规定情形之一的，应当主动申请回避。实践中，招标人可以要求评标委员

会成员签署承诺书，确认其不存在上述回避情形。

（二）行政监督人员不得担任所负责监督项目的评标委员会成员。考虑到行政监督部门工作人员的特殊身份，《条例》明确规定，行政监督部门工作人员不得担任本部门负责监督项目的评标委员会成员，以避免监管不分，影响监督效果。需要注意的是，《条例》中的“行政监督部门”既包括招标项目的招标投标行政监督部门，也包括招标项目的审核部门、主管部门和审计部门等。

四、评标委员会应当接受依法进行的行政监督

针对实践中领导干部、招标单位负责人滥用权力干预评标委员会成员的选取，指定或变相指定评标委员会专家成员，甚至要求评标委员会成员或者招标人选定所指定的投标人为中标候选人或者中标人等情况，本条规定有关行政监督部门应当对评标委员会成员的确定方式、评标专家的抽取和评标活动进行监督。需要说明的是，有关行政监督部门履行这一职责，并不意味着必须采取事前审核或者现场监督等方式，如派员现场监督专家抽取，被抽取专家报经行政监督部门审查同意等。

第四十七条［直接确定评标专家］

招标投标法第三十七条第三款所称特殊招标项目，是指技术复杂、专业性强或者国家有特殊要求，采取随机抽取方式确定的专家难以保证胜任评标工作的项目。

【释义】本条是关于特殊招标项目直接确定评标专家的规定。

《招标投标法》第37条第3款规定，特殊招标项目的评标专家可以由招标人直接确定。由于《招标投标法》没有对特殊招标项目作出界定，为避免该规定被滥用，本条对特殊招标项目做了具体规定。

一、特殊招标项目的评标专家可以直接确定

根据本条规定，特殊招标项目应具备两个条件：一是特殊项目的自身特点，主要是技术复杂、专业要求高或者国家有特殊要求。二是随机抽取的方式确定的专家不能满足项目评标的需要。具体情形主要有：专家库中没有相应专业的专家；专家库中有相应专业的专家，但

不能满足招标项目的实际需要；专家库中有相应专业的专家，但满足招标项目的要求专家数量不足；专家库的专业分类不能满足招标项目的专业要求。当招标项目满足上述两个条件时，招标人可以直接确定评标专家。实践中，评标专家库有必要设置查询系统，以方便招标人查询有关专业的设置情况及其专家的数量等相关信息，为招标人提供方便。

二、直接确定的专家应当遵守有关评标专家的规定

招标人直接确定专家时，应当从评标专家内直接确定评标所需的专家。如果现有评标专家库内没有能够满足要求的专家，招标人可以从库外邀请专家，但受邀请的专家至少应当满足《招标投标法》第37条第3款的规定，即从事相关领域工作满8年，并具有高级职称或者同等专业水平。无论是从库内还是从库外确定评标专家，招标人都应当遵守《招标投标法》和《条例》的有关规定，具体包括：一是不得指定与投标人有利害关系的人进入评标委员会；二是不得指定招标项目的行政监督部门的工作人员进入评标委员会；三是直接确定的专家在中标结果确定前应当保密。四是直接确定的专家存在《条例》第48条第3款规定更换事由的，应当依法及时更换。招标人从库外直接确定评标专家的，专家库的组建单位应尽可能将其吸收到专家库中。

第四十八条［对招标人在评标中的要求］

招标人应当向评标委员会提供评标所必需的信息，但不得明示或者暗示其倾向或者排斥特定投标人。

招标人应当根据项目规模和技术复杂程度等因素合理确定评标时间。超过三分之一的评标委员会成员认为评标时间不够的，招标人应当适当延长。

评标过程中，评标委员会成员有回避事由、擅离职守或者因健康等原因不能继续评标的，应当及时更换。被更换的评标委员会成员作出的评审结论无效，由更换后的评标委员会成员重新进行评审。

【释义】本条是关于保障评标正常进行的规定。

一、招标人应当向评标委员会提供评标所必需的信息

为增强评标的针对性、科学性，保证评标委员会顺利完成评标，

招标人应基于招标项目的实际情况，向评标委员会提供招标文件没有载明或者已经载明但短时间内评标委员会成员不容易准确把握理解的，且为准确评标所必需的客观真实信息，主要包括：一是招标项目的范围、性质和特殊性。二是招标项目的质量、价格、进度等需求目标和实施要点。三是招标文件中规定的主要技术标准和要求、商务条款。四是招标文件规定的评标方法、评标因素及标准，以及设置评审因素及标准的主要考虑。五是开标记录。六是投标文件。七是采用资格预审的，还应包括资格预审文件和资格预审申请文件。但是，招标人在提供上述有关信息和数据时，不得以明示或者暗示的方式倾向或者排斥特定投标人。例如，招标人在介绍招标项目特殊要求时，特意提到某个投标单位的技术标准最符合该招标项目的特殊需要，就构成以暗示的方式倾向特定投标人。

二、招标人应当合理确定评标所需的时间

合理的评标时间是评标委员会成员公正客观地履行评标职责的重要保障。由于招标项目的性质不同、规模大小不同、复杂程度不同、评审因素不同、投标人数量不同，评标委员会完成评标所需时间也不同，不可能在立法上做出统一规定，需要由招标人根据招标项目的具体情况合理确定。招标人确定评标所需时间考虑的主要因素有：一是招标项目的规模和技术复杂程度。二是投标人的数量。三是评标委员会成员的数量。四是评标因素及各因素评审方法。五是投标文件的编制情况。六是是否采用电子辅助评标等手段。由于种种原因，当前很多招标项目的评标时间过短，影响了评标质量。针对这一情况，本条为评标委员会成员根据实际需要要求延长评标时间提供了法律依据。从保证评标质量的角度看，评标委员会成员根据实际情况要求延长评标时间也是职业道德规范的一种要求。根据本条规定，超过三分之一的评标委员会成员要求延长评标时间的，招标人应当延长。

三、特定情况下应当及时更换评标委员会成员

为了保障评标的正常进行，提高评标质量和效率，在评标过程中，评标委员会成员因特殊原因不能继续评标的，招标人可以更换。更换的具体情形主要有：一是存在着应当回避的事由，二是擅离职守，三

是健康原因不能继续评标工作。招标人更换评标委员会成员应注意以下六点：一是评标时发现了需要更换的具体事由，招标人应当及时更换。二是有些事由可能是评标时发生或者存在但事后发现的，如有更换可能，招标人也应当更换。三是本条没有穷尽更换评标委员会成员的具体情形，例如，评标委员会成员在评标过程中不客观公正履行评标职责、拒不遵守评标纪律影响评标正常进行的，招标人也应当及时更换。四是更换评标委员会成员的原因应当是客观存在的、已严重影响评标正常进行的事由，招标人不得因为某个成员坚持正确意见、不执行招标人错误或者不正当要求而滥用更换权，操纵评标委员会。五是招标人更换评标委员会成员的，该被更换的成员已作出的评审结论无效，由更换后的成员重新进行评审。六是该被更换的评标委员会成员仍应遵守《招标投标法》第44条第3款规定，不得透露对投标文件的评审和比较、中标候选人的推荐情况以及与评标有关的其他情况。

第四十九条［对评标委员会成员评标要求］

评标委员会成员应当依照招标投标法和本条例的规定，按照招标文件规定的评标标准和方法，客观、公正地对投标文件提出评审意见。招标文件没有规定的评标标准和方法不得作为评标的依据。

评标委员会成员不得私下接触投标人，不得收受投标人给予的财物或者其他好处，不得向招标人征询确定中标人的意向，不得接受任何单位或者个人明示或者暗示提出的倾向或者排斥特定投标人的要求，不得有其他不客观、公正履行职务的行为。

【释义】本条是对评标委员会成员评标要求的总体性规定。

一、评标委员会成员应当依照《招标投标法》和《条例》的规定进行评标

为了保证评标的客观公正，评标委员会应当依法进行评标。《招标投标法》和《条例》有关评标的规定主要有：一是评标委员会可以要求投标人对投标文件中含义不明确的内容作必要的澄清或者说明，并书面通知投标人（《招标投标法》第39条、《条例》第52条）。二是评标委员会应当按照招标文件确定的评标标准和方法，对投标文件进行评审和比较，并向招标人提出书面评标报告和推荐合格的中标候

选人，招标文件没有规定的评标标准和方法不得作为评标的依据（《招标投标法》第40条、《条例》第49条）。三是评标委员会对存在《条例》第51条列举情形的投标文件，应当予以否决（《条例》第51条）。四是评标委员会经评审认为所有投标都不符合招标文件要求的，可以否决所有投标（《招标投标法》第42条）。五是评标委员会成员应当客观公正地履行职务，遵守职业道德，对所提出的评审意见承担个人责任（《招标投标法》第44条第1款）。

二、评标委员会成员应当依据招标文件载明的标准和方法进行评标

评标标准和方法是告诉评标委员会如何评标的文件。一份合法、科学、具有可操作性的评标标准和方法，既使评标委员会能够按照统一的标准和方法进行评标，也是对评标委员会自由裁量权的合理约束，有利于确保评标结果的公平、公正和科学。评标标准和方法通常包括以下内容：评标方法、评标纪律、评标委员会组成及来源、评标程序、评审因素及其评审标准、确定中标候选人原则等。

评标标准和方法必须在招标文件中载明，是《招标投标法》公开原则的具体体现，有利于投标人了解招标人的招标目的，有效引导投标人投标，编制出高质量的投标文件；有利于加强利害关系人和社会监督，提高招标投标的透明度，防止暗箱操作。因此在评标过程中，不得随意增加、删减评审因素，也不得调整每个评审因素的评审标准和权重。

实践中存在的问题主要表现在：一是招标人在招标文件中公布不完整的评标标准和方法，只公布评审因素和指标，而不公布评审权重和评分方法。二是评审因素及各因素的评审标准设置不合理，脱离招标项目实际或者脱离预期采购目标。

三、评标委员会成员应当客观公正地提出评审意见

评标委员会成员应当客观公正地对投标文件提出评审意见。客观，就是要求评标委员会成员作出的评审结论建立在事实基础上，实事求是，不偏不倚。具体讲，在评审投标文件时，要按照招标文件确定的标准和方法对投标文件进行审查、比较，作出客观分析评价。公正，就是要求评标委员会成员评审标准统一，不能畸轻畸重、宽严不

一、厚此薄彼。具体讲，对同类问题、同类情形要作同等处理。例如，甲、乙投标人提供的服务条件相同，同一评标委员会成员在评审该因素时，评审的结果应一致，而不能给甲 1 分，给乙 8 分。

四、评标委员会成员不得从事本条禁止的行为

为了保证评标的客观公正，本条规定了评标委员会成员不得从事的行为。具体包括：一是不得私下接触投标人，不得收受投标人给予的财物或者其他好处。二是不得向招标人征询确定中标人的意向。三是不得接受任何单位或者个人明示或者暗示提出的倾向或者排斥特定投标人的要求。除本条规定的禁止行为外，《条例》在第 52 条还规定，评标委员会不得暗示或者诱导投标人作出澄清、说明，不得接受投标人主动提出的澄清、说明。《招标投标法》第 44 条第 3 款规定，评标委员会成员不得透露对投标文件的评审和比较、中标候选人的推荐情况以及与评标有关的其他情况。

第五十条［标底在评标中的定位］

招标项目设有标底的，招标人应当在开标时公布。标底只能作为评标的参考，不得以投标报价是否接近标底作为中标条件，也不得以投标报价超过标底上下浮动范围作为否决投标的条件。

【释义】本条是关于标底公布和标底作用的规定。

一、标底应当在开标时公布

根据本条规定，虽然招标人不得以投标报价是否接近标底作为中标条件，也不得以投标报价超过标底上下浮动范围作为否决投标的条件，但标底对于衡量投标报价仍然具有一定的参考作用。为了提高招标透明度，防止暗箱操作，本条规定标底在开标时应当公布，接受投标人和利害关系人的监督。

二、正确发挥标底的参考作用

本条规定，标底只能作为评标的参考。标底的参考作用，主要表现在三个方面。一是用于分析投标报价。通过编制和使用标底，可以为评标时分析判断投标报价的竞争性、可靠性、平衡性、合理性，以

及投标报价是否低于成本价或是否存在差错、疏漏、串标等提供参考性评价依据。二是用于纠正招标文件的差错。通过编制和使用标底，能够及时发现和纠正招标文件、设计图纸及其工程量清单存在的差错、疏漏，以减少招标和评标的失误。三是用于减少串标和招标失误。将标底定位于评标的参考作用，不仅可以减少通过泄露标底进行串通投标等暗箱操作行为，而且可以避免发生因为标底测算编制工作失误而导致难以挽回的招标失败或争议。

三、避免标底的不当使用

（一）禁止以标底为基准价格并设定一个上下限范围作为确定投标报价是否入围、有效和中标的直接依据。例如，某招标项目开标公布的标底价为100万元，招标文件规定以100万元基准价的上下限一定范围（例如90万元~105万元）作为确定投标报价入围和有效的界限，超出此范围区域（例如，89万元，106万元等）的投标报价均作为无效投标；或规定等于标底100万元或小于标底一定金额的投标报价为中标条件或作为最优报价得满分。这些做法不符合本条规定。

（二）不宜采用以标底价格加权复合基准价并与评标紧密挂钩。例如，某招标项目将开标时公布的标底价格与有效投标报价按一定比例（或随机抽取确定比例）加权平均，计算出评标基准价，凡等于评标基准价或一定幅度范围内的投标报价为最优，报价项评标得满分，或规定超过基准价一定范围的投标报价为无效投标。例如，标底价100万元，设定标底价的复合加权比例为40%；3个有效投标报价分别为：90万元、80万元、76万元，平均价为82万元，设定有效投标报价的平均价的复合加权比例为60%，则复合评标基准价为：$100\times40\%+82\times60\%=89.2$万元。凡等于89.2万元的投标报价为最优，其余投标报价按规则分别扣分，或设定有效投标报价的上限3%为91.9万元，下限5%为84.7万元，超过此上下限范围的投标报价均为无效。这样一来，标底对投标就起着决定性作用，与作为评标参考的定位不符。

第五十一条［否决投标的情形］

有下列情形之一的，评标委员会应当否决其投标：

（一）投标文件未经投标单位盖章和单位负责人签字；

（二）投标联合体没有提交共同投标协议；

（三）投标人不符合国家或者招标文件规定的资格条件；

（四）同一投标人提交两个以上不同的投标文件或者投标报价，但招标文件要求提交备选投标的除外；

（五）投标报价低于成本或者高于招标文件设定的最高投标限价；

（六）投标文件没有对招标文件的实质性要求和条件作出响应；

（七）投标人有串通投标、弄虚作假、行贿等违法行为。

【释义】本条是关于否决投标的规定。

否决投标，是指在评标过程中，投标文件具有本条规定的情形，或者没有对招标文件提出的实质性要求和条件作出响应，评标委员会作出对其投标文件不再予以进一步评审，投标人失去中标资格的决定。本条使用“否决投标”而非“废标”，主要考虑：一是《招标投标法》使用了“否决投标”而非“废标”。二是为了避免与《政府采购法》规定“废标”概念相混淆。本条规定了7种否决投标的情形。

一、投标文件未经投标单位盖章和单位负责人签字

要求投标文件经单位盖章或签字的目的，是为了证明投标文件是该投标人编制提交的，对该投标人具有法律约束力。《条例》规定，未经投标单位盖章和单位负责人签字的投标文件，评标委员会应当否决其投标。理解和适用该规定，需要注意以下三点：一是否决投标的前提是既未经单位盖章，也没有单位负责人签字，换句话说，二者具备其一就不应当否决其投标，以减少否决投标情况的发生。实践中，招标人对投标文件提出既要盖章又要签字的要求，不符合鼓励交易的原则。二是单位负责人是指单位法定代表人或者法律、行政法规规定代表单位行使职权的主要负责人。因此，单位负责人需要根据投标单位的性质来确定。投标单位是法人的，单位负责人是指投标单位的法定代表人。投标单位是其他组织的，单位负责人是指投标单位的主要负责人。个人参加科研项目投标的，“单位负责人”是指其本人。三是单位负责人授权代理人签字的，投标文件应附授权委托书。投标文件只有代理人签字，没有授权委托书，也没有盖投标人单位章的，评标委员会也应当否决其投标。四是投标文件的签

字盖章要求主要是针对投标函的。投标函是投标文件最重要的组成部分，一般均作为合同文件的内容。如果将签字盖章要求泛化到投标文件的各个部分，会导致无谓的和过多的否决投标，不符合鼓励交易的原则。

二、投标联合体没有提交共同投标协议

根据《招标投标法》第31条第1款规定，联合体是以一个投标人的身份共同投标；联合体投标的，应将共同投标协议应连同投标文件一并提交招标人。因此，共同投标协议是联合体成立的法律基础，明确约定各方拟承担的工作和责任。没有共同投标协议，不仅联合体各方承担的工作和责任无法明确，联合体就失去了存在的法律基础，不能成为合格的投标人。需要说明的是，联合体中标后，共同投标协议即是共同承包协议，其约定的内容不仅应明确联合体成员在投标阶段的责任、权利和义务，还应明确中标后联合体成员在合同履行阶段的责任、权利和义务。

三、投标人不符合国家或者招标文件规定的资格条件

投标人的资格条件包括国家规定的资格条件和招标人规定的资格条件。招标人应当根据招标项目的特点和需要，对投标人在经营范围、专业资质、财务状况、技术能力、管理能力、业绩、信誉等方面提出要求，并在招标文件中载明，用于判断投标人是否具有履行合同的资格及能力。为方便评审，通常招标人也会在招标文件中一并载明国家规定的资格条件。即便招标文件没有作出明确规定，由于国家规定的资格条件具有强制性，当投标人不符合该条件时，评标委员会也应当否决其投标。

四、同一投标人提交两个以上不同的投标

根据《招标投标法》第27条规定，招标人应当按照招标文件的要求编制招标文件，并对招标文件的实质性要求和条件作出响应。因此，在招标内容、技术标准和要求等已经确定的情况下，投标人拟定的招标项目实施方案应当确定，与之对应的价格也应当是唯一确定的。此外，如果允许投标人提交两个投标，就会造成评标委员会无法

评标，甚至给投标人提供了根据其他投标人的报价作出有利于自己选择的机会，影响了公平竞争。

招标文件允许投标人提交备选投标的，投标人可以提交两份不同的投标文件或者投标报价。允许提交备选投标，其主要目的是为了充分调动投标人的竞争潜力，使招标项目的实施方案更为科学合理和可行，弥补招标人在编制招标文件乃至项目策划或者设计经验不足等缺陷。关于备选投标，招标人应结合项目实际的特点和需要，在招标文件中明确规定投标人如何提交、编制备选投标，以及对备选投标的评审办法。

五、投标报价低于成本或者高于招标文件设定的最高投标限价

投标人的投标报价低于成本，不仅不具有可持续性，影响项目质量，也会导致不公平竞争。因此，《反不正当竞争法》第 11 条以及《招标投标法》第 33 条均予以禁止。这里的“成本”是指投标人的个别成本，而不是社会平均成本，也不是行业平均成本。投标人以低于社会平均成本但不低于其个别成本的价格投标，是应该允许和鼓励的，有利于促使投标人挖掘内部潜力，改善经营管理，提高管理水平。评标过程中，如果评标委员会发现投标人的报价明显低于其他投标报价或者在设有标底时明显低于标底，使得可能低于其个别成本的，应当启动澄清程序，要求该投标人作出书面说明并提供相关证明材料。投标人不能合理说明或者不能提供相关证明材料的，评标委员会应当认定该投标人以低于成本报价竞标，否决其投标。

最高限价是招标人能够承受的最高价格，如果超过最高投标限价的投标中标，客观上导致招标人无法实施招标项目。根据《条例》第 27 条规定，最高投标限价应当在招标文件中公布，也即向潜在投标人明示了招标人的承受能力，投标人在明知不可能中标的情况下仍以超过最高投标限价的价格进行投标，如果不予否决必然影响中标价格的合理性。

六、投标文件没有对招标文件的实质性要求和条件作出响应

《招标投标法》第 27 条规定，投标文件应当对招标文件提出的实质性要求和条件作出响应，以确保招标目的的实现。因此，对于招标

文件的实质要求和条件，投标文件不能存有遗漏或重大偏离，否则应当予以否决。招标人在设立实质性要求和条件时，应注意以下几个方面：一是应根据招标项目的具体特点和需要，将对合同履行有重大影响的内容或因素设定为实质性要求和条件，如招标项目的质量要求、工期（交货期）、技术标准和要求、合同的主要条款、投标有效期等。招标人不能偏离招标活动的根本目的，过分强调签字、装订、包装、密封等细节，这样容易造成投标被否决，影响竞争效果。二是招标文件规定的实质性要求和条件应在评标办法中列明，并明示不满足该要求即否决其投标，以防止评标委员会滥用。三是本条列举的其他几种否决投标的情形，如果招标人在招标文件中一并载明，也同时构成对招标文件的非实质性响应。

七、投标人有串通投标、弄虚作假、行贿等违法行为

串通投标、弄虚作假、行贿等违法行为，严重影响了招投标的公平竞争，因此《招标投标法》第 32 条和第 33 条，以及《条例》第 39 条、第 40 条、第 41 条和第 42 条明确予以禁止。实践中需要注意以下两点：一是违法行为通常是指在本次招投标活动中发生的。在其他招投标活动中发生同样违法行为而没有被限制市场准入的，不应当否决其投标。但是，招标人在招标文件载明不得投标，或被限制市场准入的，应当否决其投标。二是导致投标被否决的违法行为虽然不限于串通投标、弄虚作假和行贿三种，但其他违法行为应当与本条所列的三种违法行为具有可比性，并在招标文件中明确。

第五十二条［投标文件澄清说明］

投标文件中有含义不明确的内容、明显文字或者计算错误，评标委员会认为需要投标人作出必要澄清、说明的，应当书面通知该投标人。投标人的澄清、说明应当采用书面形式，并不得超出投标文件的范围或者改变投标文件的实质性内容。

评标委员会不得暗示或者诱导投标人作出澄清、说明，不得接受投标人主动提出的澄清、说明。

【释义】本条是关于投标文件澄清、说明的规定。

本条是对《招标投标法》第 39 条规定的进一步细化，以规范评

标过程中的澄清、说明活动。要求投标人对投标文件给予必要的澄清、说明是评标委员会在评标过程中与投标人进行必要互动的唯一途径，一方面有利于评标委员会准确地理解投标文件的内容，把握投标人的真实意思表示，从而对投标文件做出更为公正客观的评价；另一方面也有助于消除评标委员会和投标人对招标文件和投标文件理解上的偏差，避免招标人和中标人在合同履行过程中出现不必要的争议。

一、评标委员会应当适时启动投标文件澄清、说明程序

（一）评标委员会是澄清、说明工作的启动者。根据《招标投标法》第39条规定，评标委员会可以要求投标人对投标文件含义不明确的内容进行澄清、说明。本条进一步规定，投标文件中有含义不明确的内容、明显文字或者计算错误，评标委员会认为需要投标人作出必要澄清、说明的，可以启动澄清、说明程序。

（二）评标委员会启动澄清、说明程序具有一定前提条件。当投标文件中出现含义不明、明显文字或者计算错误等内容且评标委员会不能准确了解投标人真实意思表示时，评标委员会应当启动澄清、说明工作。评标委员会不能滥用澄清、说明机制。对于投标文件中意思表示明确或者根据投标文件的上下文能够准确判断其含义的内容，评标委员会不得要求投标人进行澄清或者说明。

（三）评标委员会要求投标人给予澄清、说明的范围限于投标文件中含义不明、明显文字或者计算错误等内容。实践中几乎没有一份投标文件是尽善尽美的，其主要原因在于，一方面投标人在竞争压力下和有限的时间内准备投标文件难免会出现一些笔误、表述欠周等；另一方面投标人为赢得竞争优势，在满足招标文件实质性要求的基础上，总是试图利用一些细微偏差突显自己的与众不同。正因为如此，几乎每一份投标文件均存在需要澄清、说明的问题。但是，也确有一些投标人在没有正确和全面地理解招标文件的要求的情况下准备投标文件，致使投标文件没有完全响应招标文件的实质性要求。因此，评标委员会应当区别对待投标文件中存在的问题，恰当地和科学地运用澄清、说明机制。要求投标人给予澄清、说明的内容既可能涉及投标文件的实质性内容，也可能涉及投标文件的非实质性内容，但只有评标委员会认为含义不明、明显文字或者计算错误等内容才可以要求投标人给

予澄清、说明或者补正，对于明显背离招标文件实质性要求的偏差则不应要求投标人给予澄清或者说明，否则会影响评标结果的公正性。

二、澄清、说明应当以书面形式进行

投标人进行澄清、说明的通知和投标人的澄清、说明均应采用书面形式。一是根据《招标投标法》第 37 条和第 38 条规定，评标应当在严格保密的情况下进行，且评标委员会名单在中标结果确定前应当严格保密。二是评标委员会以书面形式通知投标人有关澄清、说明的内容和要求，有利于准确传递信息，保证投标人准确把握。投标人应评标委员会要求所作的澄清、说明对投标人有约束力，在一定意义上应等同于投标文件，理应采用书面形式。

三、澄清、说明的内容不得超出投标文件的范围或者改变投标文件的实质性内容

所谓投标文件的实质性内容包括投标报价、质量标准、履行期限等主要内容。根据《招标投标法》规定，招投标是一个轮次的要约和承诺，超出投标文件范围或者改变投标文件实质性内容的澄清、说明是对投标文件的修改和补充，将构成新的要约，不符合《招标投标法》第 29 条规定。不仅如此，开标后投标人已经掌握了其他投标人的投标信息，如果澄清、说明超出投标文件范围或者改变投标文件的实质性内容，甚至使原本不合格的投标成为合格的投标，违背招投标活动应当遵循的公正和公平原则。

四、评标委员会不得诱导或者暗示投标人的澄清、说明，也不得接受投标人主动提出的澄清、说明

作此限定的主要考虑有：一是投标人澄清、说明内容应当真实反映投标人的本意，评标委员会的诱导或者暗示可能导致投标人借机表达与原投标文件不同的意思或者内容，获取不正当利益。二是评标委员会的诱导或者暗示很难做到不偏不倚，其结果会误导投标人或者造成对其他投标人的不公平。三是投标人只能根据评标委员会的书面通知给予澄清或者说明，评标委员会不得接受投标人主动提出的澄清、说明，以保证招投标活动的公正和公平。

实践中，经常出现不用、错用甚至滥用投标文件澄清、说明的情况。一是不使用澄清、说明。表现为评标委员会不能充分认识澄清、说明机制在评标活动中的重要作用，将评标工作简单化，忽视对投标文件的审查、分析和比较，以评分代替评审，也就无法发现投标文件中存在的含义不明，明显文字、计算错误和细微偏离等内容，更无法在确定中标候选人或者中标人前解决投标文件中存在的问题，从而为中标后的合同订立和履行留下了隐患。二是滥用澄清、说明。一种情形是评标委员会不区分投标文件中存在问题的性质，也不仔细分析投标文件其他内容而断章取义，一概要求投标人进行澄清、说明，导致投标人的澄清、说明超出了投标文件范围甚至改变了投标文件的实质性内容。另一种情形是招标人在评标结束后自行要求投标人进行澄清、说明，借此进行合同实质性内容的谈判。

《条例》起草过程中，有意见建议对投标文件中的计算错误给予惩罚性扣分，同时对于投标人投标报价的漏项和增项的处理也给予明确规定，以使投标人更加认真地准备投标文件。上述这些建议的确能在一定程度上使投标人更加认真地准备投标文件，但不能从根本上杜绝投标文件继续出现类似问题。给予惩罚性处理后，如果相关投标人依然能够成为中标人，投标文件中没有消除的问题将会严重影响合同的可执行性，而这类问题均可通过评标阶段的澄清、说明加以解决。因此，《条例》没有采纳上述意见。

需要说明的是，澄清、说明的内容有助于指导合同履行的，评标委员会应当制作澄清、说明事项纪要，并作为中标通知书的附件和合同文件的组成部分。

第五十三条［评标报告］

评标完成后，评标委员会应当向招标人提交书面评标报告和中标候选人名单。中标候选人应当不超过3个，并标明排序。

评标报告应当由评标委员会全体成员签字。对评标结果有不同意见的评标委员会成员应当以书面形式说明其不同意见和理由，评标报告应当注明该不同意见。评标委员会成员拒绝在评标报告上签字又不书面说明其不同意见和理由的，视为同意评标结果。

【释义】本条是关于提交评标报告和推荐中标候选人的规定。

评标报告是评标委员会根据全体评标委员会成员签字的原始评标记录和评标结果编写的，全面反映评标情况的书面报告。

一、评标委员会应当向招标人提交书面评标报告

根据《招标投标法》第40条第2款的规定，招标人根据评标委员会提出的书面评标报告和推荐的中标候选人确定中标人。据此，书面评标报告是招标人确定中标人的依据。评标委员会完成评标后，应当向招标人提交书面报告，为招标人确定中标人提供所必需的评标信息。

评标报告作为招标人定标的重要依据，通常包括下列内容：基本情况和数据表；评标委员会成员名单；开标记录；符合要求的投标一览表；否决投标情况说明；评标标准、评标方法或者评标因素一览表；经评审的价格或者评分比较一览表；经评审的投标人排序；推荐的中标候选人名单与签订合同前要处理的事宜；澄清、说明纪要等。

二、评标委员会推荐的中标候选人应当不超过3个并排序

为防止评标委员会含糊其辞，不提出具体的评审意见，导致招标人无法确定中标人，评标委员会完成评标后，应当推荐中标候选人。推荐中标候选人的数量不超过3个，主要基于以下三点考虑。一是《招标投标法》第28条和《条例》第44条第2款规定，投标人少于3个的，招标人不得开标。换句话说，投标人满足3个的就可以开标。从逻辑上讲，在这种情况下，中标候选人的数量最多也只能是3个。二是实践中有的中标候选人可能放弃中标、因不可抗力不能履行合同、不按照招标文件要求提交履约保证金，或者被查实存在影响中标结果的违法行为等，从而不能中标的，招标人可以按照评标委员会提出的中标候选人名单排序依次确定其他中标候选人为中标人，以节约时间和提高效率。三是除国有资金占控股或主导地位的依法必须进行招标项目外，招标人可以根据招标项目的特点和实际需要从中标候选人中确定中标人，而不是必须确定排名第一的中标候选人为中标人。推荐不超过3个中标候选人可为招标人提供一定选择余地。但是，推荐过多的中标候选人并允许招标人自由选择，有可能使招标失去意义。

三、评标委员会成员负有签字或陈述不同意见的义务

根据《招标投标法》第37条第1款规定，评标由评标委员会负

责。评标报告是评标委员会的集体意见，评标委员会成员签字既是参与评标的证明，也是明确评标责任的证明。为了避免因评标委员会成员拒绝签字而得不出评标结论，《条例》规定评标委员会成员拒绝在评标报告上签字又不书面说明其不同意见和理由的，视为同意评标结果。

评标报告由评标委员会全体成员签字，在某种程度上也是对少数坚持正确意见的评标委员会成员的一种保护。根据《招标投标法》第44条第1款规定，评标委员会成员对所提出的评审意见承担个人责任。判断评标委员会成员是否承担个人责任的重要依据是评标报告。因此，对评标结果有不同意见的评标委员会成员应当在评标报告中注明不同意见，并说明其不同意见的理由。在征求意见过程中，有的单位建议对评标委员会成员在评标报告中签字的具体要求作出规定。考虑到对签字的要求可由招标人在招标文件中明确，《条例》没有作出统一规定。

第五十四条［评标结果公示］

依法必须进行招标的项目，招标人应当自收到评标报告之日起3日内公示中标候选人，公示期不得少于3日。

投标人或者其他利害关系人对依法必须进行招标的项目的评标结果有异议的，应当在中标候选人公示期间提出。招标人应当自收到异议之日起3日内作出答复；作出答复前，应当暂停招标投标活动。

【释义】本条是关于中标候选人公示和评标结果异议的规定。

一、依法必须招标的项目应当公示中标候选人

公示中标候选人的项目范围限于依法必须进行招标的项目。公示中标候选人符合公开原则，有利于进一步加强社会监督，保证评标结果的公正和公平。本条将需要公示中标候选人的项目范围限定在依法必须进行招标的项目，其他招标项目是否公示中标候选人由招标人自主决定，体现了《条例》对招标项目实行差别化管理，以突出监管重点的立法精神。

全部中标候选人均应当进行公示。除非因异议、投诉等改变了中标候选人名单或者排名次序，全部中标候选人同时公示而不是公示排名第一的中标候选人，对于国有资金投资占控股或者主导地位的项目尤其重要，可以避免出现《条例》第55条规定的情形时重复公示，以兼顾效率。相应地，投标人和其他利害关系人对评标结果有异议的，其异议应当针对全部中标候选人，而不能仅针对排名第一的中标候选人，否则将可能丧失针对排名第二和第三的中标候选人提出异议和投诉的权利。

公示的起始时间为收到评标报告之日起3日内。公示与公告均是为了更好地发挥社会监督作用的制度，两者区别在于向社会公开相关信息的时间点不同，前者是在最终结果确定前，后者是最终结果确定后。根据《招标投标法》第45条和第46条规定，招标人确定中标人后就应当向中标人发出中标通知书，中标通知书发出后，除非出现法定的中标无效情形，即对招标人和中标人产生法律约束力。因此，在确定中标人前公示中标候选人更有利于保障社会监督效果。本条规定的是中标候选人的公示，表明该公示的时间点必定是在中标候选人确定后和中标人确定前。招标人收到评标报告时中标候选人已经确定，即应具备公示的条件。为提高效率，本条规定公示的起始时间为招标人收到评标报告后3日内。需要说明的是，招标人安排评标时间时应注意避免收到评标报告的时间恰好是长假前或者长假中，否则可能会出现指定媒介或者其他合法的公示媒介不能及时安排公示的问题。

公示期限不得少于3日。这一公示期限是折衷规定，既确保一定程度的公开，充分发挥社会监督作用，又兼顾效率，确保招标周期不会过长。本条规定的公示期限同样是一个低限规定，具体公示期限应当综合考虑公示媒介、节假日、交通通讯条件和潜在投标人的地域范围等情况合理确定，以保证公示效果。

二、对评标结果的异议应当在规定时间内提出并作出答复

对依法必须进行招标项目的评标结果的异议应当在中标候选人公示期间提出。中标候选人公示后，投标人或者其他利害关系人能够根据招标文件规定的评标标准和方法、开标情况等，作出评标结果是否符合有关规定的判断，如评标结论是否符合招标文件规定的标准和方法等。因此，投标人或者其他利害关系人对评标结果的异议应当在公示期间提出，以便招标人及时采取措施予以纠正。招标人拒绝自行纠正或者无法自行纠正的，投标人、招标人或者其他利害关系人均可根

据《条例》第 60 条规定向行政监督部门提出投诉，以维护自己的合法权益。

招标人应当自收到异议之日起 3 日内作出答复。招标人对异议作出答复前应当暂停招投标活动。《条例》第 22 条的释义中已阐述了答复期限和暂停招投标活动的相关理解，这里不再赘述。

需要说明三点：一是在中标候选人公示期间有关评标结果的异议成立的，招标人应当组织原评标委员会对有关的问题予以纠正，招标人无法组织原评标委员会予以纠正或者评标委员会无法自行予以纠正的，招标人应当报告行政监督部门，由有关行政监督部门依法作出处理，问题纠正后再公示中标候选人。二是根据《招标投标法》第 40 条，招标人可以授权评标委员会推荐合格的中标候选人，也可以授权评标委员会直接确定中标人。依法必须进行招标项目的招标人授权评标委员会直接确定中标人的，也应按本条规定进行公示。三是招标人对投标人和其他利害关系人提出的异议作出答复后，投标人和其他利害关系人在异议期内依然存在同样异议的，应当根据《条例》第 60 条规定向有关行政监督部门投诉，不应当就同样的问题反复提出同样的异议，以提高工作效率。

在征求意见过程中，有意见建议公示中标候选人时应当同时公示投标人各评分要素的得分等情况，这些做法固然有利于进一步增强公示的社会监督效果。但是，参照《招标投标法》第 44 条第 3 款有关不得透露对投标文件的评审和比较等与评标有关情况的规定，这些做法需要综合考虑既方便社会监督，又要减少纠纷以保证效率，故《条例》未作统一规定。

第五十五条 ［中标人的确定］

国有资金占控股或者主导地位的依法必须进行招标的项目，招标人应当确定排名第一的中标候选人为中标人。排名第一的中标候选人放弃中标、因不可抗力不能履行合同、不按照招标文件要求提交履约保证金，或者被查实存在影响中标结果的违法行为等情形，不符合中标条件的，招标人可以按照评标委员会提出的中标候选人名单排序依次确定其他中标候选人为中标人，也可以重新招标。

【释义】本条是关于确定中标人的规定。

《招标投标法》第40条第2款规定，招标人应该根据评标委员会提出的书面评标报告和推荐的中标候选人确定中标人，也可以授权评标委员会直接确定中标人。由于《招标投标法》没有规定招标人如何确定中标人，实践中存在着一些不规范的做法。为了规范定标行为，本条作了相应规定。

一、招标人原则上应当选择排名第一的中标候选人为中标人

要求国有资金占控股或者主导地位的依法必须进行招标项目的招标人选择排名第一的中标候选人为中标人，主要有三个方面的考虑。一是贯彻“三公”原则。《招标投标法》和《条例》规定，招标人应当在招标文件中载明评标标准和方法。评标委员会成员应当按照招标文件载明的标准和方法对投标文件进行评审，完成评标后向招标人推荐不超过3个的中标候选人名单并标明排序。选择排名第一的中标候选人为中标人，是落实《招标投标法》和《条例》上述规定的必然要求。二是落实择优选择中标人的规定。《招标投标法》第41条规定，中标人应当能够最大限度地满足招标文件中规定的各项综合评价标准，或者能够满足招标文件的实质性要求，并且经评审的投标价格最低。选择排名第一的中标候选人为中标人，也是落实该条关于择优选择中标人的必然要求。三是有利于提高公信力。要求招标人选择排名第一的中标候选人为中标人，不仅可以减少招标人的自由裁量权，避免争议，也可以保证以评标专家为主体的评标委员会评标结果的落实，提高中标结果的公信力。

要求招标人选择排名第一的中标候选人为中标人，是对国有资金占控股或者主导地位的依法必须进行投标的招标项目提出的要求，体现了分类管理原则。鉴于国有资金占控股或者主导地位的依法必须进行招标的项目招标人仍缺乏有效的自律约束和监督机制，本条规定可以防止受决策者个人主观倾向和非法不当交易的影响，避免招标投标活动因随意确定中标人而失去规范性、严肃性和公信力。

二、招标人可根据特定情况需要依次选择其他候选人为中标人或重新招标

出现本条规定的下列情形，国有资金占控股或者主导地位的依法

必须进行招标的项目的招标人，可以按照评标委员会提出的中标候选人名单排序依次确定中标人，也可以重新招标。一是排名第一的中标候选人被确定中标后放弃中标。放弃中标的表现形式既可以表现为明确表示不接受合同，拒绝签订中标合同，也可以表现为在合同签订时向招标人提出附加条件，包括借故要求修改合同标的内容、价格、质量标准、工期（交货期）等中标的实质性内容。无论表现为何种形式，放弃中标必须有明确的意思表示。二是排名第一的中标候选人因发生了不可抗力不能履行合同。不可抗力是指不能预见、不能避免并不能克服的客观情况，包括自然灾害和社会突发事件，如地震、海啸、瘟疫、水灾、骚乱、暴动、战争等。因不可抗力不能履行合同的结果应当是确定无疑的。三是排名第一的中标候选人没有按照招标文件要求提交履约保证金。包括没有提供，或者提供的履约保证金的金额、形式、担保条件等不符合招标文件的要求。四是排名第一的中标候选人被查实存在影响中标结果的违法行为。根据《招标投标法》和《条例》规定，这类违法行为包括弄虚作假、串通投标、行贿，或者招标文件载明的属于实质性要求和条件的其他违法行为。这些违法行为一般应发生在本次招标中，但招标文件另有规定的除外。这些违法行为也必须被查实，包括经评标委员会、行政监督部门或者司法机关查实。需要说明的是，本条没有穷尽导致排名第一的中标候选人不符合中标条件的所有情形。本条没有规定的其他情形，应当与这四种情形具有可比性且是客观的，招标人最好在招标文件中载明。

出现上述情形后，本条之所以规定招标人可以依次选择其他中标候选人为中标人，也可以重新招标，而没有规定招标人必须选择排名第二的中标候选人为中标人，主要是为了与《招标投标法》第 64 条规定保持一致，防范中标候选人之间串通，以及减少恶意投诉。本条虽然赋予了招标人选择权，但招标人要理性行使这一权利。在其他中标候选人符合中标条件，能够满足采购需求的情况下，招标人应尽量依次确定中标人，以节约时间和成本，提高效率。当然，在其他中标候选人与采购预期差距较大，或者依次选择中标人对招标人明显不利时，招标人可以选择重新招标。例如，排名在后的中标候选人报价偏高，或已在其他合同标段中标，履约能力受到限制，或同样存在串通投标等违法行为等，招标人可以选择重新招标。

需要说明的是，对非国有资金占控股或者主导的依法必须招标的项目，招标人从评标委员会推荐的中标候选人中选择中标人也不能是任意的，需要综合考虑《招标投标法》第41条规定的两项中标条件。

第五十六条［履约能力审查］

中标候选人的经营、财务状况发生较大变化或者存在违法行为，招标人认为可能影响其履约能力的，应当在发出中标通知书前由原评标委员会按照招标文件规定的标准和方法审查确认。

【释义】本条是关于中标候选人履约能力审查的规定。

一、本条规定的目的是为了确保中标人具备履约能力

在招投标过程中，不仅投标人的经营状况、财务状况可能会发生较大变化，投标人也可能因违法而受到停产停业整顿、吊销营业执照等处罚，或者被采取查封冻结财产和账户等强制措施。以上情况，均可能影响或影响投标人的履约能力。虽然《条例》第38条规定了投标人对其重大变化的告知义务，但在评标结束到中标通知书发出前这一段时间里，投标人履行告知义务后又发生上述情况的该如何处理，或者投标人虽未告知但招标人发现投标人存在上述情况的该如何处理，在程序设计上有必要加以考虑，避免出现合同履行不能的结果。

本条规定类似于世界银行《货物、工程和非咨询服务采购指南》规定的资格后审。《指南》第2.58条规定，如果没有对投标人进行资格预审，借款人应当判断经评审的最低投标报价的（the lowest evaluated cost）投标人是否具备有效履行合同的能力和资源，审查判断的标准应当在招标文件中载明。从这个意义上讲，本条规定可以视为《条例》第20条规定在中标候选人推荐后中标人确定前这一时间段内的具体适用。

二、适用本条规定需要满足规定条件

（一）在启动原因上，必须是中标候选人的经营状况、财务状况发生较大变化或者存在违法行为，且招标人认为可能影响其履约能力的。经营状况发生较大变化既包括因为市场行情改变、管理不善、或者经营决策失误而导致的经营困难，也包括所承担业务已超出经营能

力，或者主要技术人员离职、不再满足招标文件规定的资格条件等情形；财务状况发生较大变化，通常指资不抵债、流动资金紧张等情形；本条所指违法行为，不限于本次招标活动中发生的，只要发生违法行为的后果对本次招标的评标结果和合同的履行产生影响，也应包括在内。一般说来，中标候选人违法行为可能导致丧失中标资格以及丧失履约能力两种后果。前者如存在串通投标、弄虚作假、行贿的，其投标应当被否决，或者在中标通知书发出后宣布中标无效；后者如因违法而被责令停产停业、查封冻结财产等。中标候选人虽有违法行为，但招标人认为不影响中标结果或者履约能力的，不需要启动该程序。

（二）在时间阶段上，该程序适用于评标结束后中标通知书发出前。如果在评标过程中出现有关情形，由评标委员会在评审时一并审查即可。如果中标通知书已经发出，表明合同已经成立，按照《合同法》的相关规定执行。

（三）在审查主体上，履约能力审查的主体为原评标委员会。这样规定是为了防止招标人擅自变更评标结果，同时也有利于评审尺度的统一。

（四）在审查依据上，履约能力审查的标准和方法，应当为招标文件规定的标准和方法，不得另搞一套。

第五十七条［签订合同］

招标人和中标人应当依照招标投标法和本条例的规定签订书面合同，合同的标的、价款、质量、履行期限等主要条款应当与招标文件和中标人的投标文件的内容一致。招标人和中标人不得再行订立背离合同实质性内容的其他协议。

招标人最迟应当在书面合同签订后5日内向中标人和未中标的投标人退还投标保证金及银行同期存款利息。

【释义】本条是关于签订合同和退还投标保证金的规定。

一、招标人和中标人应当依法签订书面合同

中标通知书发出后，招标人与中标人不签订合同，或者不按照规定签订合同，都将使招标失去意义。为此，本条赋予招标人和中标人依法签订书面合同的义务。不履行该义务的，按照《条例》第73条、

第74条和第75条规定承担法律责任。除本条外，《招标投标法》第46条和《条例》第58条也对合同签订提出了要求。这些要求有：在时间上，招标人和中标人应当自中标通知书发出之日起30日内签订合同。在内容上，应当按照招标文件和中标人的投标文件订立合同。在形式上，招标人与中标人应当签订书面合同。在担保上，招标文件要求中标人提交履约保证金的，中标人应当提交，履约保证金不得超过中标合同金额的10%。

（一）签订书面合同的依据。《合同法》第10条规定："当事人订立合同，有书面形式、口头形式和其他形式。法律、行政法规规定采用书面形式的，应当采用书面形式"。《合同法》第11条规定："书面形式是指合同书、信件和数据电文（包括电报、电传、传真、电子数据交换和电子邮件）等可以有形地表现所载内容的形式"。《招标投标法》第46条第1款规定："招标人和中标人应当在中标通知书发出之日起30日内，按照招标文件和中标人的投标文件订立书面合同"。

（二）合同成立与生效。根据《招标投标法》第45条规定，中标人确定后，招标人应当向中标人发出中标通知书。中标通知书对招标人和中标人具有法律效力。从合同订立的角度讲，中标通知书是招标人对中标人作出的承诺。《合同法》第25条规定，承诺生效时合同成立。第44条规定，依法成立的合同，自成立时生效。法律、行政法规规定应当办理批准、登记等手续生效的，依照其规定。本条之所以规定中标通知书发出后招标人与中标人还要签订书面合同，是因为招投标程序和合同履行过程比较长，合同内容比较复杂，往来文件比较多，且招投标过程中不允许招标人与投标人就实质性内容谈判，招标人和中标人需要通过签订书面合同确认合同内容，补充完善有关合同履行的细节，按照招标文件和中标人的投标文件订立书面合同，作为合同生效的特别要件。

（三）合同订立的时间。招标人和中标人不仅要在中标通知书发出之日起30日内，而且还应在投标有效期内订立书面合同。这是为了保证招投标活动的效率，防止招标人或投标人无故拖延订立合同，损害对方的合法权益。如果在投标有效期内无法完成合同签订，招标人可以要求投标人适当延长投标有效期。投标人同意延长投标有效期的，投标保证金的有效期也应该相应延长，但不得要求修改投标文件的实质内容。如果投标人拒绝延长投标有效期，投标文件对招标人和投标人不再具有约束力，招标人应当退还投标保证金。

二、招标人和中标人不得再行订立背离合同实质性内容的其他协议

这一规定包括两层含义。一是招标人和中标人订立的合同的主要条款，包括合同标的、价款、质量、履行期限等实质内容，应当与招标文件和中标人的投标文件一致。二是招标人和中标人按照招标文件和中标人的投标文件签订合同后，不得再行订立背离合同实质性内容的其他协议。以上规定的目的，是为了保证招投标结果能够落到实处，防止招标人或投标人迫使对方在合同价格等实质性条款上作出让步，或者招标人与中标人串通影响公平竞争，损害国家利益和社会公共利益。

三、招标人应在规定时间内退还投标保证金

合同签订后，招标任务即告完成，投标担保失去意义，招标人应当退还投标保证金。

（一）投标保证金退还的时间。本条规定招标人最迟应当在合同签订后5日内向中标人和未中标的投标人退还投标保证金，包括解除担保函。实际操作中可以根据情况适当提前退还，以保护投标人的正当利益，提高资金效率，避免招标人无故扣押投标保证金。

（二）一并退还投标保证金利息。通常情况下，招标文件可以约定退还投标保证金的利息按照银行同期活期存款利率计算。对于投标保证金额大、担保时间长的招标项目，招标文件应该约定投标保证金的银行同期存款利息标准及其计算和退还办法。招标人逾期退还投标保证金的，还应该另行赔偿投标人损失。当投标人使用银行担保函或其他第三方信用担保等不发生银行存款利息的保证金时，不存在利息退还问题。

（三）投标保证金不退还的情形。招标文件可以规定以下情形不退还投标保证金：一是中标人拒绝按招标文件、投标文件及中标通知书要求与招标人签订合同。二是中标人或投标人要求修改、补充和撤销投标文件的实质性内容或要求更改招标文件和中标通知书的实质性内容。三是中标人拒绝按招标文件规定时间、金额、形式提交履约保

证金。四是法律法规和招标文件规定的其他情形。发生以上情形给招标人造成的损失超过投标保证金额的，招标人可要求赔偿超过部分的损失。当然，投标人按照招标文件规定没有提交投标保证金的，也就不存在投标保证金的退还问题。

第五十八条［履约保证金］

招标文件要求中标人提交履约保证金的，中标人应当按照招标文件的要求提交。履约保证金不得超过中标合同金额的10%。

【释义】本条是关于履约保证金的规定。

一、履约保证金的概念、作用与形式

《招标投标法》第46条第2款规定："招标文件要求中标人提交履约保证金的，中标人应当提交"。履约保证金属于中标人向招标人提供的用以保障其履行合同义务的担保。中标人不履行合同义务的，招标人将按照合同约定扣除其全部或部分履约保证金，或由担保人承担担保责任。如果中标人违约给招标人造成的损失超过履约保证金的，还应该依法赔偿超过部分的损失。

履约保证金的设立使得招投标与合同履行紧密结合，相互支撑。既可以保证中标合同的履行，又有助于择优选择中标人，对于预防和遏制招投标活动中弄虚作假行为和低于成本报价的恶性竞争，防范合同履行风险具有积极作用。

履约保证金的形式通常为中标人出具的银行汇票、支票、现钞等，以及由银行或第三方担保机构出具的履约担保函。招标人应当给中标人留有选择履约保证金形式的余地，不能借此排斥投标人。

二、中标人应当按照招标文件的要求提交履约保证金

招标文件可以根据合同履行的需要，要求中标人在签订合同前提交或不提交履约保证金。招标文件要求提交的，应载明履约保证金的形式、金额以及提交时间。履约保证金金额最高不得超过中标合同金额的10%，以减轻中标人的负担，防止垫资或者借此排斥投标人等。除工程质量保证金外，招标人不得违规设置其他各种名目的保证金。其中，工程质量保证金是合同履行过程中招标人按照合同约定从工程

款中扣留并为工程竣工后（即约定的履约保证金担保期结束后）缺陷责任期内的质量缺陷修复提供保证。

履约保证金通常作为合同订立的条件，要在合同签订前提交。履约保证金的有效期自合同生效之日起至合同约定的中标人主要义务履行完毕止。中标人合同主要义务履行完毕，招标人应按合同约定及时退还履约保证金，履约担保函自行失效。履约保证金使用现金等形式的，可以根据需要约定利息计取办法，招标人不得将履约保证金挪作他用。

三、招标人可以根据需要提供合同支付担保

为保证招标人及时支付合同价款，当事人可以约定招标人向中标人提供支付担保。由于不同性质的资金管理要求不尽一致，以及《合同法》第286条规定工程发包人未按照约定支付价款或逾期不支付的，承包人可以与发包人协议将该工程折价，也可以申请人民法院将该工程依法拍卖，并就该工程折价或者拍卖的价款优先受偿，《条例》对招标人是否需要同时提供支付担保未作统一规定。

第五十九条［禁止转包和违法分包］

中标人应当按照合同约定履行义务，完成中标项目。中标人不得向他人转让中标项目，也不得将中标项目肢解后分别向他人转让。

中标人按照合同约定或者经招标人同意，可以将中标项目的部分非主体、非关键性工作分包给他人完成。接受分包的人应当具备相应的资格条件，并不得再次分包。

中标人应当就分包项目向招标人负责，接受分包的人就分包项目承担连带责任。

【释义】本条是关于禁止转包和违法分包的规定。

招标项目层层转包、违法分包，是造成最后实际用于招标项目的费用大为减少，导致偷工减料，留下严重质量隐患甚至造成重大质量事故的主要原因之一。对此，《条例》重申了《招标投标法》关于中标人应当依法履行合同，禁止中标人转包和违法分包的规定。

一、招标人应当全面履行合同约定的义务

招投标作为规范选择交易主体、订立合同的法定程序，通过招投

标订立的合同，对招标人和中标人双方均具有法律约束力。《合同法》第60条规定："当事人应当按照约定全面履行自己的义务"，中标人理应按照合同约定的有关招标项目的标的、质量、数量、履行期限等，全面履行其义务，完成中标项目，不得瑕疵履行，擅自变更合同，也不得随意毁约。

二、禁止中标人转让合同

《条例》所称转让，是指中标单位将与发包人签订合同所约定的权利、义务和风险转由其他人来承担，中标人退出原合同关系。禁止中标人转让合同，主要是基于以下三点考虑。一是对于通过招标订立的合同，招标人在确定中标人时，除投标报价外，中标人的履约能力也是其评价的主要因素。根据《合同法》第79条第1项规定，这种基于自身能力而订立的合同是不得转让的。二是《建筑法》第28条规定："禁止承包单位将其承包的全部建筑工程转包给他人，禁止承包单位将其承包的全部工程肢解以后以分包的名义分别转包给他人。"《合同法》第272条规定："承包人不得将其承包的全部建设工程转包给第三人或者将其承包的全部建设工程肢解以后以分包的名义分别转包给第三人。"两法都对工程项目的转让作出了禁止性规定，根据《合同法》第79条第3项规定，工程建设合同依照法律规定也不得转让。三是如果允许中标人转让合同，招投标制度就失去了意义，有可能严重影响工程质量，甚至造成重大质量事故。

三、允许中标人依法分包

原则上讲，合同约定的中标人义务，都应当由中标人自行完成。但是，对一些招标项目而言，如结构复杂的工程，实行总承包与分包相结合的方式，允许承包人在一定的条件下，将总承包工程项目中的部分劳务工程或者自己不擅长的专业工程分包给其他承包人，不仅有利于发挥各自优势，对于提高工作效率，降低工程造价，保证工程质量以及缩短工期等也是必要的。因此，《建筑法》第29条、《合同法》第272条、《招标投标法》第48条，都允许中标人按照合同约定或者经招标人同意，将中标项目的部分非主体、非关键性工作分包给他人完成。但是为了确保质量，《条例》对分包行为作了四点限制性规定：

一是分包的内容只能是非主体、非关键性的工作，主体和关键性工作不得分包。二是接受分包的单位应当具有相应资格条件和履约能力。三是分包应按照合同约定或者取得招标人同意后进行。四是接受分包的人不得再次分包，即分包只能进行一次。

四、中标人与接受分包的人就分包项目承担连带责任

在总包与分包相结合的承包模式中，存在两个不同的合同关系：一个是招标人和中标人签订的总承包合同，一个是中标人和分包人之间签订的分包合同。对总承包人（中标人）而言，尽管分包工作是根据合同约定或者经招标人同意进行分包的，但由于分包工作已经纳入了总承包范围，总承包人应根据总承包合同就分包工作向招标人负责。对分包人而言，他只与总承包人签订分包合同，与招标人之间并不存在合同关系。根据合同的相对性，分包人只对总承包人负责，并不直接向招标人承担责任。换句话说，因分包工作出现的问题，招标人只能向总承包人追究责任，而不能直接向分包人追偿。但是，为了维护招标人的权益，《条例》规定，中标人与分包人应当就分包工作向招标人承担连带责任。换句话说，分包人不履行分包合同时，招标人既可以要求总承包人承担责任，也可以直接要求分包人承担责任。

第五章 投诉与处理

第六十条［投诉时间］

投标人或者其他利害关系人认为招标投标活动不符合法律、行政法规规定的，可以自知道或者应当知道之日起10日内向有关行政监督部门投诉。投诉应当有明确的请求和必要的证明材料。

就本条例第二十二条、第四十四条、第五十四条规定事项投诉的，应当先向招标人提出异议，异议答复期间不计算在前款规定的期限内。

【释义】本条是关于投诉的规定。

一、投诉的主体是投标人和其他利害关系人

本条所规定的投诉主体与《条例》第22条所规定的异议主体的区别在于，投诉主体应当包括招标人。招标人是招投标活动的主要当事人，是招标项目和招标活动毫无疑义的利害关系人，但是招标人不得滥用投诉。招标人能够投诉的应当限于那些不能自行处理，必须通过行政救济途径才能解决的问题。典型的是投标人串通投标、弄虚作假，资格审查委员会未严格按照资格预审文件规定的标准和方法评审，评标委员会未严格按照招标文件规定的标准和方法评标、投标人或者其他利害关系人的异议成立但招标人无法自行采取措施予以纠正等情形。例如投标人或者其他利害关系人有关某中标候选人存在业绩弄虚作假的异议，经招标人核实后情况属实，而评标委员会又无法根据投标文件的内容给予认定，评标时又缺少进行查证的必要手段，如果由招标人自行决定或者自行否决又容易被滥用，必须向行政监督部门提出投诉，由行政监督部门依法作出认定。

二、投诉应当有明确的请求和必要的证明材料

投诉不能仅因为投诉人认为招投标活动不符合有关规定，还必须有明确的要求并附必要的证明材料。在这一方面，投诉有别于《条例》第22条规定的异议。主要考虑在于：一是投诉属于行政救济手

段，行政监督部门作出投诉处理决定必须经由法定的调查处理程序，明确的请求和相关证据有利于保证行政效率。二是《条例》第 62 条规定，行政监督部门在调查处理投诉的过程中有权责令暂停招投标活动，因此投诉不能空穴来风，更不能捏造事实恶意投诉，必须基于投诉人有相应材料证明的事实。正因为如此，《条例》第 61 条第 3 款规定，捏造事实、伪造证据的投诉应当予以驳回。需要说明的是，本条所谓的招投标活动不符合法律、行政法规，也包括不符合规章、地方性法规等下位法的规定，条文中之所以只提及法律、行政法规只是出于立法技术方面的考虑。

三、投诉应当在投诉人知道或者应当知道之日起10日内提出

10 天内提出投诉是基于效率考虑和维护法律关系的稳定性。本条规定所称的“应当知道”应当区别不同的环节，一般认为：资格预审公告或者招标公告发布后，投诉人应当知道资格预审公告或者招标公告是否存在排斥潜在投标人等违法违规情形；投诉人获取资格预审文件、招标文件一定时间后应当知道其中是否存在违反现行法律法规规定的内容；开标后投诉人即应当知道投标人的数量、名称、投标文件提交、标底等情况，特别是是否存在《条例》第 34 条规定的情形；中标候选人公示后应当知道评标结果是否存在违反法律法规和招标文件规定的情形；招标人委派代表参加资格审查或者评标的，资格预审评审或者评标结束后，即应知道资格审查委员会或者评标委员会是否存在未按照规定的标准和方法评审或者评标的情况；招标人未委派代表参加资格审查或者评标的，招标人收到资格预审评审报告或者评标报告后，即应知道资格审查委员会或者评标委员会是否存在未按照规定的标准和方法评审或者评标的情况，等等。

四、受理投诉的机关为有管辖权的行政监督部门

《国务院办公厅关于印发国务院有关部门实施招标投标活动行政监督的职责分工的意见的通知》（国办发［2004］34 号）对国务院各部门有明确的职责分工，地方政府也有类似职责分工，投诉人应当据此确定有管辖权的行政监督部门并向其提出投诉。

五、本条为特定事项的投诉规定了异议前置条件

（一）有关《条例》第 22 条、第 44 条和第 54 条规定事项的投诉，应当以向招标人提出异议为前提。第 22 条、第 44 条和第 54 条规定的事项包括资格预审文件、招标文件、开标和评标结果。对资格预审文件有异议的，应当在资格预审申请截止时间 2 日前提出；对招标文件有异议的，应当在投标截止时间 10 日前提出；对开标的异议应当在开标会上当场提出；对依法必须进行招标项目的评标结果有异议的，应当在中标候选人公示期间提出。其主要考虑：一是鼓励投标人和其他利害关系人通过异议方式解决招投标争议，异议一般通过招标人的解释说明即可以快捷地得到化解，而投诉处理则必须经过调查，履行法定程序。二是减轻行政负担，以便有效利用有限的行政资源处理异议程序无法解决的投诉。

（二）本条第 1 款规定的投诉时效不包括异议处理时间。本条第 1 款规定，投标人或者其他利害关系人应当自知道或者应当知道之日起 10 日内可以向有关行政监督部门投诉，如果将异议处理时间计算在投诉时效内，则难以避免招标人故意拖延对异议的回复而导致异议人丧失投诉权的情况发生。该规定与《条例》第 22 条和第 54 条规定的异议回复时间一起，有利于保证异议的及时回复和投诉人的投诉权。

第六十一条［投诉处理］

投诉人就同一事项向两个以上有权受理的行政监督部门投诉的，由最先收到投诉的行政监督部门负责处理。

行政监督部门应当自收到投诉之日起 3 个工作日内决定是否受理投诉，受理投诉之日起 30 个工作日内作出书面处理决定；需要检验、检测、鉴定、专家评审的，所需时间不计算在内。

投诉人捏造事实、伪造材料或者以非法手段取得证明材料进行投诉的，行政监督部门应当予以驳回。

【释义】本条是关于投诉处理的规定。

一、按照收到投诉的先后确定投诉处理部门

我国目前的行政体系决定了对招投标的投诉存在两个以上有权受

理的行政监督部门。例如，在横向层级上，根据《国务院办公厅关于印发国务院有关部门实施招标投标活动行政监督的职责分工的意见的通知》（国办发［2004］34 号），国家重大建设项目的招投标活动既接受行业管理部门的监督，同时接受国家发展和改革委员会的监督。因此，对国家重大建设项目，存在同一事项有两个以上有权受理投诉的行政监督部门。各省级人民政府确定的地方重大建设项目也存在类似的情况。在纵向层级上，投诉人就同一事项同时向不同层级的行政监督部门投诉的现象也比较普遍，而不同层级的行政监督部门均有权受理有关投诉。为防止行政监督部门推诿扯皮，按照高效便民原则，本条第 1 款规定投诉由最先收到投诉的行政监督部门负责处理，而非最先受理的部门负责处理。收到是行政监督部门接收投诉人提交的投诉书及相关材料的行为。受理是行政监督部门对投诉人的投诉进行审查后，对符合法定受理条件的投诉决定立案调查处理，并启动投诉调查处理程序的行为。收到投诉和受理投诉是两种不同性质却又密切联系的行为，前者是受理的前提，后者是收到投诉后的处理结果。投诉由最先收到投诉的行政监督部门负责处理意味着，最先收到投诉的行政监督部门不得以尚未作出受理决定拒绝处理。该规定有利于有效防止行政监督部门之间相互推诿，提高投诉处理效率；能够避免投诉人多头投诉后出现多头调查处理，既影响招标项目的实施进度，又浪费行政资源；有利于行政监督部门之间形成良性制约，保护当事人的合法权益。需要说明的是，投诉人在向有关行政监督部门递交投诉书时，应当保存好相关签收记录，以便确认最先收到投诉的行政监督部门，确保投诉得到及时处理。

二、行政监督部门应当在规定的时间内受理投诉并作出处理决定

投诉的受理必须具备一定的形式和内容要件，行政监督部门收到投诉后应当审查投诉是否符合受理条件，并根据审查情况在 3 个工作日内作出受理或者不受理的决定。行政监督部门从收到投诉到决定是否受理有一个审查并作出决定的时限，但对符合投诉受理条件并决定受理的，收到投诉书之日即为受理之日。

本条规定了投诉处理的时限，即行政监督部门应当自受理投诉之日起 30 个工作日内作出书面处理决定。该规定参照了《政府采购法》

第56条规定，突出体现了招投标行政监督工作的效率原则，以保证招标项目的实施进度。由于投诉案件调查处理过程中可能需要进行必要的检验、检测、鉴定、专家评审，而该类工作需要委托有专业资格或者技能的单位完成，其所需时间不是行政监督部门能够控制的。这一点，类似于民事诉讼活动中的司法鉴定。参照《最高人民法院关于执行 < 中华人民共和国刑事诉讼法 > 若干问题的解释》有关司法鉴定时间不计入审理时限的规定，投诉处理过程中的检验、检测、鉴定和专家评审时间不计算在投诉处理期限内。需要说明的是，本条没有规定经本部门首长批准可以延长投诉处理时间，主要考虑：一是招投标活动必须在保证公开、公正和公平原则的前提下兼顾效率。招投标的目的之一就是充分利用竞争机制提高资金使用效率，投诉处理时间过长，必然会影响招标项目的实施进度。二是投诉处理时间过长，容易造成调查取证的困难，还有可能为不法当事人毁灭证据和串供提供可乘之机。三是行政监督部门必须提高行政办事效率，才能适应我国经济社会发展的要求。

三、投诉处理决定应当采用书面形式

该规定参考了《政府采购法》第56条规定。投诉处理决定涉及招投标活动当事人的合法权益，属于有法律约束力的文书，并且投诉是《招标投标法》赋予招投标活动当事人的行政救济手段，投诉人和被投诉人对投诉处理决定不服的，可以根据《行政复议法》寻求进一步的行政救济或者根据《行政诉讼法》寻求司法救济，采用书面形式有利于当事人举证，以维护自己的合法权益。关于提出异议和投诉的形式，《条例》第22条和第60条未做统一规定，但参照《政府采购法》第52条规定，并考虑到《条例》第60条有关异议是投诉前置条件的规定，异议的提出应尽可能采用书面形式，以便在行政部门决定是否受理投诉时能够有效证明投诉人已经依照《条例》的规定提出过异议，而投诉的提出则应当采用书面形式，以有效防止恶意投诉、行政监督部门不作为或者乱作为。

四、规定了行政监督部门应当驳回投诉的两种情形

（一）投诉人捏造事实、伪造证明材料的应当驳回。投诉人捏造

事实、伪造证明材料提出投诉是实践中恶意投诉的主要表现之一。尽管投诉是投诉人在自身合法权益受到侵害时寻求行政救济的手段，但由于涉及其他当事人的合法权益，投诉人行使权利时不能损害他人利益。投诉人捏造事实、伪造证明材料提出投诉，不仅可能损害他人权益，而且会阻碍招投标活动的正常进行，影响了行政监督资源的合理使用，增加行政监督成本。

（二）投诉人以非法手段取得证明材料的应当驳回。该规定参照了《最高人民法院关于民事诉讼证据的若干规定》（法释〔2001〕第33号）第68条。该条规定，侵害他人合法权益或者违反法律禁止性规定的方法取得的证据不能作为认定案件事实的依据。实践中投标人利用非法手段，通过招标人、招标代理机构或者评标委员会成员获取应当保密的信息和资料进行投诉，是各地投诉案件数量居高不下的根源之一。这些信息和资料既有《招标投标法》第22条规定不得透露的投标人信息，第44条规定不得透露的投标文件评审和比较情况、中标候选人推荐情况和评标有关的其他情况，也有投标人的商业秘密。获取这些信息和资料要么违反了《招标投标法》等法律的禁止性规定，要么侵害了他人的合法权益，据此提出的投诉应当予以驳回。

需要说明两点：一是上述两种情形在行政监督部门收到投诉后，有一些比较明显的可以直接作出判断，不予受理；有一些是否符合受理条件并不明确，需要经过一定的调查核实。对此，只要投诉符合法律法规规定的形式要件和内容要件，行政监督部门即应当予以受理。受理后经查证投诉事项不实或者证明材料不符合《条例》规定的，再予以驳回。二是投诉人利用非法手段获取应当保密的信息和资料，包括招标人、招标代理机构或者评标委员会成员故意和非故意的透露。非故意的透露表现在招标人、招标代理机构或者评标委员会对应当保密的有关资料保存不善，而投诉人明知有关信息属于依法应当保密的信息，依然进行了必要的浏览、抄录或者复制。

第六十二条［行政监督措施］

行政监督部门处理投诉，有权查阅、复制有关文件、资料，调查有关情况，相关单位和人员应当予以配合。必要时，行政监督部门可以责令暂停招标投标活动。

行政监督部门的工作人员对监督检查过程中知悉的国家秘密、商业秘密，应当依法予以保密。

【释义】本条是关于行政监督措施的规定。

一、行政监督部门处理投诉可以采取必要的措施

（一）行政监督部门有权查阅、复制有关文件、资料，相关单位和人员应当予以配合。为了全面、客观、公正地处理投诉，参照《行政处罚法》的相关规定，行政监督部门在投诉调查处理过程中必须查阅和复制有关文件、资料以收集相关证据。在行政监督部门查阅、复制有关文件、资料时，相关单位和人员应当给予配合，不得以任何借口设置障碍，进行阻挠。

（二）行政监督部门调查有关情况，相关单位和人员应当予以配合。调查是通过一定的手段和方式了解投诉事项的客观情况。参照《行政处罚法》的相关规定，行政监督部门处理投诉必须全面、公正、客观地调查，在查明事实的基础上依法作出处理决定。相关单位和人员应当给予配合，不得掩盖事实真相。

（三）行政监督部门可以视情况责令暂停招投标活动。招投标活动具有很强的时效性、程序性和不可逆转性。为了保护投诉人及与投诉有关的当事人的合法权益，防止违法违规行为的影响进一步扩大，或者造成无法挽回的后果，有必要赋予行政监督部门责令暂停招投标活动的权力。需要指出的是，暂停招投标活动将影响招标项目的开展，需要甄别具体情况，在确有必要时才责令暂停。参照联合国贸易法委员会《货物、工程和服务采购示范法》第 56 条规定，暂停招投标活动应当基于投诉所反映的问题是真实可信的，如不暂停投诉人将遭受不可弥补的损害，且暂停不会给招标人和其他投标人造成不成比例的损害。

需要说明两点：一是本条规定的责令暂停与《条例》第 22 条和第 54 条规定招标人对异议作出答复前的暂停是有区别的。前者是由行政监督作出的强制行为，招标人必须接受，后者是招标人法定义务，属于招标人应当依照《条例》规定主动作出的行为。如果招标人应当主动暂停而不暂停，为避免损失扩大，异议人应当及时向行政监督部门投诉，行政监督部门应当在受理投诉后责令招标人立即暂停相关招

投标活动。二是招投标活动的暂停影响到投标有效期或者签订合同的期限的，招标人应当顺延投标有效期或者签订合同的期限，因暂停导致投标有效期过期的，由招标人承担相应的法律后果。

二、行政监督人员负有保密义务

行政监督部门的工作人员应当对监督检查过程中知悉的国家秘密和商业秘密承担保密义务。所谓国家秘密是指关系国家的安全和利益，依照法定程序确定，在一定时间内只限一定范围的人员知悉的事项。根据《保守国家秘密法》规定，保守国家秘密是中国公民的基本义务之一。所谓商业秘密是指不为公众所知悉，能为权利人带来经济利益，具有实用性并经权利人采取保密措施的技术信息和经营信息。《反不正当竞争法》、《知识产权保护法》、《专利法》和《侵权责任法》均对商业秘密的保护作出了规定，国家工商行政管理局《关于禁止侵犯商业秘密行为的若干规定》规定，国家机关及公务人员在履行公务时，不得披露或者允许他人使用权利人的商业秘密。在投诉调查处理过程中，为了查明事实，可能接触国家秘密以及招标人和投标人的商业秘密，为了维护国家安全，保护行政相对人的合法权益，本条明确了行政监督人员的保密义务，以消除行政相对人的顾虑，积极配合行政监督部门做好投诉调查和处理工作。

第六章　法律责任

第六十三条［违法发布公告的责任］

招标人有下列限制或者排斥潜在投标人行为之一的，由有关行政监督部门依照招标投标法第五十一条的规定处罚：

（一）依法应当公开招标的项目不按照规定在指定媒介发布资格预审公告或者招标公告；

（二）在不同媒介发布的同一招标项目的资格预审公告或者招标公告的内容不一致，影响潜在投标人申请资格预审或者投标。

依法必须进行招标的项目的招标人不按照规定发布资格预审公告或者招标公告，构成规避招标的，依照招标投标法第四十九条规定处罚。

【释义】本条是关于违法发布公告法律责任的规定。

《招标投标法》建立招标公告集中发布制度的主要目的，是为了方便潜在投标人及时便捷获取招标信息，有效引导投标人积极参与竞争，提高采购质量。公告发布范围的广泛性、所传递信息的真实性和准确性、有关获取资格预审文件或者招标文件规定的合理性，直接影响到招标制度的执行效果。由于《招标投标法》没有规定违法发布招标公告的法律责任，实践中出现了通过不规范发布招标公告，以排斥或者限制潜在投标人，甚至规避招标等情况。为此，《条例》补充规定了违法发布公告的具体情形及相应的法律责任。

一、本条规定的违法行为

（一）依法应当公开招标的项目不按照规定在指定媒介发布资格预审公告或者招标公告。实践中的情形主要有：一是应发布资格预审公告或者招标公告而没有发布；二是发布了资格预审公告或者招标公告，但没有在指定媒介发布；三是在指定媒介发布了资格预审公告或者招标公告，但公告的内容不符合《招标投标法》第16条第2款规定；四是公告内容符合《招标投标法》第16条第2款规定，但有关获取资格预审文件或者招标文件的规定不合理或者不合法，如获取资格预审文件或者招标文件的时间不满足法律规定。招标人的上述违法行为造成潜在投标人不能获取有关招标信息，或者获取了信息也缺乏必要的内容，或者内容明显不合理，从而造成潜在投标人无法投标或者不能充分准备投标，实质上限制甚至剥夺了潜在投标人的投标资格。

（二）在不同媒介发布的同一招标项目的资格预审公告或者招标公告的内容不一致，影响潜在投标人申请资格预审或者投标。对同一招标项目的资格预审公告或者招标公告，招标人或其委托的招标代理机构为吸引更多的潜在投标人投标，可以在两个以上媒介发布，其中至少有一个媒介应当是国家指定的。在此情况下，不同媒介发布的公告内容应当相同，以保证潜在投标人获取相同的信息。实践中，影响潜在投标人是否申请资格预审或者参加投标的公告内容主要有：资金来源、招标内容、计划工期、投标人的资格要求、投标截止时间等。公告的内容不一致造成不同的潜在投标人获取不同的信息，影响潜在投标人申请资格预审或者投标的，实质上构成了偏袒或者排斥潜在投标人，影响公平竞争。

二、本条规定的法律责任

（一）构成限制排斥潜在投标人的法律责任。本条第 1 款比照《招标投标法》第 51 条配置了法律责任。本条规定的法律责任属于行政法律责任。行政法律责任分为行政处分和行政处罚。行政处罚是指有行政处罚权的国家行政机关或者法律、法规授权的组织，对违反行政法律规范，但尚不构成犯罪的公民、法人及其他组织实施的一种制裁形式。根据《行政处罚法》第 8 条规定，行政处罚的种类主要有：警告、罚款、没收非法所得、责令停产停业、暂扣或者吊销许可证、暂扣或者吊销营业执照、行政拘留、法律法规规定的其他行政处罚。对招标人或招标代理机构违法发布公告的上述行为，依照《招标投标法》第 51 条规定处罚。本条规定的行政法律责任有：

一是责令改正。有关行政监督部门对招标人或招标代理机构违反《招标投标法》和《条例》的行为，要求其在一定期限内予以纠正，使潜在投标人有机会申请资格预审或者参加投标，能够与其他投标人进行平等竞争。严格地说，责令改正不是一种制裁，而是对违法行为及违法后果的纠正，以强制行为人履行法定义务。因此，责令改正适用于能够改正的情况。在实际操作过程中，通过受理投诉、举报或者日常监督检查发现问题的，有关行政监督部门应当采取责令改正，包括立即停止违法行为，限期改正，主动协助有关行政监督部门调查处理等。

二是罚款。罚款是行政处罚中的一种经济处罚，是对违法行为人的一种经济制裁措施。对于有本条规定违法行为的单位或个人，根据《招标投标法》第51条规定，行政监督机关可以对其处以1万元以上5万元以下的罚款。这里的“可以罚款”是指行政监督机关对招标人可以罚款，也可以不罚款，是否处以罚款由行政监督机关根据招标人违法情节的轻重、影响大小等因素决定，但处罚结果应当与违法行为相适应。

（二）构成规避招标的法律责任。依法必须进行招标的项目的招标人未按照规定发布资格预审公告或者招标公告，实际上造成潜在投标人不能获取有关资格预审信息或招标信息，导致潜在投标人无法参加资格预审或投标，构成《招标投标法》第4条规定的规避招标的，按照《招标投标法》第49条规定处罚。该条规定的法律责任有：

一是责令改正（有关内容详见第63条第1款释义）。

二是罚款。是否处以罚款由行政执法机关决定。如予以罚款，其罚款幅度为该项目的合同金额的5‰以上10‰以下（有关内容详见本条第1款释义）。

三是招标项目全部或者部分使用国有资金的，行政执法机关可以暂停项目执行或者暂停资金拨付。

四是给予处分。这里的处分是指行政处分，是指国家工作人员以及由国家机关委派到企业、事业单位任职的人员的违法行为尚不构成犯罪，依据法律、行政法规而给予的一种制裁。处罚的对象是违法单位的直接负责的主管人员和其他直接责任人员，即在单位中负有直接领导责任的人员，包括违法行为的决策人、事后对单位违法行为予以认可和支持的领导人员、由于疏忽管理或者放任而对单位违法行为负有不可推卸责任的领导人员，以及直接实施单位违法行为的人员。根据《行政监察法》第24条第1款第1项规定，行政处分有警告、记过、记大过、降级、撤职、开除六种形式。《条例》对招标人的有关人员给予什么处分，并未明确，需要视违法情节等因素决定。情节较轻、未造成后果的，可以从轻给予处分，如警告；情节比较严重，特别是有主观故意的，可以给予撤职或者开除等处分。

需要注意的是，依法应当公开招标的项目在指定媒介发布资格预审公告或者招标公告的内容符合《招标投标法》第16条第2款规定，但有关获取资格预审文件或者招标文件的时间不符合《条例》第16条第2款规定，应依据《条例》第64条第1款进行处罚。

第六十四条［招标违法的责任］

招标人有下列情形之一的，由有关行政监督部门责令改正，可以处10万元以下的罚款：

（一）依法应当公开招标而采用邀请招标；

（二）招标文件、资格预审文件的发售、澄清、修改的时限，或者确定的提交资格预审申请文件、投标文件的时限不符合招标投标法和本条例规定；

（三）接受未通过资格预审的单位或者个人参加投标；

（四）接受应当拒收的投标文件。

招标人有前款第一项、第三项、第四项所列行为之一的，对单位直接负责的主管人员和其他直接责任人员依法给予处分。

【释义】本条是关于违法招标法律责任的规定。

资格预审或者招标是招投标的第一个环节，其程序规范与否，直接关系到潜在投标人能否公平参与竞争，也直接关系到以后各环节能否顺利进行，对于整个招投标活动有着非常重要的意义。《条例》针对实践中存在的问题，比照《招标投标法》第52条规定的违法行为类型和法律责任，补充规定了法律责任。其中，第1项、第2项、第4项是对违反《招标投标法》第11条、第24条、第28条等规定的法律责任的补充，第3项是对违反《条例》第36条规定的法律责任的补充。

一、本条规定的违法行为

（一）依法应当公开招标而采用邀请招标。依法必须进行招标的项目中应当公开招标的有：一是国家重点建设项目，二是省（自治区、直辖市）重点项目，三是国有资金占控股或者主导地位的项目，四是法律行政法规规定应当公开招标的其他项目。依法应当公开招标而采用邀请招标的，实际上剥夺了其他潜在投标人参加投标的机会，降低了招投标的公开性和竞争性。

（二）有关时限不符合法定要求。根据《招标投标法》和《条例》规定，不符合法定时限要求的行为主要有：一是资格预审文件或者招标文件的发售期限少于5日（《条例》第16条）。二是发出可能影响资格预审申请文件或者投标文件编制的澄清或者修改，距提交资格预审申请文件截止不足3日，或者距投标截止时间不足15日（《招标投标法》第23条和《条例》第21条）。三是编制依法必须进行招标的项目的资格预审申请文件少于5日（《条例》第17条）。四是编制依法必须进行招标的项目的投标文件的时间少于20日（《招标投标法》第24条）。上述行为可能会造成潜在投标人买不到资格预审文件或者招标文件，也可能影响招投标的竞争性。

（三）接受未通过资格预审的人参加投标。未通过资格预审的申请人不具备投标资格，如果招标人接受其参加投标，资格预审制度将形同虚设，失去了资格审查的意义，对通过资格预审的申请人也不公平。

（四）接受应当拒收的投标文件。根据《条例》第36条规定，应当拒收的投标文件有未通过资格预审的申请人提交的投标文件，以及逾期送达或者不按照招标文件要求密封的投标文件。其中，接受未通过资格预审的申请人提交的投标文件是本条第1款第3项规定的表现形式之一。接受应当拒收的投标文件不仅违反了《条例》第36条规定，也会造成对其他投标人的不公平竞争。

二、本条规定的法律责任

（一）责令改正（有关内容详见第63条第1款释义）。

（二）罚款。行政监督机关根据招标人违法情节的轻重、影响大小、所涉及项目的大小等因素，可以处10万元以下的罚款（有关内容详见第63条第1款释义）。

（三）给予处分。有本条第1、3、4项行为的，对单位直接负责的主管人员和其他直接责任人员依法给予处分（有关内容详见第63

条第 2 款释义）。

第六十五条［利益冲突违法责任］

招标代理机构在所代理的招标项目中投标、代理投标或者向该项目投标人提供咨询的，接受委托编制标底的中介机构参加受托编制标底项目的投标或者为该项目的投标人编制投标文件、提供咨询的，依照招标投标法第五十条的规定追究法律责任。

【释义】本条是关于中介机构违反防止利益冲突规定的法律责任的规定。

为防止招标代理机构、受委托编制标底的中介机构在同一招标项目中利用其中介地位串通投标，或者为串通投标提供便利造成不正当的竞争优势，影响招标公正性，《条例》第 13 条第 2 款和第 27 条第 2 款分别规定了招标代理机构和受委托编制标底的中介机构不得从事的行为。

一、本条规定的违法行为

（一）招标代理机构的违法行为。招标代理机构从事的违法行为主要有：一是在所代理的招标项目中投标或者代理投标。二是向该项目投标人提供咨询，如根据知悉的其他潜在投标人的情况，为该投标人提供投标策略。招标代理机构从事上述行为，可能导致串通投标或者为串通投标提供便利，既损害国家利益和社会公共利益，也损害招标人和其他投标人的合法权益。

（二）接受委托编制标底的中介机构的违法行为。受委托编制标底的中介机构从事的违法行为主要有：一是参加受托编制标底项目的投标。二是为该项目的投标人编制投标文件或者提供咨询。受托编制标底的中介机构从事上述行为，可以利用其知道的标底进行串通投标或者为串通投标提供便利，造成不正当竞争，既损害了国家利益和社会公共利益，也损害了招标人和其他投标人的合法权益。

二、本条规定的法律责任

招标代理机构或者受委托编制标底的中介机构有以上违法行为的，依据《招标投标法》第 50 条规定追究法律责任，具体包括：

（一）罚款。有关行政监督部门应当对其处 5 万元以上 25 万元以下的罚款，对单位直接负责的主管人员和其他直接责任人员处单位罚款数额 5% 以上 10% 以下的罚款（有关内容详见第 63 条第 1 款释义）。

（二）并处没收违法所得。是指行政主体实施的将违法行为人的部分或者全部违法收入、物品或者其他非法占有的财物收归国家所有的处罚方式。没收可以视情节轻重决定部分或者全部没收。没收的物品，除应当予以销毁及存档备查外，均应上交国库或交由法定专管机关处理。没收违法所得不同于刑法中的没收财产刑。没收财产是将犯罪分子所有的一部分或者全部财产强制无偿地收归国家所有的刑罚。两者的区别主要表现在：一是性质不同。没收财产是刑罚，没收违法所得是一种行政处罚。二是对象不同。没收财产仅限于犯罪分子的财产，而没收违法所得的对象则是非法收入。三是适用范围不同。没收财产主要适用于犯罪行为，而没收违法所得适用于行政违法行为。根据本条规定，招标代理机构或者其他中介机构因实施前述违法行为而有违法所得的，有关行政监督部门应并处没收违法所得。并处是与单处相对的一个概念，是指行政主体对某一违法行为依法同时适用两种或两种以上的行政处罚方式。具体到本条而言，是指行政监督部门对有非法所得的行为人处以罚款的同时，将其违法所得收归国家所有。

（三）暂停或取消招标代理资格。暂停或者取消招标代理资格属于行为罚，即限制或者剥夺违法行为人某种行为能力或者资格的处罚措施，有时也称能力罚。根据《招标投标法》和《条例》规定，从事招标代理业务的中介机构应当具有相应的资质，否则不能从事招标代理业务。招标代理机构或者编制标底的中介机构有上述违法行为且情节严重的，有关行政监督部门应当暂停直至取消其招标代理资格。这里所说的“情节严重”，指行为人的行为造成的危害后果严重、违法行为的性质恶劣等情况。暂停招标代理资格是指有关行政监督部门在一定期限内停止招标代理机构的招标代理资格。在此期间，被暂停招标代理资格的机构丧失了代理招标的资格，不能办理招标代理业务，待改正其违法行为后再行恢复。招标代理机构违法行为严重，暂停招标资格尚不足以达到制裁目的的，有关行政监督部门应当取消其招标代理资格。

（四）损害赔偿。损害赔偿是指当事人一方因侵权行为或不履行债务而对他方造成损害时应承担赔偿对方损失的民事责任，包括侵权的损害赔偿与违约的损害赔偿。区分违约的损害赔偿与侵权的损害赔偿的意义在于：一是赔偿范围不同。侵权的损害赔偿可以包括对精神损害的赔偿，而违约的损害赔偿一般只包括财产损害赔偿，不包括对精神损害的赔偿。二是举证责任不同。根据《合同法》规定，违约责任实行无过错责任，只要行为人的违约行为造成了对方当事人的损失，行为人就应负民事责任，守约方无需就违约方的过错进行举证。与之相反，由于侵权责任一般实行过错责任，受害人需证明侵权人在实施侵权行为之际具有过错，否则行为人不承担法律责任。

招标代理机构的前述违法行为属于侵权行为还是违约行为，需要视情况具体分析。例如，招标代理机构接受招标人委托后，又为投标人提供咨询，泄露与招标活动有关的投标人数量、标底等应当保密的信息，对招标人构成侵权。同时，招标代理机构为其他投标人提供咨询或者参加投标，又违反了招标代理机构与招标人之间的委托代理合同所约定的义务，对招标人构成违约，产生了侵权责任与违约责任的竞合。《合同法》第 122 条规定，因当事人一方的违约行为侵害对方人身、财产权益的，受损害方有权选择依照本法要求其承担违约责任或者依照其他法律要求其承担侵权责任。赔偿责任必须以行为人的行为给他人造成了损失为前提。这里所说的“他人”，包括招标人、投标人、第三人等。

（五）中标无效。如果招标代理机构的前述违法行为影响了中标结果的，中标无效。招标人尚未与中标人签订书面合同的，招标人发出的中标通知书失去了法律约束力。当事人之间已经签订了书面合同的，所签合同无效。根据《民法通则》和《合同法》的规定，合同无效产生以下后果：一是恢复原状。根据《合同法》规定，无效的合同自始没有法律约束力，因该合同取得的财产应当予以返还，不能返还或者没有必要返还的应当折价补偿。二是赔偿损失。有过错的一方应当赔偿对方因此所受到的损失，双方都有过错的，应当各自承担相应的责任。具体到本条而言，因招标代理机构的违法行为而使中标无效的，招标代理机构应当赔偿招标人、投标人因此所受的损失。如果招标人、投标人也有过错的，各自承担相应的责任。根据《民法通则》规定，招标人知道招标代理机构从事违法行为而不作反对表示的，应当与招标代理机构一起对第三人负连带责任。三是依法重新招标或者评标。《招标投标法》第64条和《条例》第82条规定，依法必须进行招标的项目的招投标活动违反《招标投标法》和《条例》的规定，对中标结果造成实质性影响，且不能采取补救措施予以纠正的，招标、投标、中标无效，应当依法重新招标或者评标。

（六）依法追究刑事责任。按照《刑法》第219条、第220条规定的侵犯商业秘密罪，依法追究招标代理机构或者受委托编制标底的中介机构的刑事责任。单位构成犯罪的，对单位判处罚金，对直接负责的主管人员和其他直接责任人员处以相应的刑罚。

第六十六条［违规收取和退还保证金责任］

招标人超过本条例规定的比例收取投标保证金、履约保证金或者不按照规定退还投标保证金及银行同期存款利息的，由有关行政监督部门责令改正，可以处5万元以下的罚款；给他人造成损失的，依法承担赔偿责任。

【释义】本条是关于违规收取、退还投标保证金和履约保证金法律责任的规定。

一、本条规定的违法行为

（一）超过《条例》规定的比例收取投标保证金或履约保证金。根据《条例》第26条第1款规定，招标人在招标文件中要求投标人提交的投标保证金不得超过招标项目估算价的2%，超过该比例的构成限制或排斥潜在投标人的行为，会导致竞争的不充分。根据《条例》第58条规定，招标人在招标文件要求中标人提交的履约保证金不得超过中标合同金额的10%，招标人要求超过该比例的，不仅可能形成事实上的垫资行为，也可能损害中标人的合法权益。

（二）未按照规定退还投标保证金及银行同期存款利息。根据《条例》第57条第2款，招标人最迟应当在书面合同签订后5日内向中标人和未中标的投标人退还投标保证金及银行同期存款利息。实践中部分招标人超出《条例》第57条第2款规定的投标保证金退还时间，恶意拖延返还，谋取不正当利益，加重了投标人的负担，损害了投标人的合法权益。

二、本条规定的法律责任

投标保证金和履约保证金不仅仅是一种民事担保，涉及双方当事人的权利义务关系，而且还可能因此限制排斥潜在投标人，破坏竞争秩序。据此，《条例》比照《招标投标法》第51条，规定了上述违法行为的法律责任，具体包括：

（一）责令改正（有关内容详见第63条第1款释义）。

（二）罚款。行政监督机关可以根据招标人违法情节的轻重、影响大小、所涉及资金的多少等因素决定是否处以罚款。如处以罚款，罚款额度应当在5万元以下（有关内容详见第63条第1款释义）。

（三）赔偿损失。给他人造成损失的，应依法承担赔偿责任。这里的“他人”，主要是指投标人、中标人或者其他担保义务人（有关内容详见第65条释义）。

第六十七条［串通投标的责任］

投标人相互串通投标或者与招标人串通投标的，投标人向招标人或者评标委员会成员行贿谋取中标的，中标无效；构成犯罪的，依法追究刑事责任；尚不构成犯罪的，依照招标投标法第五十三条的规定处罚。投标人未中标的，对单位的罚款金额按照招标项目合同金额依照招标投标法规定的比例计算。

投标人有下列行为之一的，属于招标投标法第五十三条规定的情节严重行为，由有关行政监督部门取消其1年至2年内参加依法必须进行招标的项目的投标资格：

（一）以行贿谋取中标；

（二）3年内2次以上串通投标；

（三）串通投标行为损害招标人、其他投标人或者国家、集体、公民的合法利益，造成直接经济损失30万元以上；

（四）其他串通投标情节严重的行为。

投标人自本条第二款规定的处罚执行期限届满之日起3年内又有该款所列违法行为之一的，或者串通投标、以行贿谋取中标情节特别严重的，由工商行政管理机关吊销营业执照。

法律、行政法规对串通投标报价行为的处罚另有规定的，从其

规定。

【释义】本条是关于串通投标以及以行贿方式谋取中标法律责任的规定。

考虑到实践中串通投标、以行贿方式谋取中标行为的严重性，本条从三个方面对《招标投标法》第53条作了进一步规定。一是明确存在本条规定违法行为的，即使没有中标，也应当按照《招标投标法》第53条规定进行处罚。二是明确了情节严重与特别严重的判断标准，为适用不同法律责任提供了依据。三是明确了相关法律行政法规对串通投标报价行为处罚另有规定的，从其规定。

一、本条规定的违法行为

（一）投标人相互串通投标。《招标投标法》第32条和《条例》第39条禁止投标人相互串通投标。串通投标会破坏竞争，使招标徒具形式，违反了招投标活动应当遵守的公平原则，损害了招标人和其他投标人的合法权益，甚至损害国家和社会公共利益。

（二）投标人与招标人串通投标。由于依法必须进行招标的项目的资金来源大多属于国有资金，实践中除投标人相互串通外，还存在着投标人与招标人串通以谋取私利的可能，不仅损害了国家利益、社会公共利益，还会损害其他投标人的合法权利。

（三）投标人行贿以谋取中标。投标人以谋取中标为目的，给予招标人或者评标委员会成员财物或者其他好处，直接破坏了招投标公平竞争原则，损害了其他投标人的利益，也可能损害国家利益和社会公共利益。

二、本条规定的法律责任

（一）罚款。串通投标中标的，有关行政监督部门应当对招标人、投标人处以中标项目金额5‰以上10‰以下的罚款。对单位直接负责的主管人员和其他直接责任人员处单位罚款数额5%以上10%以下的罚款。串通投标没有中标的，罚款金额按照招标项目金额和上述比例计算（有关内容详见第63条第1款释义）。

（二）并处没收违法所得（有关内容详见第65条释义）。

（三）取消投标人的投标资格。投标人有前述违法行为、情节严重的，有关行政监督部门应当取消其一至二年内参加依法必须进行招标项目的投标资格并予以公告。行为人的违法行为是否属于情节严重，应当从违法行为造成的危害后果、违法行为的性质、实施违法行为所使用的手段等方面进行判断。本条第2款对情节严重的行为以列举式的方式进行了规定：一是以行贿谋取中标；二是3年内2次以上串通投标；三是串通投标行为损害招标人、其他投标人或者国家、集体、公民的合法利益，造成直接经济损失30万元以上；四是其他串通投标情节严重的行为。被取消投标资格的投标人在规定的期限内不能参与依法必须进行招标项目的投标。

（四）吊销营业执照。情节特别严重的情况下，工商行政管理机关应当吊销串通投标行为人的营业执照。何谓情节特别严重，《条例》列举了三种情形：一是投标人自本条第2款规定的处罚执行期限届满之日起3年内又有该款所列违法行为之一。二是串通投标情节特别严重。三是以行贿谋取中标情节特别严重。与取消投标人一定期限的投标资格相比，吊销营业执照的处罚更为严厉。

（五）追究刑事责任。串通投标行为情节严重构成犯罪的，按《刑法》第223条规定的串通投标罪处罚；行贿谋取中标的行为情节严重构成犯罪的，按《刑法》第389条、第390条和第393条规定的行贿罪，依法追究违法行为人的刑事责任。单位构成犯罪的，对单位判处罚金，对直接负责的主管人员和其他直接责任人员处以相应刑罚。

（六）赔偿损失。赔偿损失包括直接损失和间接损失，损害赔偿的对象为因串通投标而遭受损害的招标人、串通投标以外的其他投标人（有关内容详见第65条释义）。

（七）中标无效。与《条例》第65条招标代理机构、受委托编制标底的中介机构从事禁止行为而导致的中标无效不同，本条规定的中标无效不以串通行为是否影响中标结果为前提，只要行为人实施了串通行为，不管该行为是否影响了中标结果，中标一律无效（有关内容详见第65条释义）。

第六十八条［弄虚作假的责任］

投标人以他人名义投标或者以其他方式弄虚作假骗取中标的，中标无效；构成犯罪的，依法追究刑事责任；尚不构成犯罪的，依照招

标投标法第五十四条的规定处罚。依法必须进行招标的项目的投标人未中标的，对单位的罚款金额按照招标项目合同金额依照招标投标法规定的比例计算。

投标人有下列行为之一的，属于招标投标法第五十四条规定的情节严重行为，由有关行政监督部门取消其1年至3年内参加依法必须进行招标的项目的投标资格：

（一）伪造、变造资格、资质证书或者其他许可证件骗取中标；

（二）3年内2次以上使用他人名义投标；

（三）弄虚作假骗取中标给招标人造成直接经济损失30万元以上；

（四）其他弄虚作假骗取中标情节严重的行为。

投标人自本条第二款规定的处罚执行期限届满之日起3年内又有该款所列违法行为之一的，或者弄虚作假骗取中标情节特别严重的，由工商行政管理机关吊销营业执照。

【释义】本条是关于投标人以弄虚作假方式骗取中标法律责任的规定。

考虑到实践中以弄虚作假方式骗取中标行为的严重性，本条从两个方面对《招标投标法》第54条作了进一步细化：一是明确有本条规定违法行为的，不论是否中标，都应按照《招标投标法》第54条规定处罚。二是明确情节特别严重的判断标准，为适用不同法律责任提供了依据。

一、本条规定的违法行为

（一）投标人以他人名义投标骗取中标。实践中投标人以他人名义投标，可能出于以下几种原因：投标人没有承担招标项目的能力；投标人不具备国家要求的或者招标文件要求的从事该招标项目的资质；投标人曾因违法行为而被工商机关吊销营业执照，或者因违法行为而被有关行政监督部门在一定期限内取消其从事相关业务的资格等。投标人以他人名义投标违反了诚实信用的原则，严重扰乱了招投标的正常秩序。

（二）以其他方式弄虚作假骗取中标。除以他人名义投标以骗取中标外，投标人还可能以其他方式弄虚作假，骗取中标。实践中以其他方式弄虚作假骗取中标的行为有：一是提交虚假的资质证书等许可证件。二是提供虚假的财务状况或者业绩。三是提供虚假的信用状况。四是提供虚假的项目主要人员及证明材料等。任何形式的弄虚作假行为都将严重破坏招投标活动的正常秩序。

二、本条规定的法律责任

（一）赔偿损失。损害赔偿的对象是因投标人骗取中标的行为而遭受损害的招标人（有关内容详见第 65 条释义）。

（二）罚款。对依法必须进行招标的项目弄虚作假的投标人（包括中标人和未中标的投标人），有关行政监督部门应当处中标项目金额 5‰以上 10‰以下的罚款，对单位直接负责的主管人员和其他直接责任人员处单位罚款数额 5% 以上 10% 以下的罚款（有关内容详见第 63 条第 1 款释义）。

（三）并处没收违法所得。除罚款外，有关行政监督部门还应并处没收违法所得（有关内容详见第 65 条释义）。

（四）取消投标资格。依法必须进行招标的项目的投标人弄虚作假骗取中标的行为情节严重的，由有关行政监督部门取消其一年至三年内参加依法必须招标的项目的投标资格并予以公告。由于该处罚较为严重，在作出处罚决定时应慎重从事。根据本条规定，投标人骗取中标的行为“情节严重”的才取消投标资格。所谓情节严重，是指骗取中标的行为所导致的后果严重、投标人多次实施了骗取中标的行为、骗取中标的手段较为恶劣等。具体包括：一是伪造、变造资格、资质证书或者其他许可证件骗取中标。二是 3 年内 2 次以上使用他人名义投标。三是弄虚作假骗取中标给招标人造成直接经济损失 30 万元以上。被取消投标资格的投标人在指定的期限内不得参与依法必须进行招标项目的投标。

（五）吊销营业执照。投标人弄虚作假骗取中标的行为情节严重，取消其一定期限内参与依法必须进行招标项目的投标资格尚不足以达到制裁目的的，工商行政管理机关应当吊销其营业执照。情节特别严重主要是指投标人自本条第 2 款规定的处罚执行期限届满之日起 3 年内又有该款所列违法行为之一，或者弄虚作假骗取中标情节特别严重，由工商行政管理机关吊销营业执照。被吊销营业执照的投标人不得从事任何经营业务。

（六）中标无效。投标人以弄虚作假的方式骗取中标的，不管骗取中标的行为是否影响中标结果，其中标一概无效。依照本《条例》第 82 条规定重新招标或者评标。

（七）依法追究刑事责任。弄虚作假行为构成《刑法》第 224 条规定的合同诈骗罪的，依法承担刑事责任。

第六十九条［出让资质证书的责任］

出让或者出租资格、资质证书供他人投标的，依照法律、行政法规的规定给予行政处罚；构成犯罪的，依法追究刑事责任。

【释义】本条是关于违反资格、资质许可的法律责任的规定。

为保证招标竞争的真实性和充分性，不仅要对投标人借用、伪造、变造资质、资格证书的行为给予处罚，对于取得资格、资质证书的单位和个人出让、出租相关证书的行为也要予以处罚。

一、本条规定的违法行为

我国招投标领域涉及的资质非常多，主要分为三类。一是服务类资质，主要有工程勘察资质（分综合类、专业类和劳务类）、建筑工程设计资质（分为甲、乙、丙三个级别）、工程监理资质（分为综合资质、专业资质和事务所资质）。二是建筑业企业资质。分为施工总承包、专业承包和劳务分包三个序列，各序列按照工程性质和技术特点分别划分为若干资质类别。各资质类别按照规定的条件划分为若干资质等级。此外，建筑业施工企业还应取得安全生产许可证。三是货物企业资质。主要有重要工业产品生产许可证制度、强制性认证制度、医疗器械产品注册证书、医疗器械经营企业许可证、药品生产许可证等。

本条规定的违法行为主要有两类：一是出让资质证书，将行政许可证件给他人使用的行为。二是出租资质证书，指通过非法手段以许可证的使用权换取租金的行为。出让或者出租许可证，背离了实施行政许可的初衷，不仅可能留下安全隐患，甚至对公共安全、公民的人身安全和财产安全构成威胁。

二、本条规定的法律责任

（一）依照法律、行政法规的规定给予行政处罚。由于涉及资质证书管理的法律行政法规较多，出让或者出租资格、资质证书的法律责任在相关法律行政法规中都有规定。如《建筑法》第66条规定：“建筑施工企业转让、出借资质证书或者以其他方式允许他人以本企业的名义承揽工程的，责令改正，没收违法所得，并处罚款，可以责令停业整顿，降低资质等级；情节严重的，吊销资质证书。对因该项承揽工程不符合规定的质量标准造成的损失，建筑施工企业与使用本企业名义的单位或者个人承担连带赔偿责任。”《安全生产许可证条例》第21条规定：“违反本条例规定，转让安全生产许可证的，没收违法所得，处10万元以上50万元以下的罚款，并吊销其安全生产许可证；构成犯罪的，依法追究刑事责任；接受转让的，依照本条例第十九条规定处罚。”《特种设备安全监察条例》第82条规定，已经取得许可、核准的特种设备生产单位、检验检测机构有伪造、变造、出租、出借、转让许可证书或者监督检验报告的，由特种设备安全监督管理部门责令改正，处2万元以上10万元以下罚款；情节严重的，撤销其相应资格。因此，本条没有再规定具体的法律责任，而是依照有关法律行政法规的规定给予行政处罚。

（二）依法追究刑事责任。出让或者出租资格、资质证书的行为构成《刑法》第225条规定的非法经营罪的，依法承担刑事责任。

第七十条［不依法组织招标的责任］

依法必须进行招标的项目的招标人不按照规定组建评标委员会，或者确定、更换评标委员会成员违反招标投标法和本条例规定的，由有关行政监督部门责令改正，可以处10万元以下的罚款，对单位直接负责的主管人员和其他直接责任人员依法给予处分；违法确定或者更换的评标委员会成员作出的评审结论无效，依法重新进行评审。

国家工作人员以任何方式非法干涉选取评标委员会成员的，依照本条例第八十一条的规定追究法律责任。

【释义】本条是关于违法组织评标委员会法律责任的规定。

一、本条规定的违法行为

（一）招标人不按法定要求组建评标委员会。依法组建评标委员会是保证评标活动公平公正的前提。实践中，招标人不按照规定组建评标委员会的具体情形主要有：一是不组建评标委员会。二是组建的评标委员会人数不符合法定要求，如不足 5 人或者是偶数。三是评标委员会成员构成不符合法定要求，评标专家不足三分之二。四是评标委员会成员资格不符合法定要求，专家成员从事相关领域工作不满八年，不具备高级职称或者同等专业水平。招标人不依法组建评标委员会，会影响评标的针对性、科学性和客观性，评标质量也得不到保证。

（二）评标委员会成员确定和更换违反规定。实践中，招标人不依法确定或以各种借口更换评标委员会成员的行为主要有：一是应当以随机抽取的方式确定评标专家而直接确定。二是干预操纵评标委员会成员的确定，特别是评标专家的抽取活动。三是不从规定的评标专家库中抽取评标专家。四是不从评标专家库内相关专业的专家名单中抽取专家。五是应当更换而不更换评标委员会成员。六是不应当更换而随意更换评标委员会成员。

（三）国家工作人员违法干涉评标委员会成员的选取。国家工作人员干预评标委员会成员的选取，严重妨碍了评标委员会成员独立、客观、公正评标。实践中该违法行为的主要表现形式有：一是应当随机抽取而要求招标人直接确定。二是应当直接确定而要求招标人随机抽取。三是违法干涉招标人根据招标项目的特点和实际需要设置抽取评标专家的条件。四是直接指定或者变相指定评标委员会专家成员。

二、本条规定的法律责任

（一）责令改正。招标人有上述违法行为时，应当及时予以纠正，以保证评标有序进行（有关内容详见第 63 条第 1 款释义）。

（二）罚款。行政监督部门还可以根据招标人违法情节的轻重、影响大小等因素决定是否处以罚款。如处以罚款，罚款额度应在 10 万元以下，但处罚结果应当与违法行为相适应（有关内容详见第 63 条第 1 款释义）。

（三）给予处分（有关内容详见第 63 条第 2 款释义）。

（四）重新评审。该被更换的评标委员会成员已作出的评审结论无效，招标人应根据《条例》第46条第1款规定，重新确定满足要求的评标委员会成员，由更换后的评标委员会成员重新进行评审。

此外，国家工作人员以任何方式非法干涉选取评标委员会成员的，依照《条例》第81条规定追究法律责任（有关内容详见第81条释义）。

第七十一条［评委违规的责任］

评标委员会成员有下列行为之一的，由有关行政监督部门责令改正；情节严重的，禁止其在一定期限内参加依法必须进行招标的项目的评标；情节特别严重的，取消其担任评标委员会成员的资格：

（一）应当回避而不回避；

（二）擅离职守；

（三）不按照招标文件规定的评标标准和方法评标；

（四）私下接触投标人；

（五）向招标人征询确定中标人的意向或者接受任何单位或者个人明示或者暗示提出的倾向或者排斥特定投标人的要求；

（六）对依法应当否决的投标不提出否决意见；

（七）暗示或者诱导投标人作出澄清、说明或者接受投标人主动提出的澄清、说明；

（八）其他不客观、不公正履行职务的行为。

【释义】本条是关于评标委员会成员违法行为法律责任的规定。

一、本条规定的违法行为

（一）应当回避而不回避。为了保证评标工作的独立、客观、公正进行，评标委员会成员应处于超脱地位，与投标人有利害关系的人应当主动回避，不得进入相关项目的评标委员会。

（二）擅离职守。评标委员会成员一旦确定，不得擅离职守，否则将影响评标活动的正常进行。

（三）不按照招标文件规定的评标标准和方法评标。在招标文件中规定评标标准和方法并据此评标，是保证评标公正的前提。实践中有关违法行为的表现形式主要有：一是增加招标文件中没有规定的评审因素。二是擅自减少招标文件中已经规定的评审因素。三是不按照招标文件规定的评审标准进行评审，擅自调整评审权重。四是不按照招标文件规定的方法推荐中标候选人。上述行为违反了《招标投标法》的公正原则，势必影响评标结果的公正性。

（四）私下接触投标人。《条例》第 49 条第 2 款规定，评标委员会成员不得私下接触投标人，以保证评标委员会成员独立、客观履行评标职责。需要特别注意的是，为了避免私下接触投标人，需要对投标文件进行澄清说明的，应当以书面形式进行。

（五）向招标人征询确定中标人的意向或者接受任何单位或者个人明示或者暗示提出的倾向或者排斥特定投标人的要求。上述行为违背了评标委员会成员独立、公正评标的要求。本项是对《条例》第 49 条第 2 款新增义务的法律责任规定。

（六）对依法应当否决的投标不提出否决意见。对于《条例》第 51 条规定的 7 种应当否决投标的情形，评标委员会不否决其投标对其他投标人是不公平的，甚至达不到采购目的，造成评标无效。本项是对《条例》第 51 条新增义务的法律责任规定。

（七）暗示或者诱导投标人作出澄清、说明或者接受投标人主动提出的澄清、说明。本项包括两种违法行为：一是评标委员会成员暗示或者诱导投标人，既可能导致投标人做出错误的理解，不能按照自己真实的意图去澄清和说明，也容易造成对其他投标人的不公平竞争。二是接受投标人主动提出的澄清、说明。投标截止后，投标文件对投标人具有约束力，投标人不得随意修改已提交的投标文件。允许评标委员会接受投标人主动提出的澄清、说明，会带来串通投标、以行贿方式谋取中标等隐患。本项是对《条例》第 52 条第 2 款新增强制性义务的法律责任规定。

（八）其他不客观、不公正履行职务的行为。例如，对不同投标人提供的类似施工方案及其保证措施，评标委员会成员得出的评审结论应当一致，不能厚此薄彼、宽严不一、畸高畸低。

二、本条规定的法律责任

（一）责令改正。评标委员会成员有上述违法行为时，应及时予以纠正，以保证评标的客观公正性（有关内容详见第 63 条第 1 款释义）。

（二）暂停、取消评标资格。对有上述违法行为的评标委员会成员，根据情节轻重，由有关行政监督部门禁止其在一定期限内参加依法必须进行招标的项目的评标，直至取消担任评标委员会成员的资格。情节是否严重需要从是否存在主观故意，违法评标所导致的后果等方面进行判断。被取消担任评标委员会成员的资格的专家，应从其所在的专家库中除名。

第七十二条［评委受贿的责任］

评标委员会成员收受投标人的财物或者其他好处的，没收收受的财物，处3000元以上5万元以下的罚款，取消担任评标委员会成员的资格，不得再参加依法必须进行招标的项目的评标；构成犯罪的，依法追究刑事责任。

【释义】本条是关于评标委员会成员违反廉洁自律要求法律责任的规定。

评标委员会成员收受投标人的财物或者其他好处，通常与不客观公正履行职责，偏袒或排斥特定投标人，向他人透露评标过程中的有关信息等违法行为密切相关，甚至是这些违法行为的原因和目的。为从源头上防范这些违法行为，本条将评标委员会成员不得收受好处的规定从《招标投标法》第56条中单列出来加以强调。

一、本条规定的违法行为

实践中，某些投标人为了获取中标，总是千方百计地接近、拉拢、买通评标委员会成员。实践中的具体表现形式主要有：一是收受现金。二是收受各种各样的劳务费等。三是收受债券、股票等有价证券。四是收受奢侈消费品、工艺品、收藏品等实物。五是接受旅游、考察等款待，以及就学、荣誉、特殊待遇等好处。上述行为会严重影响评标委员会成员的独立公正性，进而影响评标质量。

二、本条规定的法律责任

（一）没收收受的财物。评标委员会成员收受的财物应当予以没收，收归国家所有（有关内容详见第65条释义）。

（二）罚款。评标委员会成员有上述违法行为的，有关行政监督部门可以根据具体情况对其并处罚款。罚款数额在3000元以上5万元以下，具体罚款数额视违法行为的轻重而定（有关内容详见第63条第1款释义）。

（三）取消评标资格。对有前述违法行为的评标委员会成员，有关行政监督部门应当取消其担任评标委员会成员的资格。被取消担任评标委员会成员资格的人，应当从专家库中除名，不得再从事任何评标工作，招标人也不得再聘请其担任评标委员会成员。需要说明的是：只要有本条规定的违法行为，不论情节是否严重，一律取消担任评标委员会成员的资格；取消资格后，既不能从事依法必须招标的项目的评标，也不能从事其他非依法必须招标项目的评标。本条规定不得再参加依法必须进行招标的项目的评标，主要是为了加以强调。

（四）依法追究刑事责任。评标委员会成员收受投标人的财物或者其他好处构成《刑法》第163条规定的非国家工作人员受贿罪的，依法承担刑事责任。

第七十三条［不依法确定中标人责任］

依法必须进行招标的项目的招标人有下列情形之一的，由有关行政监督部门责令改正，可以处中标项目金额10‰以下的罚款；给他人造成损失的，依法承担赔偿责任；对单位直接负责的主管人员和其他直接责任人员依法给予处分：

（一）无正当理由不发出中标通知书；

（二）不按照规定确定中标人；

（三）中标通知书发出后无正当理由改变中标结果；

（四）无正当理由不与中标人订立合同；

（五）在订立合同时向中标人提出附加条件。

【释义】本条是关于招标人不按规定确定中标人或者不签订合同法律责任的规定。

《招标投标法》规定招标人应当依法发出中标通知书并与中标人签订合同，但《招标投标法》仅在第57条规定了招标人在评标委员会依法推荐的中标候选人以外确定中标人，以及依法必须招标的项目在所有投标被评标委员会否决后自行确定中标人两种违法行为的责任。本条针对实践中出现的问题，参照《招标投标法》第59条规定，对本条规定的行为设置了法律责任。

一、本条规定的违法行为

（一）无正当理由不发出中标通知书。《招标投标法》第45条规定，中标人确定后应当向中标人发出中标通知书。实践中招标人不发出中标通知书的原因，可能是对评标委员会推荐的中标候选人不满意，或者招标人意向中的中标人没有入围。无论何种情形，都违反了法律规定，损害了中标候选人的权益。

（二）不按照规定确定中标人。实践中招标人不按规定确定中标候选人的情形主要有：一是招标人收到评标报告后未公示中标候选人即确定中标人。二是不对公示期内提出的异议作出答复或者异议成立而不采取措施即确定中标人。三是对国有资金占控股或者主导地位的依法必须进行招标的项目，不根据评标报告确定中标人。四是在评标委员会推荐的中标候选人之外确定中标人。

（三）中标通知书发出后无正当理由改变中标结果。按照《招标投标法》第45条规定，中标通知书对招标人和中标人具有法律效力。中标通知书发出后，招标人改变中标结果的，应当依法承担法律责任。

（四）无正当理由不与中标人订立合同。《招标投标法》第46条规定，招标人和中标人应当自中标通知书发出之日起三十日内订立书面合同。《合同法》第8条规定，依法成立的合同，对当事人具有法律约束力，受法律保护。招标人无正当理由不与中标人订立合同，既构成了违约，又破坏了招投标制度的严肃性。

（五）在订立合同时向中标人提出附加条件。在订立合同时向中标人提出附加条件，容易造成中标人受胁迫而签订合同，损害中标人的利益，也容易导致合同因违法而被撤销或变更。

二、本条规定的法律责任

（一）责令改正。招标人有上述违法行为时，应及时予以纠正，并依法确定中标人或者签订合同（有关内容详见第63条第1款释义）。

（二）罚款。行政监督部门可以根据招标人违法情节的轻重、影响大小等因素决定是否处以罚款。如处以罚款，罚款额度为中标项目金额5‰以上10‰以下（有关内容详见第63条第1款释义）。

（三）赔偿损失。给他人造成损失的，依法承担赔偿责任。这里的“他人”主要是指中标候选人。中标候选人因招标人的上述违法行为造成损失的，招标人应承担赔偿责任（有关内容详见第65条释义）。

（四）给予处分。处分的对象为单位直接负责的主管人员和其他直接责任人员（有关内容详见第63条第2款释义）。

第七十四条［中标人不签订合同的责任］

中标人无正当理由不与招标人订立合同，在签订合同时向招标人提出附加条件，或者不按照招标文件要求提交履约保证金的，取消其中标资格，投标保证金不予退还。对依法必须进行招标的项目的中标人，由有关行政监督部门责令改正，可以处中标项目金额10‰以下的罚款。

【释义】本条是关于中标人不按规定签订合同法律责任的规定。

为体现对等原则，《条例》也对中标人不按规定与招标人签订合同的违法行为设置了相应的法律责任。本条法律责任是参照《招标投标法》第59条规定的。

一、本条规定的违法行为

（一）中标人无正当理由不与招标人订立合同（有关内容详见第73条释义）。

（二）中标人在签订合同时向招标人提出附加条件（有关内容详见第73条释义）。

（三）中标人不按照招标文件要求提交履约保证金。履约保证金是保证履行合同各项义务的担保。招标文件要求中标人提交履约担保的，中标人应当提交，否则招标人的权利将得不到有效保障。

二、本条规定的法律责任

（一）取消中标资格。中标人有上述违法行为时，招标人可以取消其中标资格，并根据《条例》第55条规定，可以按照评标委员会推荐的中标候选人名单排序依次确定其他中标候选人为中标人，也可以重新招标。

（二）投标保证金不予退还。投标人有上述违法行为时，不管中标人的行为是否给招标人造成损失，均不予退还中标人提交的投标保证金。需要说明的是，该规定与《条例》第35条第2款有所不同。根据《条例》第35条第2款规定，投标人撤销投标文件的，招标人可以不退还也可以退还投标保证金。

（三）责令改正。对于有本条规定违法行为的中标人，有关行政监督部门应当责令在一定期限内予以改正（有关内容详见第63条第1款释义）。

（四）罚款。行政监督机关可以根据招标人违法情节的轻重、影响大小等因素决定处以中标项目金额10‰以下罚款。行为人主动纠正违法行为并消除因此造成的不良后果的，或违法情节轻微的，可不处罚款（有关内容详见第63条第1款释义）。

第七十五条［违法签订合同的责任］

招标人和中标人不按照招标文件和中标人的投标文件订立合同，合同的主要条款与招标文件、中标人的投标文件的内容不一致，或者招标人、中标人订立背离合同实质性内容的协议的，由有关行政监督部门责令改正，可以处中标项目金额5‰以上10‰以下的罚款。

【释义】本条是关于招标人和中标人不按规定签订合同法律责任的规定。

一、本条规定的违法行为

（一）招标人和中标人不按照招标文件和中标人的投标文件订立合同。招标人与中标人不按照招标文件和投标文件订立合同，将使招投标活动失去意义。

（二）合同主要条款与招标文件、中标人的投标文件内容不一致。虽然招标人与中标人按照招标文件和中标人的投标文件签订合同，但合同的标的、价款、质量、履行期限、双方的权利义务等主要条款与招标文件、中标人投标文件内容不一致的，将使整个招标活动流于形式。

（三）招标人、中标人订立背离合同实质性内容的协议。尽管招标人与中标人严格按照招标文件和中标人的投标文件签订了合同，但在合同之外再签订背离合同实质性内容的其他协议，即签订“阴阳合同”，其结果也会使招投标活动徒具形式。

二、本条规定的法律责任

（一）责令改正。对于有本条规定违法行为的招标人，有关行政监督部门应当责令在一定期限内予以改正，即严格按照招标文件和中标人的投标文件订立合同（有关内容详见第63条第1款释义）。

（二）罚款。行政监督部门可以根据违法情节的轻重、影响大小等因素决定处以罚款，罚款额度为中标项目金额5‰以上10‰以下。行为人主动纠正违法行为并消除因此造成的不良后果，或违法情节轻微的，可不处罚款（有关内容详见第63条第1款释义）。

第七十六条［转包分包的责任］

中标人将中标项目转让给他人的，将中标项目肢解后分别转让给他人的，违反招标投标法和本条例规定将中标项目的部分主体、关键性工作分包给他人的，或者分包人再次分包的，转让、分包无效，处转让、分包项目金额5‰以上10‰以下的罚款；有违法所得的，并处没收违法所得；可以责令停业整顿；情节严重的，由工商行政管理机关吊销营业执照。

【释义】本条是关于中标人转包和违法分包法律责任的规定。

一、本条规定的违法行为

（一）中标人将中标项目转让给他人。招标人和中标人之间签订的合同，是通过招标程序竞争择优确定的。如果中标人将中标项目转让给他人，招投标程序将失去意义，破坏了招投标制度的严肃性。

（二）将中标项目肢解后分别转让给他人。中标人将项目肢解后分别转让给他人，会造成与将中标项目整体转让给他人相同的法律后果，应承担相应法律责任。

（三）将中标项目的部分主体、关键性工作分包给他人。在某种程度上，项目的质量通常取决于主体、关键性工作的完成情况。招标人选定中标人，就是因为中标人完成招标项目的能力得到评标委员会的认可，将主体、关键性工作分包给他人，将实质性地改变招标结果。

（四）分包人再次分包。实践中，为提高招标项目的可实施性，对一些非主体、非关键性工作在得到招标人的同意下，可以将该部分工作分包给第三人，有利于发挥各方的优势。但分包项目再次分包，会造成项目资金的层层截留，影响项目质量。

二、本条规定的法律责任

（一）转让、分包无效。中标人转让中标项目合同、中标人违法分包合同、分包人再次分包的合同无效。该无效为自始无效，行为人因此取得的财产应当返还给对方当事人，有过错的一方当事人还应赔偿对方因此所受的损失，即中标人和分包人应赔偿招标人因此所受的损失。赔偿的范围包括直接损失和间接损失。

（二）罚款。本条的处罚对象是实施违法行为的中标人或分包人，罚款的范围是转让或分包项目金额的5‰以上10‰以下，具体数额由作出处罚决定的行政机关根据违法行为的情节轻重决定（有关内容详见第63条第1款释义）。

（三）没收违法所得。中标人转包或违法分包，以及分包人再次分包所获得的收入应当没收（有关内容详见第65条释义）。

（四）责令停业整顿。本条规定的“可以责令停业整顿”是一种供选择的行政处罚方式，行政机关应根据违法行为的具体情节作出决定。通过罚款和没收违法所得能够实现制裁目的的，无需责令停业整顿。责令停业整顿后，行为人在规定期间内纠正了违法行为或者完善相关措施的，可以恢复经营。

（五）吊销营业执照。被吊销营业执照的人不得再从事相关的经营活动。根据本条规定，只有中标人非法转让、分包和分包人再次分包的情节严重的，行政机关才能采取这种处罚方式。情节严重通常是指行为人的行为造成了严重后果、屡次实施违法行为、拒不改正，适用其他法律责任不足以实现制裁目的等情况。

第七十七条［违法投诉的责任］

投标人或者其他利害关系人捏造事实、伪造材料或者以非法手段

取得证明材料进行投诉，给他人造成损失的，依法承担赔偿责任。

招标人不按照规定对异议作出答复，继续进行招标投标活动的，由有关行政监督部门责令改正，拒不改正或者不能改正并影响中标结果的，依照本条例第八十二条的规定处理。

【释义】本条是关于违法投诉和不依法对异议作出答复法律责任的规定。

一、本法规定的违法行为

（一）投标人或者其他利害关系人违法投诉。《招标投标法》第65条、《条例》第60条赋予投标人或者其他利害关系人向有关行政监督部门投诉的权利。同时，为了保护有关招投标当事人的合法权益，维持行政监督部门的正常活动，对投诉行为也进行了规范。实践中，违法投诉的具体情形有：一是捏造事实。投诉人捏造他人违反有关招投标法律法规的情形，即以根本不存在的、可能引起有关行政监督部门做出不利于被投诉人处理决定的行为。二是伪造材料。通过虚构、编造事实上不存在的文件的行为。三是以非法手段取得证明材料进行投诉的行为。《最高人民法院关于民事诉讼证据的若干规定》第68条规定，以侵害他人合法权益或者违反法律禁止性规定的方法取得的证据，不能作为认定案件事实的依据。

（二）招标人不按照规定对异议答复而继续进行招投标活动。从招标、投标、开标、评标、定标到签订合同，每个环节规范与否，都直接影响到下一个环节的顺利进行。为了维护招投标活动的顺利进行，《条例》对异议的答复进行了规范。实践中招标人不按照规定处理异议的违法行为主要有：一是招标人自收到关于资格预审文件或者招标文件异议之日起3日内没有作出答复，也不暂停招投标活动。二是投标人对在开标现场提出异议，招标人不在开标现场作出答复。三是招标人自收到关于评标结果异议之日起3日内没有作出答复，也不暂停招投标活动。

二、本条规定的法律责任

（一）违法投诉人承担的法律责任。《条例》第61条第3款明确规定投诉人不得违法投诉。投诉人有上述投诉行为，给他人造成损失的，依法承担赔偿责任。这里的“他人”包括招标人和其他投标人，“损失”指招标项目工期延误所造成的损失，以及招标人和投标人为配合行政监督部门处理投诉而支出的相关费用。

（二）招标人不按照规定对异议作出答复的法律责任。有关行政监督部门有权责令改正，拒不改正或者不能改正并影响中标结果的，依照《条例》第82条规定重新招标或者评标。

第七十八条［招标从业人员的法律责任］

取得招标职业资格的专业人员违反国家有关规定办理招标业务的，责令改正，给予警告；情节严重的，暂停一定期限内从事招标业务；情节特别严重的，取消职业资格。

【释义】本条是对具有招标职业资格的专业人员违法行为应承担法律责任的规定。

一、取得招标职业资格的专业人员应当按照规定办理招标业务

根据《条例》第12条规定，取得招标职业资格的具体办法由国务院人力资源和社会保障部门会同国务院发展改革部门制定。取得招标职业资格的专业人员应当按照该办法办理招标业务。除此之外，取得招标职业资格的专业人员还应当遵守《招标投标法》、《行政许可法》、《条例》的有关规定。违反这些规定，应当依法承担相应的法律责任。

本条之所以没有规定具体的违法行为类型，是因为对取得招标职业资格的专业人员的职业范围、职业要求等，还需要在人力资源和社会保障部门与发展改革部门制定的办法中加以明确。

招标师在招标采购工作中应依据职业范围和委派工作职责要求，依法履行招标采购职业义务，并承担相关职业责任。严格遵守国家法律法规、政策、标准和规范，恪守职业道德规范，诚信自律，自觉维护社会公共利益、行业整体利益以及服务主体的合法权益，坚决抵制违法违规的招标采购行为，维护统一、开放、公平的市场竞争秩序，依法保守招标采购中的保密事项；接受注册登记机构的从业考核管理，参加职业继续教育，更新专业知识，不断提高职业道德素质和招标采购专业技术能力。

二、取得招标职业资格的专业人员的法律责任类型

招标师在招标采购工作中违反招投标法律法规以及有关职业规范要求的，将视情节轻重分别承担以下法律责任。

（一）责令改正。

（二）给予警告。

（三）暂停从事招标业务。情节严重的，暂停一定期限内从事招标业务。在此期限内，相关专业人员不得从事招标业务。

（四）取消职业资格。情节特别严重的，取消职业资格。

第七十九条［信用制度］

国家建立招标投标信用制度。有关行政监督部门应当依法公告对招标人、招标代理机构、投标人、评标委员会成员等当事人违法行为的行政处理决定。

【释义】本条是关于建立招标投标信用制度的规定。

一、建立信用制度是规范招标投标市场秩序的基石

市场经济是信用经济。《招标投标法》明确规定，招标投标活动应当遵循诚实信用的原则。建立招标投标信用制度是有效执行招标投标法律制度，规范招标投标市场秩序的基础。目前，我国招标投标市场中存在的虚假招标、串通投标、非法转包和违法分包等失信违法行为，一个重要的原因就是招标投标信用体系建设相对滞后，失信惩戒机制不健全。由于全国还没有建立统一的招投标信用制度，不能及时有效地收集汇总招投标市场主体的相关信息，加之缺乏全国统一的信用信息公示和查询平台，“一地受罚，处处受制”的失信惩戒机制还没有形成。为此，全行业迫切需要加快建设招标投标的信用体系。

二、积极推动建立招标投标市场信用体系

党的十七届六中全会提出，“十二五”期间要以社会成员信用信息的记录、整合和应用为重点，建立健全覆盖全社会的征信系统，全面推进社会信用体系建设。招投标信用作为社会信用体系的重要组成部分，应从行业发展特点出发，以培育行业诚信自律文化、建立信用

激励和惩戒制度、建设信用信息共享平台为内容，构建起相互协调统一的招标投标市场信用体系。

在这个有机体中，诚信自律文化是基础，信用激励和惩戒制度是核心，信用信息共享平台是支撑。诚信负责是一个行业能否得到公众信任的前提，也是一个行业持续健康发展的安身立命之本。因此，通过建设行业诚信文化，打造健康的行业风尚，才能使招标投标工作真正成为"阳光下的交易"。完善招投标信用激励和惩戒制度是推进信用体系建设的一项重要任务。有关行政监督部门应抓紧建立全国统一的招标投标信用评价标准和奖惩办法。与此同时，加快市场信用信息共享体系建设。目前，有关招标投标市场信用信息包括：市场的主体经营范围、资格能力、资信状况、纳税记录、社会贡献、招标投标和合同履行记录、完成业绩记录、违法违规和违约行为记录等。要抓紧建立健全招标代理机构、投标人、评标专家有关工商注册、税收、人员、业绩等方面的信用档案，健全信用信息采集、分析研究、信用评价、信用报告和发布平台等服务体系，实现信用信息共享。

三、贯彻落实招标投标违法行为记录公告制度

建立违法行为记录公告制度是健全招投标失信惩戒机制，促进招投标市场信用体系建设的重要举措。通过公开招标投标违法行为记录，扩大社会监督的领域，增加企业的违法成本，有利于形成"一处受罚，处处受制"的失信惩戒机制，有利于促进市场主体加强自律，逐步规范和净化招投标市场。2008 年，国家发展改革委会同国务院有关部门印发了《招标投标违法行为记录公告暂行办法（发改法规［2008］531 号)》。根据规定，违法行为记录公告的主要对象是招标人、投标人、招标代理机构以及评标委员会成员违法行为行政处理决定的记录。公告的基本内容包括：被处理招标投标当事人名称（或姓名)、违法行为、处理依据、处理决定、处理时间和处理机关等。为增强公告记录的约束力，《办法》规定，公告的招投标违法行为记录应当作为招标代理机构资格认定，依法必须招标项目资质审查、招标代理机构选择、中标人推荐和确定、评标委员会成员确定和评标专家考核等活动的重要参考。鉴于《办法》实施以来，公告制度的落实情况不平衡，有的地方行政监督部门没有建立公告平台；有的虽然建立

了公告平台，但没有及时公告违法行为记录，影响了制度实施效果。为督促各地抓紧落实这项制度，2010 年国家发展改革委又会同有关部门印发了《关于进一步贯彻落实招标投标违法行为记录公告制度的通知》（发改法规〔2010〕628 号），要求没有建立公告平台的要抓紧建立，已经建立的要进一步完善。对没有按要求建立平台的地方，要进行通报，确保公告制度全面执行。

从长远来看，要真正发挥信用体系奖优罚劣的作用，应当加快信用体系的整合。研究制定全国统一的招投标信息公开和诚信建设标准和规范，建设全国联网的招投标信用平台，实现国家、省、市、县的招投标信息在全国范围内的互联互通、共享互认。完善信用评价的相关制度，形成一个无处不在的监督网络，使失信企业无处藏身，营造出“诚实有益、失信必惩”的市场氛围。

第八十条［审批部门责任］

项目审批、核准部门不依法审批、核准项目招标范围、招标方式、招标组织形式的，对单位直接负责的主管人员和其他直接责任人员依法给予处分。

有关行政监督部门不依法履行职责，对违反招标投标法和本条例规定的行为不依法查处，或者不按照规定处理投诉、不依法公告对招标投标当事人违法行为的行政处理决定的，对直接负责的主管人员和其他直接责任人员依法给予处分。

项目审批、核准部门和有关行政监督部门的工作人员徇私舞弊、滥用职权、玩忽职守，构成犯罪的，依法追究刑事责任。

【释义】本条是关于行政部门不依法履行法律责任的规定。

一、本条规定的违法行为

（一）项目审批、核准部门不依法审核招标内容。实践中该违法行为的主要表现形式有：一是应当审核招标内容而不审核。二是不应当审核招标内容而审核。三是不按照《条例》第 8 条、第 9 条、第 10 条规定审核招标内容。经审核的招标内容是招标人开展招投标活动的依据，也是有关行政监督部门依法监督的依据，项目审批、核准部门不依法审核，会造成招标人和有关行政监督部门无所适从，影响招投标活动的正常进行。

（二）有关行政监督部门不依法履行职责。实践中该违法行为的具体情形主要有：一是对违反《招标投标法》和《条例》规定的行为不依法查处。不依法查处违法行为，既损害了遵纪守法人的合法权益，又纵容了违法行为。二是不按照规定处理投诉。包括不在规定的时间内处理，应该采取措施而不采取施，放任违法行为的发生。三是不依法公告对违法行为的行政处理决定。

二、本条规定的法律责任

（一）给予处分。处分的对象为项目审批、核准部门和有关行政监督部门直接负责的主管人员和其他直接责任人员（有关内容详见第63条第2款释义）。

（二）依法追究刑事责任。项目审批、核准部门和有关行政监督部门的工作人员因此构成《刑法》第397条规定的滥用职权罪、玩忽职守罪、徇私舞弊罪的，依法承担刑事责任。

第八十一条［插手干预招投标的责任］

国家工作人员利用职务便利，以直接或者间接、明示或者暗示等任何方式非法干涉招标投标活动，有下列情形之一的，依法给予记过或者记大过处分；情节严重的，依法给予降级或者撤职处分；情节特别严重的，依法给予开除处分；构成犯罪的，依法追究刑事责任：

（一）要求对依法必须进行招标的项目不招标，或者要求对依法应当公开招标的项目不公开招标；

（二）要求评标委员会成员或者招标人以其指定的投标人作为中标候选人或者中标人，或者以其他方式非法干涉评标活动，影响中标结果；

（三）以其他方式非法干涉招标投标活动。

【释义】本条是关于国家工作人员非法干涉招标活动法律责任的规定。

一、本条规定的违法行为

（一）要求对依法必须进行招标的项目不招标，或者要求对依法应当公开招标的项目不公开招标。为保障强制招标制度和公开招标制度的执行，避免国家机关工作人员利用职务之便干涉招投标活动，《条例》根据《招标投标法》第62条规定，对依法必须进行招标的项目不招标，或者要求对依法应当公开招标的项目不公开招标的违法行为的法律责任进行了细化和补充。

（二）要求评标委员会成员或者招标人以其指定的投标人作为中标候选人或者中标人，或者以其他方式非法干涉评标活动，影响中标结果。实践中的情形主要有：一是向评标委员会施加压力，干预评标结果。二是直接指定中标人。三是擅自否决、改变中标结果。上述行为损害了评标委员会成员独立评标的权利，严重侵犯招标人和投标人的合法权益。本条根据《招标投标法》第62条规定，对上述违法行为的法律责任进行了细化和补充。

（三）以其他方式非法干涉招投标活动。这里所指的“其他方式”是出于立法技术的考虑而作的弹性规定，以避免遗漏现实生活中可能存在的干涉招投标的其他行为。以其他方式非法干涉招投标活动的情形，可以参照《条例》第6条释义。

二、本条规定的法律责任

（一）行政处分。国家工作人员从事本条规定的违法行为的，有关行政监督部门应当对其直接负责的主管人员或者其他直接责任人员依法给予记过或者记大过处分；情节较重的，依法给予降级或者撤职处分；情节严重的，依法给予开除处分（有关内容详见第63条第2款释义）。

（二）依法追究刑事责任。国家工作人员前述违法行为情节严重，构成犯罪的，应当比照相关的刑法条文，由司法机关依法追究刑事责任。

第八十二条［招标、评标、中标无效的处理］

依法必须进行招标的项目的招标投标活动违反招标投标法和本条例的规定，对中标结果造成实质性影响，且不能采取补救措施予以纠正的，招标、投标、中标无效，应当依法重新招标或者评标。

【释义】本条是关于招投标活动效力的规定。

一、本条规定为认定相关行为的效力提供了法律依据

招投标活动具有层层递进、环环相扣的特征。及时准确地认定招投、投标、评标、中标等行为的效力，是妥善处理和有效纠正违法违规行为，保证招投标活动顺利进行的基础和前提。《民法通则》、《合同法》对民事行为和合同的效力做了一般性规定。特别是《合同法》第52条第5项规定，违反法律、行政法规的强制性规定的合同无效。根据《最高人民法院关于适用〈中华人民共和国合同法〉若干问题的解释（二）》（法释［2009］5号），法律、行政法规的“强制性规定”是指效力性强制性规定。据此，只有法律和行政法规可以对招投标活动的效力作出规定。

《招标投标法》只规定了中标无效和转包分包无效。该法规定中标无效的情形有六种：一是违规代理导致的无效。《招标投标法》第50条规定，招标代理机构违反本法规定，泄露应当保密的与招标投标活动有关的情况和资料的，或者与招标人、投标人串通损害国家利益、社会公共利益或者他人合法权益，影响中标结果的，中标无效。二是招标人泄露相关信息导致的无效。《招标投标法》第52条规定，依法必须进行招标的项目的招标人向他人透露已获取招标文件的潜在投标人的名称、数量或者可能影响公平竞争的有关招标投标的其他情况的，或者泄露标底，影响中标结果的，中标无效。三是串通投标导致的无效。《招标投标法》第53条规定，投标人相互串通投标或者与招标人串通投标的，投标人以向招标人或者评标委员会成员行贿的手段谋取中标的，中标无效。四是弄虚作假导致的无效。《招标投标法》第53条规定，投标人以他人名义投标或者以其他方式弄虚作假，骗取中标的，中标无效。五是违法谈判导致的无效。《招标投标法》第55条规定，依法必须进行招标的项目，招标人违反本法规定，与投标人就投标价格、投标方案等实质性内容进行谈判，影响中标结果的，中标无效。六是违法确定中标人导致的无效。《招标投标法》第57条规定，招标人在评标委员会依法推荐的中标候选人以外确定中标人的，依法必须进行招标的项目在所有投标被评标委员会否决后自行确定中标人的，中标无效。关于转包分包无效，《招标投标法》第58条规定，中标人将中标项目转让给他人的，将中标项目肢解后分别转让给

他人的，违反本法规定将中标项目的部分主体、关键性工作分包给他人的，或者分包人再次分包的，转让、分包无效。

《招标投标法》的上述规定为有效纠正违法违规行为提供了明确的法律依据，但由于仅仅规定了中标无效和转包分包无效，上述规定难以满足实际需要，主要表现在：对于影响招标行为、投标行为、评标行为效力的情形及其效力认定，没有作出明确规定。为满足实践需要，《条例》做了相应补充：《条例》第 34 条、第 37 条、第 38 条规定了投标无效，第 51 条规定了评标委员会应当否决投标的情形；第 48 条、第 70 条规定了评标无效的情形；本条又对招标无效、投标无效和中标无效作了概括性规定。

二、适用本条规定需要满足法定条件

根据本条规定，认定招标、投标、中标无效的，应当满足三个条件。一是存在违法行为。具体说来，就是依法必须进行招标项目的招投标活动违反了《招标投标法》和《条例》规定。例如，不在指定媒介发布公告，应当公开招标的项目在缺乏正当理由的情况下邀请招标等。二是对中标结果造成实质性影响。所谓实质性影响，就是由于该违法行为的发生，未能实现最优采购目的，包括应当参加投标竞争的人未能参加、最优投标人未能中标等。对中标结果造成的影响，包括已经造成的和必然造成的。比如招标文件规定的评标标准明显偏向特定投标人，即便在评标过程中发现的，也可以认定招标无效，不需要等到中标候选人推荐出来后再行认定。三是不能采取措施予以纠正。具体说来，就是违法行为已经发生，相关影响已经造成或者必然造成。为了及时纠正违法行为，防止造成既成事实，《条例》第 22 条、第 54 条以及第 62 条规定了暂停制度，第 23 条规定了资格预审文件和招标文件的修改制度，第 38 条规定了投标人的告知义务，第 56 条规定了履约能力审查制度，法律责任一章中规定了责令改正措施。即便如此，也不能完全避免一些既成事实的发生。因此，有必要对相关行为的效力作出明确规定，以便纠正违法行为。

三、何种无效应当根据违法行为及其被查处的时点来确定

本条规定了无效的三种情形，即招标无效、投标无效和中标无效。

可能导致招标无效的违法行为主要有但不限于以下几种情形：一是违法发布公告，包括不在国家指定媒介发布资格预审公告和招标公告，在不同媒介发布的同一招标项目的公告内容不一致。二是应当公开招标而邀请招标。三是资格预审文件、招标文件发售时间不符合法定要求。四是不按照资格预审文件载明的标准和方法进行资格预审，或者资格审查委员会的组建不符合法定要求。五是招标人或者招标代理机构限制排斥潜在投标人。六是招标人或者招标代理机构向他人透露已获取招标文件的潜在投标人的名称、数量或者可能影响公平竞争的有关招投标的其他情况，或者泄露标底。七是招标人或者招标代理机构与投标人串通。八是招标代理机构在所代理的招标项目中投标或者代理投标。上述违法行为，如果在投标截止前发现的，责令改正并顺延投标截止时间。如果在投标截止后被发现和查实，且对中标结果造成执行影响的，招标无效。

除《条例》已有规定外，实践中可能导致投标无效的其他违法行为主要有但不限于以下几种情形：一是串通投标。二是以他人名义投标的弄虚作假行为。三是向招标人或者评标委员会成员行贿。四是发生重大变化而不按照《条例》规定告知招标人。五是受到财产被查封、冻结或者被责令停产停业、吊销营业执照、取消投标资格等处罚的其他违法行为。

除《招标投标法》和《条例》已有规定外，实践中可能导致中标无效的其他违法行为主要有但不限于以下几种情形：一是招标人或者招标代理机构接受未通过资格预审的单位或者个人参加投标。二是招标人或者招标代理机构接受应当拒收的投标文件。三是评标委员会的组建违反《招标投标法》和《条例》规定。四是评标委员会成员有《招标投标法》第 56 条，以及《条例》第 71 条、第 72 条所列行为之一。以上行为，如果在中标通知书发出前发现并被查实的，责令改正，重新评标；如果在中标通知书发出后发现并查实，且对中标结果造成实质性影响的，中标无效。需要说明的是，前面所列可能导致招标无效、投标无效的行为，如果是在中标通知书发出后被查实且影响中标结果的，中标无效。

招标被确认无效的，依法必须招标项目的招标人应当重新招标。投标被确认无效的，在评标过程中，相关投标应当被否决；在中标候选人公示阶段，应当取消其中标资格；已发出中标通知书的，中标无效。中标被确认无效的，按照《招标投标法》第64条规定，由招标人从符合条件的其他中标候选人中确定中标人或者重新招标。

《民法通则》第61条规定，民事行为被确认无效或者撤销后，当事人因该行为取得的财产，应当返还给受损失的一方。有过错的一方应当赔偿对方因此所受的损失，双方都有过错的，应当各自承担相应的责任。因此，招标、投标和中标被确认无效后，还应当根据这一规定返还财产或者赔偿损失。

第七章 附 则

第八十三条 [行业自律]

招标投标协会按照依法制定的章程开展活动，加强行业自律和服务。

【**释义**】本条是关于招投标行业组织的规定。

一、规范招标投标市场秩序需要加强行业自律

建立和完善行业自律管理体制，提高行业自律水平，是完善社会主义市场经济体制的必然要求，也是维护公平竞争的市场秩序，推动政府职能转变的迫切需要。多年的实践证明，规范招标投标活动，促进招标投标市场健康发展，一方面，要靠政府各有关部门加强和改进行政监督，依法惩治各类招投标违法行为；另一方面，还要充分发挥行业自律组织的作用。招标投标协会是由从事招标投标活动的企事业单位、社会中介组织、进行招标投标理论研究的机构、团体、专家学者，以及招标投标从业人员自愿组成的非营利性的招标投标行业组织，是经过政府批准、民政部门注册登记、具有法人资格的社会团体。作为行业自律组织，招标投标协会不仅是连接政府、企业与市场的桥梁和纽带，也是社会多元利益的协调机构，在反映企业诉求、传递政策意向、规范行业行为、开展行业服务、促进市场公平竞争方面具有重要的作用。

二、要进一步发挥行业自律服务的重要作用

招标投标协会要立足行业组织定位，在协助政府有关部门做好招投标协调、监督工作的同时，进一步发挥自律服务的功能。一是要进一步发挥行业自律管理的基础性作用。招标投标协会承担着实施招标投标行业自律的重要职责，要围绕规范招标投标市场秩序，健全各项自律性管理制度，制定和组织实施行业职业道德准则，培育和提高从业人员遵纪守法、规范交易、诚实信用的职业文化、职业素质和职业

责任；建立激励诚信守法和惩戒违法违规等行业自律机制。二是切实发挥好服务企业的作用。要以服务为宗旨，及时收集整理招标投标行业发展的动态和信息，提供信息服务。开展招投标有关政策、技术和市场等咨询服务，帮助会员企业提高素质，增强创新能力。组织有关招标投标专题调研、理论与实践的研究交流和教育培训，向有关监督部门客观反映行业实际情况和利益诉求，提出完善招标投标制度以及行业管理等方面的意见和建议。配合政府建立和实施招标采购职业人员资格管理制度，整合招标采购专业知识能力评价体系，提高从业人员素质。

第八十四条［政府采购法律法规特别规定］

政府采购的法律、行政法规对政府采购货物、服务的招标投标另有规定的，从其规定。

【释义】本条是关于适用政府采购法律行政法规的特别规定。

一、政府采购货物和服务的招投标活动应当遵守《招标投标法》及《条例》

根据《政府采购法》第2条和《条例》第2条第2款的规定，适用《政府采购法》的货物包括原材料、燃料、设备、产品，以及工程建设项目中与工程建设无关的货物等；服务是指除货物和工程以外的其他政府采购对象。《招标投标法》第2条规定，在中华人民共和国境内进行招投标活动适用本法。据此，政府采购货物和服务的招投标活动，也应当适用《招标投标法》及《条例》的有关招投标程序的规定，如资格预审文件、招标文件的编制发售，投标文件的编制提交，开标，评标专家的抽取与评标等。事实上，为了与《招标投标法》做好衔接，《政府采购法》只规定了4条关于招投标程序的规定，即第34条至第37条。需要说明的是，政府采购货物和服务的招投标活动，主要适用《招标投标法》及《条例》有关招投标程序方面的规定，而不适用有关行政监管的规定，即对政府采购货物和服务招投标活动的监督，仍由财政部门按职责分工进行。

二、政府采购的法律、行政法规对政府采购货物和服务招投标有特别规定的从其规定

政府采购货物服务的招投标活动，在程序上虽然应当遵守《招标

投标法》和《条例》的规定，但政府采购的法律、行政法规对政府采购货物和服务的招投标另有规定的，从其规定。体现了特别法优于普通法的原则。这里所说的政府采购的法律、行政法规，是指《政府采购法》和即将出台的《政府采购法实施条例》。根据特别法优于一般法的原则，《政府采购法》对招投标程序有特别规定的，应当适用《政府采购法》的规定。例如，《招标投标法》第17条规定，招标人采用邀请招标方式的，应当向3个以上具备承担招标项目的能力、资信良好的特定的法人或者其他组织发出投标邀请书。而《政府采购法》第34条则规定，货物或者服务项目采取邀请招标方式采购的，采购人应当从符合相应资格条件的供应商中，通过随机方式选择三家以上的供应商，并向其发出投标邀请书。这两条关于投标人产生方式和资质条件的规定是不同的，根据上述原则，政府采购货物或者服务采用邀请招标的，应当遵守《政府采购法》第34条规定，即从供应商列表中随机选择。

第八十五条［施行时间］

本条例自2012年2月1日起施行。

【释义】本条是关于条例施行时间的规定。

一、地方性法规、规章和规范性文件与《条例》相抵触的内容无效

《条例》实施后，立即面临如何处理《条例》与下位的地方性法规、规章和规范性文件的关系问题。一些立法通常在附则中规定，同位或者下位立法与本法相抵触的内容无效，如《道路交通安全法实施条例》。《条例》没有作出类似规定，主要考虑是，《立法法》第79条第2款规定，行政法规的效力高于地方性法规、规章。据此，即便《条例》没有作出明确规定，地方性法规、规章和规范性文件中与《条例》相抵触的内容当然无效。

为了维护法制统一，《条例》实施后，各部门、各地方需要对涉及招投标的地方性法规、规章以及规范性文件进行一次全面清理，及时修改、废止并对外公布。当然，在清理工作中，由于对上位法相关规定理解的不同，对于下位法有关规定是否与《条例》相抵触，各方面的认识可能不尽一致。如果由此引起争议，可以根据《法规规章备

案条例》第 9 条规定，向国务院提出书面审查建议，由国务院法制机构研究并提出处理意见，按照规定程序处理。对于规范性文件，如果行政相对人认为违反条例，可以根据《行政复议法》第 7 条规定，在提起行政复议时，申请复议机关与具体行政行为一并审查。

二、条例原则上不适用于2012年2月1日前发生的招投标行为

法律、行政法规施行时间，是对其所调整的社会关系发生约束力的具体时间。《条例》自 2012 年 2 月 1 日起生效。根据《立法法》第 84 条规定，法律、行政法规、地方性法规、自治条例和单行条例、规章不溯及既往，但为了更好地保护公民、法人和其他组织的权利和利益而作的特别规定除外。因此，《条例》也只对其生效后的招投标活动有约束力，对它生效前的招投标活动不具有约束力。但由于招投标活动具有连续性、时间跨度长的特点，对 2 月 1 日前已经启动，但尚未结束的招投标活动，在 2 月 1 日以后继续进行的招投标活动是否适用《条例》，应具体情况具体分析。例如，2 月 1 日前已经完成评标但尚未发出中标通知书，投标人或者其他利害关系人认为资格预审文件、招标文件不符合法律、行政法规规定的，即使没有事前提出异议，也应允许其提出投诉，不宜适用《条例》第 60 条第 2 款规定。

附　　录

相关法律、法规、司法解释

中华人民共和国招标投标法实施条例

（2011 年 11 月 30 日国务院第 183 次常务会议通过
2011 年 12 月 20 日国务院令第 613 号公布
自 2012 年 2 月 1 日起施行）

第一章　总　　则

第一条　为了规范招标投标活动，根据《中华人民共和国招标投标法》（以下简称招标投标法），制定本条例。

第二条　招标投标法第三条所称工程建设项目，是指工程以及与工程建设有关的货物、服务。

前款所称工程，是指建设工程，包括建筑物和构筑物的新建、改建、扩建及其相关的装修、拆除、修缮等；所称与工程建设有关的货物，是指构成工程不可分割的组成部分，且为实现工程基本功能所必需的设备、材料等；所称与工程建设有关的服务，是指为完成工程所需的勘察、设计、监理等服务。

第三条　依法必须进行招标的工程建设项目的具体范围和规模标准，由国务院发展改革部门会同国务院有关部门制订，报国务院批准后公布施行。

第四条　国务院发展改革部门指导和协调全国招标投标工作，对国家重大建设项目的工程招标投标活动实施监督检查。国务院工业和信息化、住房城乡建设、交通运输、铁道、水利、商务等部门，按照规定的职责分工对有关招标投标活动实施监督。

县级以上地方人民政府发展改革部门指导和协调本行政区域的招标投标工作。县级以上地方人民政府有关部门按照规定的职责分工，对招标投标活动实施监督，依法查处招标投标活动中的违法行为。县级以上地方人民政府对其所属部门有关招标投标活动的监督职责分工另有规定的，从其规定。

财政部门依法对实行招标投标的政府采购工程建设项目的预算执行情况和政府采购政策执行情况实施监督。

监察机关依法对与招标投标活动有关的监察对象实施监察。

第五条 设区的市级以上地方人民政府可以根据实际需要，建立统一规范的招标投标交易场所，为招标投标活动提供服务。招标投标交易场所不得与行政监督部门存在隶属关系，不得以营利为目的。

国家鼓励利用信息网络进行电子招标投标。

第六条 禁止国家工作人员以任何方式非法干涉招标投标活动。

第二章 招 标

第七条 按照国家有关规定需要履行项目审批、核准手续的依法必须进行招标的项目，其招标范围、招标方式、招标组织形式应当报项目审批、核准部门审批、核准。项目审批、核准部门应当及时将审批、核准确定的招标范围、招标方式、招标组织形式通报有关行政监督部门。

第八条 国有资金占控股或者主导地位的依法必须进行招标的项目，应当公开招标；但有下列情形之一的，可以邀请招标：

（一）技术复杂、有特殊要求或者受自然环境限制，只有少量潜在投标人可供选择；

（二）采用公开招标方式的费用占项目合同金额的比例过大。

有前款第二项所列情形，属于本条例第七条规定的项目，由项目审批、核准部门在审批、核准项目时作出认定；其他项目由招标人申请有关行政监督部门作出认定。

第九条 除招标投标法第六十六条规定的可以不进行招标的特殊情况外，有下列情形之一的，可以不进行招标：

（一）需要采用不可替代的专利或者专有技术；

（二）采购人依法能够自行建设、生产或者提供；

（三）已通过招标方式选定的特许经营项目投资人依法能够自行建设、生产或者提供；

（四）需要向原中标人采购工程、货物或者服务，否则将影响施工或者功能配套要求；

（五）国家规定的其他特殊情形。

招标人为适用前款规定弄虚作假的，属于招标投标法第四条规定的规避招标。

第十条 招标投标法第十二条第二款规定的招标人具有编制招标文件和组织评标能力，是指招标人具有与招标项目规模和复杂程度相适应的技术、经济等方面的专业人员。

第十一条 招标代理机构的资格依照法律和国务院的规定由有关部门认定。

国务院住房城乡建设、商务、发展改革、工业和信息化等部门，按照规定的职责分工对招标代理机构依法实施监督管理。

第十二条 招标代理机构应当拥有一定数量的取得招标职业资格的专业人员。取得招标职业资格的具体办法由国务院人力资源社会保障部门会同国务院发展改革部门制定。

第十三条 招标代理机构在其资格许可和招标人委托的范围内开展招标代理业务，任何单位和个人不得非法干涉。

招标代理机构代理招标业务，应当遵守招标投标法和本条例关于招标人的规定。招标代理机构不得在所代理的招标项目中投标或者代理投标，也不得为所代理的招标项目的投标人提供咨询。

招标代理机构不得涂改、出租、出借、转让资格证书。

第十四条 招标人应当与被委托的招标代理机构签订书面委托合同，合同约定的收费标准应当符合国家有关规定。

第十五条 公开招标的项目，应当依照招标投标法和本条例的规定发布招标公告、编制招标文件。

招标人采用资格预审办法对潜在投标人进行资格审查的，应当发布资格预审公告、编制资格预审文件。

依法必须进行招标的项目的资格预审公告和招标公告，应当在国务院发展改革部门依法指定的媒介发布。在不同媒介发布的同一招标项目的资格预审公告或者招标公告的内容应当一致。指定媒介发布依法必须进行招标的项目的境内资格预审公告、招标公告，不得收取费用。

编制依法必须进行招标的项目的资格预审文件和招标文件，应当使用国务院发展改革部门会同有关行政监督部门制定的标准文本。

第十六条 招标人应当按照资格预审公告、招标公告或者投标邀请书规定的时间、地点发售资格预审文件或者招标文件。资格预审文件或者招标文件的发售期不得少于5日。

招标人发售资格预审文件、招标文件收取的费用应当限于补偿印刷、邮寄的成本支出，不得以营利为目的。

第十七条 招标人应当合理确定提交资格预审申请文件的时间。依法必须进行招标的项目提交资格预审申请文件的时间，自资格预审文件停止发售之日起不得少于5日。

第十八条 资格预审应当按照资格预审文件载明的标准和方法进行。

国有资金占控股或者主导地位的依法必须进行招标的项目，招标人应当组建资格审查委员会审查资格预审申请文件。资格审查委员会及其成员应当遵守招标投标法和本条例有关评标委员会及其成员的规定。

第十九条 资格预审结束后，招标人应当及时向资格预审申请人发出资格预审结果通知书。未通过资格预审的申请人不具有投标资格。

通过资格预审的申请人少于3个的，应当重新招标。

第二十条 招标人采用资格后审办法对投标人进行资格审查的，应当在开标后由评标委员会按照招标文件规定的标准和方法对投标人的资格进行审查。

第二十一条 招标人可以对已发出的资格预审文件或者招标文件进行必要的澄清或者修改。澄清或者修改的内容可能影响资格预审申请文件或者投标文件编制的，招标人应当在提交资格预审申请文件截止时间至少3日前，或者投标截止时间至少15日前，以书面形式通知所有获取资格预审文件或者招标文件的潜在投标人；不足3日或者15日的，招标人应当顺延提交资格预审申请文件或者投标文件的截止时间。

第二十二条 潜在投标人或者其他利害关系人对资格预审文件有异议的，应当在提交资格预审申请文件截止时间2日前提出；对招标文件有异议的，应当在投标截止时间10日前提出。招标人应当自收到异议之日起3日内作出答复；作出答复前，应当暂停招标投标活动。

第二十三条 招标人编制的资格预审文件、招标文件的内容违反法律、行政法规的强制性规定，违反公开、公平、公正和诚实信用原则，影响资格预审结果或者潜在投标人投标的，依法必须进行招标的项目的招标人应当在修改资格预审文件或者招标文件后重新招标。

第二十四条 招标人对招标项目划分标段的，应当遵守招标投标法的有关规定，不得利用划分标段限制或者排斥潜在投标人。依法必须进行招标的项目的招标人不得利用划分标段规避招标。

第二十五条 招标人应当在招标文件中载明投标有效期。投标有效期从提交投标文件的截止之日起算。

第二十六条 招标人在招标文件中要求投标人提交投标保证金的，投标保证金不得超过招标项目估算价的2%。投标保证金有效期应当与投标有效期一致。

依法必须进行招标的项目的境内投标单位，以现金或者支票形式提交的投标保证金应当从其基本账户转出。

招标人不得挪用投标保证金。

第二十七条 招标人可以自行决定是否编制标底。一个招标项目只能有一个标底。标底必须保密。

接受委托编制标底的中介机构不得参加受托编制标底项目的投标，也不得为该项目的投标人编制投标文件或者提供咨询。

招标人设有最高投标限价的，应当在招标文件中明确最高投标限价或者最高投标限价的计算方法。招标人不得规定最低投标限价。

第二十八条 招标人不得组织单个或者部分潜在投标人踏勘项目现场。

第二十九条 招标人可以依法对工程以及与工程建设有关的货物、服务全部或者部分实行总承包招标。以暂估价形式包括在总承包范围内的工程、货物、服务属于依法必须进行招标的项目范围且达到国家规定规模标准的，应当依法进行招标。

前款所称暂估价，是指总承包招标时不能确定价格而由招标人在招标文件中暂时估定的工程、货物、服务的金额。

第三十条 对技术复杂或者无法精确拟定技术规格的项目，招标人可以分两阶段进行招标。

第一阶段，投标人按照招标公告或者投标邀请书的要求提交不带报价的技术建议，招标人根据投标人提交的技术建议确定技术标准和要求，编制招标文件。

第二阶段，招标人向在第一阶段提交技术建议的投标人提供招标文件，投标人按照招标文件的要求提交包括最终技术方案和投标报价的投标文件。

招标人要求投标人提交投标保证金的，应当在第二阶段提出。

第三十一条 招标人终止招标的，应当及时发布公告，或者以书面形式通知被邀请的或者已经获取资格预审文件、招标文件的潜在投标人。已经发售资格预审文件、招标文件或者已经收取投标保证金的，招标人应当及时退还所收取的资格预审文件、招标文件的费用，以及所收取的投标保证金及银行同期存款利息。

第三十二条 招标人不得以不合理的条件限制、排斥潜在投标人或者投标人。

招标人有下列行为之一的，属于以不合理条件限制、排斥潜在投标人或者投标人：

（一）就同一招标项目向潜在投标人或者投标人提供有差别的项目信息；

（二）设定的资格、技术、商务条件与招标项目的具体特点和实际需要不相适应或者与合同履行无关；

（三）依法必须进行招标的项目以特定行政区域或者特定行业的业绩、奖项作为加分条件或者中标条件；

（四）对潜在投标人或者投标人采取不同的资格审查或者评标标准；

（五）限定或者指定特定的专利、商标、品牌、原产地或者供应商；

（六）依法必须进行招标的项目非法限定潜在投标人或者投标人的所有制形式或者组织形式；

（七）以其他不合理条件限制、排斥潜在投标人或者投标人。

第三章 投　　标

第三十三条 投标人参加依法必须进行招标的项目的投标，不受地区或者部门的限制，任何单位和个人不得非法干涉。

第三十四条 与招标人存在利害关系可能影响招标公正性的法人、其他组织或者个人，不得参加投标。

单位负责人为同一人或者存在控股、管理关系的不同单位，不得参加同一标段投标或者未划分标段的同一招标项目投标。

违反前两款规定的，相关投标均无效。

第三十五条 投标人撤回已提交的投标文件，应当在投标截止时间前书面通知招标人。招标人已收取投标保证金的，应当自收到投标人书面撤回通知之日起5日内退还。

投标截止后投标人撤销投标文件的，招标人可以不退还投标保证金。

第三十六条 未通过资格预审的申请人提交的投标文件，以及逾期送达或者不按照招标文件要求密封的投标文件，招标人应当拒收。

招标人应当如实记载投标文件的送达时间和密封情况，并存档备查。

第三十七条 招标人应当在资格预审公告、招标公告或者投标邀请书中载明是否接受联合体投标。

招标人接受联合体投标并进行资格预审的，联合体应当在提交资格预审申请文件前组成。资格预审后联合体增减、更换成员的，其投标无效。

联合体各方在同一招标项目中以自己名义单独投标或者参加其他联合体投标的，相关投标均无效。

第三十八条 投标人发生合并、分立、破产等重大变化的，应当及时书面告知招标人。投标人不再具备资格预审文件、招标文件规定的资格条件或者其投标影响招标公正性的，其投标无效。

第三十九条 禁止投标人相互串通投标。

有下列情形之一的，属于投标人相互串通投标：

（一）投标人之间协商投标报价等投标文件的实质性内容；

（二）投标人之间约定中标人；

（三）投标人之间约定部分投标人放弃投标或者中标；

（四）属于同一集团、协会、商会等组织成员的投标人按照该组织要求协同投标；

（五）投标人之间为谋取中标或者排斥特定投标人而采取的其他联合行动。

第四十条 有下列情形之一的，视为投标人相互串通投标：

（一）不同投标人的投标文件由同一单位或者个人编制；

（二）不同投标人委托同一单位或者个人办理投标事宜；

（三）不同投标人的投标文件载明的项目管理成员为同一人；

（四）不同投标人的投标文件异常一致或者投标报价呈规律性差异；

（五）不同投标人的投标文件相互混装；

（六）不同投标人的投标保证金从同一单位或者个人的账户转出。

第四十一条 禁止招标人与投标人串通投标。

有下列情形之一的，属于招标人与投标人串通投标：

（一）招标人在开标前开启投标文件并将有关信息泄露给其他投标人；

（二）招标人直接或者间接向投标人泄露标底、评标委员会成员等信息；

（三）招标人明示或者暗示投标人压低或者抬高投标报价；

（四）招标人授意投标人撤换、修改投标文件；

（五）招标人明示或者暗示投标人为特定投标人中标提供方便；

（六）招标人与投标人为谋求特定投标人中标而采取的其他串通行为。

第四十二条 使用通过受让或者租借等方式获取的资格、资质证书投标的，属于招标投标法第三十三条规定的以他人名义投标。

投标人有下列情形之一的，属于招标投标法第三十三条规定的以其他方式弄虚作假的行为：

（一）使用伪造、变造的许可证件；

（二）提供虚假的财务状况或者业绩；

（三）提供虚假的项目负责人或者主要技术人员简历、劳动关系证明；

（四）提供虚假的信用状况；

（五）其他弄虚作假的行为。

第四十三条 提交资格预审申请文件的申请人应当遵守招标投标法和本条例有关投标人的规定。

第四章 开标、评标和中标

第四十四条 招标人应当按照招标文件规定的时间、地点开标。

投标人少于3个的，不得开标；招标人应当重新招标。

投标人对开标有异议的，应当在开标现场提出，招标人应当当场作出答复，并制作记录。

第四十五条 国家实行统一的评标专家专业分类标准和管理办法。具体标准和办法由国务院发展改革部门会同国务院有关部门制定。

省级人民政府和国务院有关部门应当组建综合评标专家库。

第四十六条 除招标投标法第三十七条第三款规定的特殊招标项目外，依法必须进行招标的项目，其评标委员会的专家成员应当从评标专家库内相关专业的专家名单中以随机抽取方式确定。任何单位和个人不得以明示、暗示等任何方式指定或者变相指定参加评标委员会的专家成员。

依法必须进行招标的项目的招标人非因招标投标法和本条例规定的事由，不得更换依法确定的评标委员会成员。更换评标委员会的专家成员应当依照前款规定进行。

评标委员会成员与投标人有利害关系的，应当主动回避。

有关行政监督部门应当按照规定的职责分工，对评标委员会成员的确定方式、评标专家的抽取和评标活动进行监督。行政监督部门的工作人员不得担任本部门负责监督项目的评标委员会成员。

第四十七条 招标投标法第三十七条第三款所称特殊招标项目，是指技术复杂、专业性强或者国家有特殊要求，采取随机抽取方式确定的专家难以保证胜任评标工作的项目。

第四十八条 招标人应当向评标委员会提供评标所必需的信息，但不得明示或者暗示其倾向或者排斥特定投标人。

招标人应当根据项目规模和技术复杂程度等因素合理确定评标时间。超过三分之一的评标委员会成员认为评标时间不够的，招标人应当适当延长。

评标过程中，评标委员会成员有回避事由、擅离职守或者因健康等原因不能继续评标的，应当及时更换。被更换的评标委员会成员作出的评审结论无效，由更换后的评标委员会成员重新进行评审。

第四十九条 评标委员会成员应当依照招标投标法和本条例的规定，按照招标文件规定的评标标准和方法，客观、公正地对投标文件提出评审意见。招标文件没有规定的评标标准和方法不得作为评标的依据。

评标委员会成员不得私下接触投标人，不得收受投标人给予的财物或者其他好处，不得向招标人征询确定中标人的意向，不得接受任何单位或者个人明示或者暗示提出的倾向或者排斥特定投标人的要求，不得有其他不客观、不公正履行职务的行为。

第五十条 招标项目设有标底的，招标人应当在开标时公布。标底只能作为评标的参考，不得以投标报价是否接近标底作为中标条件，也不得以投标报价超过标底上下浮动范围作为否决投标的条件。

第五十一条 有下列情形之一的，评标委员会应当否决其投标：

（一）投标文件未经投标单位盖章和单位负责人签字；

（二）投标联合体没有提交共同投标协议；

（三）投标人不符合国家或者招标文件规定的资格条件；

（四）同一投标人提交两个以上不同的投标文件或者投标报价，但招标文件要求提交备选投标的除外；

（五）投标报价低于成本或者高于招标文件设定的最高投标限价；

（六）投标文件没有对招标文件的实质性要求和条件作出响应；

（七）投标人有串通投标、弄虚作假、行贿等违法行为。

第五十二条 投标文件中有含义不明确的内容、明显文字或者计算错误，评标委员会认为需要投标人作出必要澄清、说明的，应当书面通知该投标人。投标人的澄清、说明应当采用书面形式，并不得超出投标文件的范围或者改变投标文件的实质性内容。

评标委员会不得暗示或者诱导投标人作出澄清、说明，不得接受投标人主动提出的澄清、说明。

第五十三条 评标完成后，评标委员会应当向招标人提交书面评标报告和中标候选人名单。中标候选人应当不超过3个，并标明排序。

评标报告应当由评标委员会全体成员签字。对评标结果有不同意见的评标委员会成员应当以书面形式说明其不同意见和理由，评标报告应当注明该不同意见。评标委员会成员拒绝在评标报告上签字又不书面说明其不同意见和理由的，视为同意评标结果。

第五十四条 依法必须进行招标的项目，招标人应当自收到评标报告之日起3日内公示中标候选人，公示期不得少于3日。

投标人或者其他利害关系人对依法必须进行招标的项目的评标结

果有异议的，应当在中标候选人公示期间提出。招标人应当自收到异议之日起3日内作出答复；作出答复前，应当暂停招标投标活动。

第五十五条 国有资金占控股或者主导地位的依法必须进行招标的项目，招标人应当确定排名第一的中标候选人为中标人。排名第一的中标候选人放弃中标、因不可抗力不能履行合同、不按照招标文件要求提交履约保证金，或者被查实存在影响中标结果的违法行为等情形，不符合中标条件的，招标人可以按照评标委员会提出的中标候选人名单排序依次确定其他中标候选人为中标人，也可以重新招标。

第五十六条 中标候选人的经营、财务状况发生较大变化或者存在违法行为，招标人认为可能影响其履约能力的，应当在发出中标通知书前由原评标委员会按照招标文件规定的标准和方法审查确认。

第五十七条 招标人和中标人应当依照招标投标法和本条例的规定签订书面合同，合同的标的、价款、质量、履行期限等主要条款应当与招标文件和中标人的投标文件的内容一致。招标人和中标人不得再行订立背离合同实质性内容的其他协议。

招标人最迟应当在书面合同签订后5日内向中标人和未中标的投标人退还投标保证金及银行同期存款利息。

第五十八条 招标文件要求中标人提交履约保证金的，中标人应当按照招标文件的要求提交。履约保证金不得超过中标合同金额的10%。

第五十九条 中标人应当按照合同约定履行义务，完成中标项目。中标人不得向他人转让中标项目，也不得将中标项目肢解后分别向他人转让。

中标人按照合同约定或者经招标人同意，可以将中标项目的部分非主体、非关键性工作分包给他人完成。接受分包的人应当具备相应的资格条件，并不得再次分包。

中标人应当就分包项目向招标人负责，接受分包的人就分包项目承担连带责任。

第五章 投诉与处理

第六十条 投标人或者其他利害关系人认为招标投标活动不符合法律、行政法规规定的，可以自知道或者应当知道之日起10日内向有关行政监督部门投诉。投诉应当有明确的请求和必要的证明材料。

就本条例第二十二条、第四十四条、第五十四条规定事项投诉的，应当先向招标人提出异议，异议答复期间不计算在前款规定的期限内。

第六十一条 投诉人就同一事项向两个以上有权受理的行政监督部门投诉的，由最先收到投诉的行政监督部门负责处理。

行政监督部门应当自收到投诉之日起3个工作日内决定是否受理投诉，并自受理投诉之日起30个工作日内作出书面处理决定；需要检验、检测、鉴定、专家评审的，所需时间不计算在内。

投诉人捏造事实、伪造材料或者以非法手段取得证明材料进行投诉的，行政监督部门应当予以驳回。

第六十二条 行政监督部门处理投诉，有权查阅、复制有关文件、资料，调查有关情况，相关单位和人员应当予以配合。必要时，行政监督部门可以责令暂停招标投标活动。

行政监督部门的工作人员对监督检查过程中知悉的国家秘密、商业秘密，应当依法予以保密。

第六章 法律责任

第六十三条 招标人有下列限制或者排斥潜在投标人行为之一的，由有关行政监督部门依照招标投标法第五十一条的规定处罚：

（一）依法应当公开招标的项目不按照规定在指定媒介发布资格预审公告或者招标公告；

（二）在不同媒介发布的同一招标项目的资格预审公告或者招标公告的内容不一致，影响潜在投标人申请资格预审或者投标。

依法必须进行招标的项目的招标人不按照规定发布资格预审公告或者招标公告，构成规避招标的，依照招标投标法第四十九条的规定处罚。

第六十四条 招标人有下列情形之一的，由有关行政监督部门责令改正，可以处10万元以下的罚款：

（一）依法应当公开招标而采用邀请招标；

（二）招标文件、资格预审文件的发售、澄清、修改的时限，或者确定的提交资格预审申请文件、投标文件的时限不符合招标投标法和本条例规定；

（三）接受未通过资格预审的单位或者个人参加投标；

（四）接受应当拒收的投标文件。

招标人有前款第一项、第三项、第四项所列行为之一的，对单位直接负责的主管人员和其他直接责任人员依法给予处分。

第六十五条 招标代理机构在所代理的招标项目中投标、代理投标或者向该项目投标人提供咨询的，接受委托编制标底的中介机构参加受托编制标底项目的投标或者为该项目的投标人编制投标文件、提供咨询的，依照招标投标法第五十条的规定追究法律责任。

第六十六条 招标人超过本条例规定的比例收取投标保证金、履约保证金或者不按照规定退还投标保证金及银行同期存款利息的，由有关行政监督部门责令改正，可以处5万元以下的罚款；给他人造成损失的，依法承担赔偿责任。

第六十七条 投标人相互串通投标或者与招标人串通投标的，投标人向招标人或者评标委员会成员行贿谋取中标的，中标无效；构成犯罪的，依法追究刑事责任；尚不构成犯罪的，依照招标投标法第五十三条的规定处罚。投标人未中标的，对单位的罚款金额按照招标项目合同金额依照招标投标法规定的比例计算。

投标人有下列行为之一的，属于招标投标法第五十三条规定的情节严重行为，由有关行政监督部门取消其1年至2年内参加依法必须进行招标的项目的投标资格：

（一）以行贿谋取中标；

（二）3年内2次以上串通投标；

（三）串通投标行为损害招标人、其他投标人或者国家、集体、公民的合法利益，造成直接经济损失30万元以上；

（四）其他串通投标情节严重的行为。

投标人自本条第二款规定的处罚执行期限届满之日起3年内又有该款所列违法行为之一的，或者串通投标、以行贿谋取中标情节特别严重的，由工商行政管理机关吊销营业执照。

法律、行政法规对串通投标报价行为的处罚另有规定的，从其规定。

第六十八条 投标人以他人名义投标或者以其他方式弄虚作假骗取中标的，中标无效；构成犯罪的，依法追究刑事责任；尚不构成犯罪的，依照招标投标法第五十四条的规定处罚。依法必须进行招标的项目的投标人未中标的，对单位的罚款金额按照招标项目合同金额依照招标投标法规定的比例计算。

投标人有下列行为之一的，属于招标投标法第五十四条规定的情节严重行为，由有关行政监督部门取消其 1 年至 3 年内参加依法必须进行招标的项目的投标资格：

（一）伪造、变造资格、资质证书或者其他许可证件骗取中标；

（二）3 年内 2 次以上使用他人名义投标；

（三）弄虚作假骗取中标给招标人造成直接经济损失 30 万元以上；

（四）其他弄虚作假骗取中标情节严重的行为。

投标人自本条第二款规定的处罚执行期限届满之日起 3 年内又有该款所列违法行为之一的，或者弄虚作假骗取中标情节特别严重的，由工商行政管理机关吊销营业执照。

第六十九条 出让或者出租资格、资质证书供他人投标的，依照法律、行政法规的规定给予行政处罚；构成犯罪的，依法追究刑事责任。

第七十条 依法必须进行招标的项目的招标人不按照规定组建评标委员会，或者确定、更换评标委员会成员违反招标投标法和本条例规定的，由有关行政监督部门责令改正，可以处 10 万元以下的罚款，对单位直接负责的主管人员和其他直接责任人员依法给予处分；违法确定或者更换的评标委员会成员作出的评审结论无效，依法重新进行评审。

国家工作人员以任何方式非法干涉选取评标委员会成员的，依照本条例第八十一条的规定追究法律责任。

第七十一条 评标委员会成员有下列行为之一的，由有关行政监督部门责令改正；情节严重的，禁止其在一定期限内参加依法必须进行招标的项目的评标；情节特别严重的，取消其担任评标委员会成员的资格：

（一）应当回避而不回避；

（二）擅离职守；

（三）不按照招标文件规定的评标标准和方法评标；

（四）私下接触投标人；

（五）向招标人征询确定中标人的意向或者接受任何单位或者个人明示或者暗示提出的倾向或者排斥特定投标人的要求；

（六）对依法应当否决的投标不提出否决意见；

（七）暗示或者诱导投标人作出澄清、说明或者接受投标人主动提出的澄清、说明；

（八）其他不客观、不公正履行职务的行为。

第七十二条 评标委员会成员收受投标人的财物或者其他好处的，没收收受的财物，处3000元以上5万元以下的罚款，取消担任评标委员会成员的资格，不得再参加依法必须进行招标的项目的评标；构成犯罪的，依法追究刑事责任。

第七十三条 依法必须进行招标的项目的招标人有下列情形之一的，由有关行政监督部门责令改正，可以处中标项目金额10‰以下的罚款；给他人造成损失的，依法承担赔偿责任；对单位直接负责的主管人员和其他直接责任人员依法给予处分：

（一）无正当理由不发出中标通知书；

（二）不按照规定确定中标人；

（三）中标通知书发出后无正当理由改变中标结果；

（四）无正当理由不与中标人订立合同；

（五）在订立合同时向中标人提出附加条件。

第七十四条 中标人无正当理由不与招标人订立合同，在签订合同时向招标人提出附加条件，或者不按照招标文件要求提交履约保证金的，取消其中标资格，投标保证金不予退还。对依法必须进行招标的项目的中标人，由有关行政监督部门责令改正，可以处中标项目金额10‰以下的罚款。

第七十五条 招标人和中标人不按照招标文件和中标人的投标文件订立合同，合同的主要条款与招标文件、中标人的投标文件的内容不一致，或者招标人、中标人订立背离合同实质性内容的协议的，由有关行政监督部门责令改正，可以处中标项目金额5‰以上10‰以下的罚款。

第七十六条 中标人将中标项目转让给他人的，将中标项目肢解后分别转让给他人的，违反招标投标法和本条例规定将中标项目的部分主体、关键性工作分包给他人的，或者分包人再次分包的，转让、分包无效，处转让、分包项目金额5‰以上10‰以下的罚款；有违法所得的，并处没收违法所得；可以责令停业整顿；情节严重的，由工商行政管理机关吊销营业执照。

第七十七条 投标人或者其他利害关系人捏造事实、伪造材料或者以非法手段取得证明材料进行投诉，给他人造成损失的，依法承担赔偿责任。

招标人不按照规定对异议作出答复，继续进行招标投标活动的，由有关行政监督部门责令改正，拒不改正或者不能改正并影响中标结果的，依照本条例第八十二条的规定处理。

第七十八条 取得招标职业资格的专业人员违反国家有关规定办理招标业务的，责令改正，给予警告；情节严重的，暂停一定期限内从事招标业务；情节特别严重的，取消招标职业资格。

第七十九条 国家建立招标投标信用制度。有关行政监督部门应当依法公告对招标人、招标代理机构、投标人、评标委员会成员等当事人违法行为的行政处理决定。

第八十条 项目审批、核准部门不依法审批、核准项目招标范围、招标方式、招标组织形式的，对单位直接负责的主管人员和其他直接责任人员依法给予处分。

有关行政监督部门不依法履行职责，对违反招标投标法和本条例规定的行为不依法查处，或者不按照规定处理投诉、不依法公告对招标投标当事人违法行为的行政处理决定的，对直接负责的主管人员和其他直接责任人员依法给予处分。

项目审批、核准部门和有关行政监督部门的工作人员徇私舞弊、滥用职权、玩忽职守，构成犯罪的，依法追究刑事责任。

第八十一条 国家工作人员利用职务便利，以直接或者间接、明示或者暗示等任何方式非法干涉招标投标活动，有下列情形之一的，依法给予记过或者记大过处分；情节严重的，依法给予降级或者撤职处分；情节特别严重的，依法给予开除处分；构成犯罪的，依法追究刑事责任：

（一）要求对依法必须进行招标的项目不招标，或者要求对依法应当公开招标的项目不公开招标；

（二）要求评标委员会成员或者招标人以其指定的投标人作为中标候选人或者中标人，或者以其他方式非法干涉评标活动，影响中标结果；

（三）以其他方式非法干涉招标投标活动。

第八十二条 依法必须进行招标的项目的招标投标活动违反招标投标法和本条例的规定，对中标结果造成实质性影响，且不能采取补救措施予以纠正的，招标、投标、中标无效，应当依法重新招标或者评标。

第七章 附 则

第八十三条 招标投标协会按照依法制定的章程开展活动，加强行业自律和服务。

第八十四条 政府采购的法律、行政法规对政府采购货物、服务的招标投标另有规定的，从其规定。

第八十五条 本条例自 2012 年 2 月 1 日起施行。

国务院办公厅转发发展改革委 法制办 监察部关于做好招标投标法实施条例贯彻实施工作意见的通知

国办发〔2012〕21号

各省、自治区、直辖市人民政府，国务院各部委、各直属机构：

发展改革委、法制办、监察部《关于做好招标投标法实施条例贯彻实施工作的意见》已经国务院同意，现转发给你们，请认真贯彻执行。

国务院办公厅

二〇一二年四月十四日

关于做好招标投标法实施条例贯彻实施工作的意见

发展改革委　法制办　监察部

《中华人民共和国招标投标法实施条例》（以下简称《条例》）已于2012年2月1日起施行。为做好《条例》的贯彻实施工作，现提出以下意见：

一、充分认识贯彻实施《条例》的重要性和紧迫性

《中华人民共和国招标投标法》（以下简称《招标投标法》）自2000年1月1日起施行以来，对于促进公平竞争，保证采购质量，节约采购资金，预防和惩治腐败，发挥了重要作用。但在实践中，一些地方仍然存在着规避招标、虚假招标、串通投标等亟待解决的突出问题。在认真总结《招标投标法》实施经验基础上，《条例》为解决当前突出问题作了有针对性的制度安排。做好《条例》贯彻实施工作，关系到招投标市场的长远健康发展，关系到公开公平公正市场竞争秩序的形成，关系到重点建设项目和民生工程的优质高效廉洁推进。各地区、各部门要从完善社会主义市场经济体制的高度，充分认识做好《条例》贯彻实施工作的重要性和紧迫性，采取有效措施，将《条例》的各项规定落到实处。

二、加强对《条例》的宣传、学习和培训

（一）广泛宣传。各级人民政府有关行政监督部门要充分利用广播、电视、报纸、网络等媒介，采取专家访谈、法规解读、专题报道、以案说法、知识竞赛等方式，广泛宣传《条例》。发布招标公告的指定媒介和相关行业组织要制定宣传工作方案并抓好组织落实。

（二）深入学习。各级人民政府有关行政监督部门要组织招投标监督管理人员认真学习《条例》，不断提高招投标行政监督执法能力。招标人、投标人、招标代理机构要将加强《条例》学习作为提高队伍业务素质的一项基础性工作来抓，进一步规范招投标行为和招标代理行为。评标专家要重点学习《条例》有关评标纪律和评标程序等方面的规定，增强客观公正评标的自觉性。

（三）组织培训。国务院有关部门要对本部门、本系统从事招投标监督管理的人员进行专门培训，并将《条例》学习纳入培训和考核内容。国资委要组织对中央企业有关人员进行培训。组建评标专家库的省级以上人民政府有关部门，要对评标专家进行集中培训。相关行业组织要组织开展会员单位培训。各种培训要确保培训质量，不得以营利为目的，不得乱收费。

三、全面清理与招投标有关的规定

（一）清理范围。凡涉及招投标的规章和规范性文件，都要纳入清理范围。对与招投标有关的地方性法规，本级人民政府组织梳理后，依法向同级人民代表大会或其常务委员会提出清理建议。

（二）清理内容。对限制或者排斥潜在投标人、擅自设置审批事项、增加审批环节、干预当事人自主权、增加企业负担等违反《条例》的内容，以及不同规定之间相互冲突矛盾的内容，要进行全面清理。有关规定中个别条款存在前述情形的，应当予以修改；有关规定的主要内容违反《条例》或者不适应经济社会发展需要的，应当予以废止。

（三）清理方式。按照“谁制定、谁清理”的原则，由制定机关或者牵头起草部门确定具体清理范围，并提出清理意见。各级发展改革部门要会同同级法制工作机构、监察机关，做好组织协调、督促指导等具体工作。在清理过程中，要广泛听取各方面特别是招标人、投标人、招标代理机构等市场主体以及有关专家学者、研究机构、行业组织的意见，并以适当形式及时反馈意见采纳情况。

（四）进度安排。2012 年 7 月 31 日前，国务院有关部门要将本部门清理意见送发展改革委，并抄送法制办和监察部；地方各级人民政府有关部门的清理意见，由同级发展改革部门汇总后报上级发展改革部门，并抄报上级法制工作机构和监察机关。需要修改、废止的规章、规范性文件，各制定机关要在 2012 年 12 月 31 日前完成修改、废止程序，并向社会公布清理结果。

（五）巩固成果。为切实维护招投标规则统一，避免政出多门，各级发展改革部门要会同有关部门，建立招投标政策规定的会商机制，确保所制定的招投标政策规定严格遵守上位法，并充分征求有关方面意见。各级法制工作机构要加大招投标规章备案审查力度，坚决纠正违反上位法、不同规定之间相互冲突矛盾等问题。

四、抓紧完善《条例》配套制度

（一）完善工程建设项目强制招标制度。发展改革委要会同有关部门，抓紧修改《工程建设项目招标范围和规模标准规定》，科学合理地确定依法必须进行招标的工程建设项目的范围和规模标准，报国务院批准后公布施行。

（二）建立电子招投标制度。发展改革委要会同有关部门，抓紧制定电子招投标办法以及相关技术规范，推动建立符合国情、定位清晰、分工明确、互联互通的电子招投标系统，进一步提高招投标活动的效率和透明度。

（三）建立从业人员职业资格制度。人力资源社会保障部要会同发展改革委，抓紧制定招标职业资格管理办法。负责招标代理机构资格认定的国务院有关部门，要抓紧修改相关管理办法，做好机构资质认定与人员职业资格制度的衔接。

（四）健全标准招标文件体系。发展改革委要会同有关部门，抓紧编制标准货物、服务招标文件和资格预审文件，构建覆盖主要采购对象、多种合同类型、不同项目规模的标准招标文件体系，提高资格预审文件和招标文件编制质量和效率。

（五）建立综合评标专家库制度。发展改革委要会同国务院有关部门，起草制定规范评标专家入库审查、考核培训、动态管理和抽取监督的管理办法。各级综合评标专家库之间应逐步实现专家资源共享，互联互通。

（六）推动建立招投标信用制度。发展改革委要会同国务院有关部门，在总结招投标违法行为记录公告制度实践的基础上，结合推进工程建设领域诚信体系建设，研究制定招投标信用评价标准和具体办法，逐步建立健全鼓励诚信、惩戒失信的机制。

五、进一步加强和改进行政监督

（一）加强监督管理。项目审批、核准部门应当严格履行招标内容核准职责，在审批、核准项目时审批、核准招标范围、招标方式和招标组织形式。严格规范国有企事业单位特别是中央企业招投标活动，落实监管责任，切实改变监督缺位状况。严格执行招标从业人员职业资格制度，有关部门在认定招标代理机构资格时，要确保招标代理机构拥有一定数量的取得招标职业资格的专业人员。有关行政监督部门要加强对评标委员会成员确定方式、评标专家抽取以及评标活动的监督，规范评标专家自由裁量权，确保评标行为客观、公正、科学；加强对合同签订和履行的监督，防止签订“阴阳合同”、违法转包和违规分包；加强对依法必须招标项目合同变更的监督约束，防止“低中高结”等违法违规行为的发生；加强过程监督，及时依法查处违法违规行为，对如不及时纠正将造成难以弥补损失的，可以责令暂停招投标活动。

（二）加大执法力度。有关行政监督部门要进一步强化执法意识，加大行政监督执法力度。要以政府投资项目、国有投资占控股和主导地位的项目为主，重点检查招标人规避招标、虚假招标、限制或者排斥潜在投标人、泄露标底等信息，投标人串通投标、以他人名义投标、弄虚作假，招标代理机构不规范代理，评标委员会成员不客观公正履行职责，中标人不严格履行合同、非法转包和违规分包等违法违规行为。一经认定，要严肃查处，并公布违法行为记录。涉嫌犯罪的，移送司法机关处理。

（三）规范监督行为。各部门在履行好各自职责的同时，要加强协调配合，形成监管合力。有关行政监督部门要依法受理符合条件的投诉，并及时作出处理决定。有关部门及其工作人员应当依法履行监督管理职责，不得违法设置审批事项、增加管理环节；应当合理确定行政监管边界，不得非法干涉招标人自主编制招标文件、组建评标委员会、确定中标人、发出中标通知书，不得非法干涉投标人自主投标和评标委员会独立评审。招标代理机构可以依法跨区域开展业务，任何地区和部门不得以登记备案等方式加以限制。各级监察机关要加强对行政监督部门及其工作人员的监督检查，严肃查处不依法履行职责、非法干涉招投标活动等问题。各级审计机关要依法加强对招投标行政监督部门、招投标当事人招投标活动的审计监督。

（四）创新管理模式。县级以上地方人民政府可以结合本地实际，积极探索建立分工明确、责任落实、执行有力、运转协调的招投标行政监督管理制度。具备条件的市级以上地方人民政府，可以结合当地实际，建立不隶属于任何行政监督部门、不以营利为目的、统一规范的招投标交易场所，为行政监督和市场交易提供服务。

六、确保《条例》贯彻实施工作落到实处

（一）制定贯彻实施方案。地方各级人民政府和国务院有关部门，要加强对《条例》贯彻实施工作的组织领导，明确责任分工，结合本地区、本部门实际作出具体部署。对于需要多个部门联合开展的工作，牵头部门要会同有关部门拟定具体方案，协同有序推进。

（二）检查贯彻实施情况。发展改革委、法制办、监察部适时组成联合检查组，对各地区、各部门贯彻实施情况进行检查。省级发展改革部门要会同同级法制工作机构、监察机关，结合工程建设领域突出问题专项治理工作，于2012年10月31日前组织开展专项检查。

促进公平竞争、预防和惩治腐败的又一重大举措

——国务院法制办、国家发展改革委、监察部负责人就《中华人民共和国招标投标法实施条例》有关问题答记者问

12月20日，国务院总理温家宝签署国务院令公布《中华人民共和国招标投标法实施条例》（以下简称《条例》），《条例》自2012年2月1日起施行。国务院法制办、国家发展改革委、监察部负责人就《条例》的有关问题回答了记者的提问。

问：为什么要制定《条例》？

答：招标投标法自2000年1月1日施行以来，对于推进招标采购制度的实施，促进公平竞争，加强反腐败制度建设，节约公共采购资金，保证采购质量，发挥了重要作用。随着招标采购方式的广泛应用，招标投标活动也出现了一些亟待解决的突出问题：一些依法必须招标的项目规避招标或者搞“明招暗定”的虚假招标，有的领导干部利用权力插手干预招标投标活动，搞权钱交易，使工程建设和其他公共采购领域成为腐败现象易发、多发的重灾区；一些招标投标活动当事人相互串通，围标串标，严重扰乱招标投标活动正常秩序，破坏公平竞争。招标投标活动中存在的突出问题，明显违反法律、法规已有的规定，同时也有相关制度需进一步完善的问题。认真总结招标投标法实施以来的实践经验，制定出台配套行政法规，将法律规定进一步具体化，增强可操作性，并针对新情况、新问题充实完善有关规定，进一步筑牢工程建设和其他公共采购领域预防和惩治腐败的制度屏障，维护招标投标活动的正常秩序，是必要的。制定出台《条例》，是落实中央部署、推动工程建设领域反腐败长效机制建设的一项重要任务，是解决招标投标领域突出问题、促进公平竞争、预防和惩治腐败的一项重要举措。

问：《条例》针对实践中存在的规避公开招标、搞“明招暗定”的虚假招标以及串通投标等突出问题，主要作了哪些规定？

答：《条例》针对当前突出问题，主要细化、完善了保障公开公平公正、预防和惩治腐败、维护招标投标正常秩序的规定。

一是进一步明确应当公开招标的项目范围。针对一些应当公开招标的项目以法律规定不明确为借口规避公开招标的问题，《条例》规定：凡属国有资金占控股或者主导地位的依法必须招标的项目，除因技术复杂、有特殊要求或者只有少数潜在投标人可供选择等特殊情形不适宜公开招标的以外，都应当公开招标；负责建设项目审批、核准的部门应当审核确定项目的招标范围、招标方式和招标组织形式，并通报招标投标行政监督部门。

二是充实细化防止虚假招标的规定。实践中搞虚假招标、“明招暗定”的主要手段之一，是招标人以不公正、不合理的投标人资格条件和中标条件以及不规范的投标人资格审查办法限制、排斥其他投标人，以使其事先内定的投标人中标。针对这一问题，《条例》充实细化了禁止以不合理条件和不规范的资格审查办法限制、排斥投标人的规定，不得对不同的投标人采取不同的资格审查或者评标标准，不得设定与招标项目具体特点和实际需要不相适应或者与合同履行无关的资格审查和中标条件，不得以特定业绩、奖项作为中标条件，不得限定特定的专利、商标、品牌或者供应商等。实践中搞虚假招标、“明招暗定”的另一主要手段，是招标人以各种方式与其内定的投标人串通，帮助其中标。针对这一问题，《条例》在重申禁止招标人与投标人串通投标的法律规定的同时，对属于招标人与投标人串通投标的具体情形作了细化，为依法认定和严厉惩治这类违法行为提供更明确的执法依据。

三是禁止在招标结束后违反招标文件的规定和中标人的投标承诺订立合同，防止招标人与中标人串通搞权钱交易。《条例》规定：招标人和中标人应当依照招标投标法和《条例》的规定签订书面合同，合同的标的、价款、质量、履行期限等主要条款应当与招标文件、中标人的投标文件的内容一致；招标人和中标人不得再行订立背离合同实质性内容的其他协议。

四是完善防止和严惩串通投标、弄虚作假骗取中标行为的规定。投标人串通投标，以行贿谋取中标，以及弄虚作假骗取中标的行为，对正常的招标投标竞争秩序危害甚大，应当依法严惩、坚决遏制。

《条例》在对串通投标行为和弄虚作假骗取中标行为的认定作出明确具体规定的同时，依据招标投标法，进一步充实细化了相关的法律责任，规定有此类行为的，中标无效，没收违法所得，处以罚款；对违法情节严重的投标人取消其一定期限内参加依法必须进行招标的项目的投标资格，直至吊销其营业执照；构成犯罪的，依法追究刑事责任。

问：评标是选取中标人、保证招标成功的关键，《条例》对评标委员会成员及其评标行为作了哪些规定？

答：为确保公正评标，一要规范地选取评标委员会成员，二要规范评标行为，《条例》进一步完善了这方面的规定。

针对有的领导干部、招标单位负责人滥用权力干预评标委员会成员的选取，指定或变相指定评标委员会专家成员，严重妨碍公正评标的问题，《条例》规定：省级人民政府和国务院有关部门应当组建综合评标专家库。除招标投标法规定的特殊招标项目外，评标委员会的专家成员应当从评标专家库内相关专业的专家名单中以随机抽取的方式确定。任何单位和个人不得指定或者变相指定参加评标委员会的专家成员。招标人非因法定事由，不得更换依法确定的评标委员会成员。有关行政监督部门应当按照规定的职责分工，对评标委员会成员的确定方式、评标专家的抽取和评标活动进行监督。同时对违法确定、更换评标委员会成员的法律责任作了明确规定。

针对有的评标委员会成员不依法客观公正履行职务，甚至徇私舞弊的问题，为严格规范评标委员会成员的评标行为，保障评标公平公正，《条例》规定：评标委员会成员应当按照招标文件规定的评标标准和方法，客观、公正地对投标文件提出评审意见。评标委员会成员不得私下接触投标人，不得收受投标人给予的财物或者其他好处，不得向招标人征询确定中标人的意向或者接受任何单位或者个人提出的倾向或者排斥特定投标人的要求，不得有其他不客观、不公正履行职务的行为。同时对评标委员会成员不依法客观公正履行职务的法律责任作了明确规定。

问：《条例》对于国家工作人员特别是领导干部插手干预招标投标活动作了哪些规定？对于有关行政监督部门不依法履行职责的行为作了哪些规定？

目前，招标投标领域仍然是违法违纪问题的易发高发领域。领导干部违规插手干预招标投标活动、进行权钱交易等问题还比较突出，社会对此反映强烈。有关法律法规和党纪政纪对禁止领导干部等国家工作人员插手干预招标投标活动已有明确规定。为切实落实要将严格禁止利用权力干预、操纵招标投标活动“作为一条‘高压线’，谁碰就依法处理谁”的要求，《条例》重申规定：禁止国家工作人员以任何方式非法干涉招标投标活动。国家工作人员利用职务便利，以直接或者间接、明示或者暗示等任何方式要求对依法必须进行招标的项目不招标的，或者要求对依法应当公开招标的项目不公开招标的，要求评标委员会成员或者招标人选定所指定的投标人为中标候选人或者中标人的，或者以其他方式非法干涉评标活动影响中标结果的，依法给予记过或者记大过处分；情节严重的，依法给予降级或者撤职处分；情节特别严重的，依法给予开除处分；构成犯罪的，依法追究刑事责任。这里讲的“国家工作人员”，依照法律规定，包括国家机关工作人员和国有企业、事业单位中依法从事公务的人员。另外，条例还明确规定，监察机关依法对与招标投标活动有关的监察对象实施监察。这与《行政监察法》、《行政机关公务员处分条例》及国家有关政策规定相衔接，有利于加强对有关政府部门及其工作人员的行政监察，严肃查处国家工作人员插手干预招标投标活动的行为。

为保障严格执法，落实行政问责制度，《条例》规定：有关行政监督部门不依法履行职责，对违法行为不依法查处，或者不按照规定处理投诉、不依法公告对招标投标当事人违法行为的行政处理决定的，对直接负责的主管人员和其他直接责任人员依法给予处分；构成犯罪的，依法追究刑事责任。

问：据了解，《条例》还对招标投标交易场所和招标投标信用制度作了规定，请介绍一下相关情况。

答：目前，一些地方设立了开展招标投标活动的场所，有工程交易中心、公共资源交易中心等，《条例》将其称为“招标投标交易场所”。在功能定位上，《条例》规定招标投标交易场所应立足于为招投标活动提供服务。在与行政监督部门的关系上，《条例》规定招标投标交易场所不得与行政监督部门存在隶属关系。在设立的层级上，《条例》规定设区的市级以上地方人民政府可以根据实际需要建立统一规范的招标投标交易场所。同时，《条例》规定招标投标交易场所不得以营利为目的。

为使“诚信者受益，失信者惩戒”的机制在招标投标活动中得以体现，《条例》规定：国家建立招标投标信用制度。有关行政监督部门应当依法公告对招标人、招标代理机构、投标人、评标委员会成员等当事人违法行为的行政处理决定。

问：对《条例》的贯彻实施有什么安排？

答：《招标投标法实施条例》的颁布实施是国家法制建设中促进公平竞争、预防和惩治腐败的又一重大举措，要高度重视并切实做好《条例》的贯彻实施工作。一是做好宣传培训。通过新闻宣传、人员培训等多种方式，积极营造认真学习《条例》、自觉执行《条例》的氛围。二是清理完善配套规定。各部门、各地方要对涉及招标投标的地方性法规、部门和地方政府规章以及规范性文件进行一次全面清理，及时修改、废止并对外公布。需要制定配套规定的，要抓紧制定出台。三是加强监督执法。按照中央关于工程建设领域突出问题专项治理工作的部署，集中开展执法检查，重点查处围标串标、弄虚作假、插手干预招投标活动等违法违规行为，切实维护招投标市场秩序。四是公布一批典型案例。我们对工程建设领域突出问题专项治理以来查处的典型案例进行了认真梳理和剖析，将适时向社会公布。

中华人民共和国招标投标法

（1999年8月30日第九届全国人民代表大会
常务委员会第十一次会议通过
1999年8月30日中华人民共和国主席令第21号公布
自2000年1月1日起施行）

第一章　总　　则

第一条　为了规范招标投标活动，保护国家利益、社会公共利益和招标投标活动当事人的合法权益，提高经济效益，保证项目质量，制定本法。

第二条　在中华人民共和国境内进行招标投标活动，适用本法。

第三条　在中华人民共和国境内进行下列工程建设项目包括项目的勘察、设计、施工、监理以及与工程建设有关的重要设备、材料等的采购，必须进行招标：

（一）大型基础设施、公用事业等关系社会公共利益、公众安全的项目；

（二）全部或者部分使用国有资金投资或者国家融资的项目；

（三）使用国际组织或者外国政府贷款、援助资金的项目。

前款所列项目的具体范围和规模标准，由国务院发展计划部门会同国务院有关部门制订，报国务院批准。

法律或者国务院对必须进行招标的其他项目的范围有规定的，依照其规定。

第四条　任何单位和个人不得将依法必须进行招标的项目化整为零或者以其他任何方式规避招标。

第五条　招标投标活动应当遵循公开、公平、公正和诚实信用的原则。

第六条　依法必须进行招标的项目，其招标投标活动不受地区或者部门的限制。任何单位和个人不得违法限制或者排斥本地区、本系统以外的法人或者其他组织参加投标，不得以任何方式非法干涉招标投标活动。

第七条 招标投标活动及其当事人应当接受依法实施的监督。

有关行政监督部门依法对招标投标活动实施监督，依法查处招标投标活动中的违法行为。

对招标投标活动的行政监督及有关部门的具体职权划分，由国务院规定。

第二章 招 标

第八条 招标人是依照本法规定提出招标项目、进行招标的法人或者其他组织。

第九条 招标项目按照国家有关规定需要履行项目审批手续的，应当先履行审批手续，取得批准。

招标人应当有进行招标项目的相应资金或者资金来源已经落实，并应当在招标文件中如实载明。

第十条 招标分为公开招标和邀请招标。

公开招标，是指招标人以招标公告的方式邀请不特定的法人或者其他组织投标。

邀请招标，是指招标人以投标邀请书的方式邀请特定的法人或者其他组织投标。

第十一条 国务院发展计划部门确定的国家重点项目和省、自治区、直辖市人民政府确定的地方重点项目不适宜公开招标的，经国务院发展计划部门或者省、自治区、直辖市人民政府批准，可以进行邀请招标。

第十二条 招标人有权自行选择招标代理机构，委托其办理招标事宜。任何单位和个人不得以任何方式为招标人指定招标代理机构。

招标人具有编制招标文件和组织评标能力的，可以自行办理招标事宜。任何单位和个人不得强制其委托招标代理机构办理招标事宜。

依法必须进行招标的项目，招标人自行办理招标事宜的，应当向有关行政监督部门备案。

第十三条 招标代理机构是依法设立、从事招标代理业务并提供相关服务的社会中介组织。

招标代理机构应当具备下列条件：

（一）有从事招标代理业务的营业场所和相应资金；

（二）有能够编制招标文件和组织评标的相应专业力量；

（三）有符合本法第三十七条第三款规定条件、可以作为评标委员会成员人选的技术、经济等方面的专家库。

第十四条 从事工程建设项目招标代理业务的招标代理机构，其资格由国务院或者省、自治区、直辖市人民政府的建设行政主管部门认定。具体办法由国务院建设行政主管部门会同国务院有关部门制定。从事其他招标代理业务的招标代理机构，其资格认定的主管部门由国务院规定。

招标代理机构与行政机关和其他国家机关不得存在隶属关系或者其他利益关系。

第十五条 招标代理机构应当在招标人委托的范围内办理招标事宜，并遵守本法关于招标人的规定。

第十六条 招标人采用公开招标方式的，应当发布招标公告。依法必须进行招标的项目的招标公告，应当通过国家指定的报刊、信息网络或者其他媒介发布。

招标公告应当载明招标人的名称和地址、招标项目的性质、数量、实施地点和时间以及获取招标文件的办法等事项。

第十七条 招标人采用邀请招标方式的，应当向三个以上具备承担招标项目的能力、资信良好的特定的法人或者其他组织发出投标邀请书。

投标邀请书应当载明本法第十六条第二款规定的事项。

第十八条 招标人可以根据招标项目本身的要求，在招标公告或者投标邀请书中，要求潜在投标人提供有关资质证明文件和业绩情况，并对潜在投标人进行资格审查；国家对投标人的资格条件有规定的，依照其规定。

招标人不得以不合理的条件限制或者排斥潜在投标人，不得对潜在投标人实行歧视待遇。

第十九条 招标人应当根据招标项目的特点和需要编制招标文件。招标文件应当包括招标项目的技术要求、对投标人资格审查的标准、投标报价要求和评标标准等所有实质性要求和条件以及拟签订合同的主要条款。

国家对招标项目的技术、标准有规定的，招标人应当按照其规定在招标文件中提出相应要求。

招标项目需要划分标段、确定工期的，招标人应当合理划分标段、确定工期，并在招标文件中载明。

第二十条 招标文件不得要求或者标明特定的生产供应者以及含有倾向或者排斥潜在投标人的其他内容。

第二十一条 招标人根据招标项目的具体情况，可以组织潜在投标人踏勘项目现场。

第二十二条 招标人不得向他人透露已获取招标文件的潜在投标人的名称、数量以及可能影响公平竞争的有关招标投标的其他情况。

招标人设有标底的，标底必须保密。

第二十三条 招标人对已发出的招标文件进行必要的澄清或者修改的，应当在招标文件要求提交投标文件截止时间至少十五日前，以书面形式通知所有招标文件收受人。该澄清或者修改的内容为招标文件的组成部分。

第二十四条 招标人应当确定投标人编制投标文件所需要的合理时间；但是，依法必须进行招标的项目，自招标文件开始发出之日起至投标人提交投标文件截止之日止，最短不得少于二十日。

第三章 投 标

第二十五条 投标人是响应招标、参加投标竞争的法人或者其他组织。

依法招标的科研项目允许个人参加投标的，投标的个人适用本法有关投标人的规定。

第二十六条 投标人应当具备承担招标项目的能力；国家有关规定对投标人资格条件或者招标文件对投标人资格条件有规定的，投标人应当具备规定的资格条件。

第二十七条 投标人应当按照招标文件的要求编制投标文件。投标文件应当对招标文件提出的实质性要求和条件作出响应。

招标项目属于建设施工的，投标文件的内容应当包括拟派出的项目负责人与主要技术人员的简历、业绩和拟用于完成招标项目的机械设备等。

第二十八条 投标人应当在招标文件要求提交投标文件的截止时间前，将投标文件送达投标地点。招标人收到投标文件后，应当签收保存，不得开启。投标人少于三个的，招标人应当依照本法重新招标。

在招标文件要求提交投标文件的截止时间后送达的投标文件，招标人应当拒收。

第二十九条 投标人在招标文件要求提交投标文件的截止时间前，可以补充、修改或者撤回已提交的投标文件，并书面通知招标人。补充、修改的内容为投标文件的组成部分。

第三十条 投标人根据招标文件载明的项目实际情况，拟在中标后将中标项目的部分非主体、非关键性工作进行分包的，应当在投标文件中载明。

第三十一条 两个以上法人或者其他组织可以组成一个联合体，以一个投标人的身份共同投标。

联合体各方均应当具备承担招标项目的相应能力；国家有关规定或者招标文件对投标人资格条件有规定的，联合体各方均应当具备规定的相应资格条件。由同一专业的单位组成的联合体，按照资质等级较低的单位确定资质等级。

联合体各方应当签订共同投标协议，明确约定各方拟承担的工作和责任，并将共同投标协议连同投标文件一并提交招标人。联合体中标的，联合体各方应当共同与招标人签订合同，就中标项目向招标人承担连带责任。

招标人不得强制投标人组成联合体共同投标，不得限制投标人之间的竞争。

第三十二条 投标人不得相互串通投标报价，不得排挤其他投标人的公平竞争，损害招标人或者其他投标人的合法权益。

投标人不得与招标人串通投标，损害国家利益、社会公共利益或者他人的合法权益。

禁止投标人以向招标人或者评标委员会成员行贿的手段谋取中标。

第三十三条 投标人不得以低于成本的报价竞标，也不得以他人名义投标或者以其他方式弄虚作假，骗取中标。

第四章 开标、评标和中标

第三十四条 开标应当在招标文件确定的提交投标文件截止时间的同一时间公开进行；开标地点应当为招标文件中预先确定的地点。

第三十五条 开标由招标人主持，邀请所有投标人参加。

第三十六条 开标时，由投标人或者其推选的代表检查投标文件的密封情况，也可以由招标人委托的公证机构检查并公证；经确认无误后，由工作人员当众拆封，宣读投标人名称、投标价格和投标文件的其他主要内容。

招标人在招标文件要求提交投标文件的截止时间前收到的所有投标文件，开标时都应当当众予以拆封、宣读。

开标过程应当记录，并存档备查。

第三十七条 评标由招标人依法组建的评标委员会负责。

依法必须进行招标的项目，其评标委员会由招标人的代表和有关技术、经济等方面的专家组成，成员人数为五人以上单数，其中技术、经济等方面的专家不得少于成员总数的三分之二。

前款专家应当从事相关领域工作满八年并具有高级职称或者具有同等专业水平，由招标人从国务院有关部门或者省、自治区、直辖市人民政府有关部门提供的专家名册或者招标代理机构的专家库内的相关专业的专家名单中确定；一般招标项目可以采取随机抽取方式，特殊招标项目可以由招标人直接确定。

与投标人有利害关系的人不得进入相关项目的评标委员会；已经进入的应当更换。

评标委员会成员的名单在中标结果确定前应当保密。

第三十八条 招标人应当采取必要的措施，保证评标在严格保密的情况下进行。

任何单位和个人不得非法干预、影响评标的过程和结果。

第三十九条 评标委员会可以要求投标人对投标文件中含义不明确的内容作必要的澄清或者说明，但是澄清或者说明不得超出投标文件的范围或者改变投标文件的实质性内容。

第四十条 评标委员会应当按照招标文件确定的评标标准和方法，对投标文件进行评审和比较；设有标底的，应当参考标底。评标委员会完成评标后，应当向招标人提出书面评标报告，并推荐合格的中标候选人。

招标人根据评标委员会提出的书面评标报告和推荐的中标候选人确定中标人。招标人也可以授权评标委员会直接确定中标人。

国务院对特定招标项目的评标有特别规定的，从其规定。

第四十一条 中标人的投标应当符合下列条件之一：

（一）能够最大限度地满足招标文件中规定的各项综合评价标准；

（二）能够满足招标文件的实质性要求，并且经评审的投标价格最低；但是投标价格低于成本的除外。

第四十二条 评标委员会经评审，认为所有投标都不符合招标文件要求的，可以否决所有投标。

依法必须进行招标的项目的所有投标被否决的，招标人应当依照本法重新招标。

第四十三条 在确定中标人前，招标人不得与投标人就投标价格、投标方案等实质性内容进行谈判。

第四十四条 评标委员会成员应当客观、公正地履行职务，遵守职业道德，对所提出的评审意见承担个人责任。

评标委员会成员不得私下接触投标人，不得收受投标人的财物或者其他好处。

评标委员会成员和参与评标的有关工作人员不得透露对投标文件的评审和比较、中标候选人的推荐情况以及与评标有关的其他情况。

第四十五条 中标人确定后，招标人应当向中标人发出中标通知书，并同时将中标结果通知所有未中标的投标人。

中标通知书对招标人和中标人具有法律效力。中标通知书发出后，招标人改变中标结果的，或者中标人放弃中标项目的，应当依法承担法律责任。

第四十六条 招标人和中标人应当自中标通知书发出之日起三十日内，按照招标文件和中标人的投标文件订立书面合同。招标人和中标人不得再行订立背离合同实质性内容的其他协议。

招标文件要求中标人提交履约保证金的，中标人应当提交。

第四十七条 依法必须进行招标的项目，招标人应当自确定中标人之日起十五日内，向有关行政监督部门提交招标投标情况的书面报告。

第四十八条　中标人应当按照合同约定履行义务，完成中标项目。中标人不得向他人转让中标项目，也不得将中标项目肢解后分别向他人转让。

中标人按照合同约定或者经招标人同意，可以将中标项目的部分非主体、非关键性工作分包给他人完成。接受分包的人应当具备相应的资格条件，并不得再次分包。

中标人应当就分包项目向招标人负责，接受分包的人就分包项目承担连带责任。

第五章　法律责任

第四十九条　违反本法规定，必须进行招标的项目而不招标的，将必须进行招标的项目化整为零或者以其他任何方式规避招标的，责令限期改正，可以处项目合同金额千分之五以上千分之十以下的罚款；对全部或者部分使用国有资金的项目，可以暂停项目执行或者暂停资金拨付；对单位直接负责的主管人员和其他直接责任人员依法给予处分。

第五十条　招标代理机构违反本法规定，泄露应当保密的与招标投标活动有关的情况和资料的，或者与招标人、投标人串通损害国家利益、社会公共利益或者他人合法权益的，处五万元以上二十五万元以下的罚款，对单位直接负责的主管人员和其他直接责任人员处单位罚款数额百分之五以上百分之十以下的罚款；有违法所得的，并处没收违法所得；情节严重的，暂停直至取消招标代理资格；构成犯罪的，依法追究刑事责任。给他人造成损失的，依法承担赔偿责任。

前款所列行为影响中标结果的，中标无效。

第五十一条　招标人以不合理的条件限制或者排斥潜在投标人的，对潜在投标人实行歧视待遇的，强制要求投标人组成联合体共同投标的，或者限制投标人之间竞争的，责令改正，可以处一万元以上五万元以下的罚款。

第五十二条　依法必须进行招标的项目的招标人向他人透露已获取招标文件的潜在投标人的名称、数量或者可能影响公平竞争的有关招标投标的其他情况的，或者泄露标底的，给予警告，可以并处一万元以上十万元以下的罚款；对单位直接负责的主管人员和其他直接责任人员依法给予处分；构成犯罪的，依法追究刑事责任。

前款所列行为影响中标结果的，中标无效。

第五十三条 投标人相互串通投标或者与招标人串通投标的，投标人以向招标人或者评标委员会成员行贿的手段谋取中标的，中标无效，处中标项目金额千分之五以上千分之十以下的罚款，对单位直接负责的主管人员和其他直接责任人员处单位罚款数额百分之五以上百分之十以下的罚款；有违法所得的，并处没收违法所得；情节严重的，取消其一年至二年内参加依法必须进行招标的项目的投标资格并予以公告，直至由工商行政管理机关吊销营业执照；构成犯罪的，依法追究刑事责任。给他人造成损失的，依法承担赔偿责任。

第五十四条 投标人以他人名义投标或者以其他方式弄虚作假，骗取中标的，中标无效，给招标人造成损失的，依法承担赔偿责任；构成犯罪的，依法追究刑事责任。

依法必须进行招标的项目的投标人有前款所列行为尚未构成犯罪的，处中标项目金额千分之五以上千分之十以下的罚款，对单位直接负责的主管人员和其他直接责任人员处单位罚款数额百分之五以上百分之十以下的罚款；有违法所得的，并处没收违法所得；情节严重的，取消其一年至三年内参加依法必须进行招标的项目的投标资格并予以公告，直至由工商行政管理机关吊销营业执照。

第五十五条 依法必须进行招标的项目，招标人违反本法规定，与投标人就投标价格、投标方案等实质性内容进行谈判的，给予警告，对单位直接负责的主管人员和其他直接责任人员依法给予处分。

前款所列行为影响中标结果的，中标无效。

第五十六条 评标委员会成员收受投标人的财物或者其他好处的，评标委员会成员或者参加评标的有关工作人员向他人透露对投标文件的评审和比较、中标候选人的推荐以及与评标有关的其他情况的，给予警告，没收收受的财物，可以并处三千元以上五万元以下的罚款，对有所列违法行为的评标委员会成员取消担任评标委员会成员的资格，不得再参加任何依法必须进行招标的项目的评标；构成犯罪的，依法追究刑事责任。

第五十七条 招标人在评标委员会依法推荐的中标候选人以外确

定中标人的，依法必须进行招标的项目在所有投标被评标委员会否决后自行确定中标人的，中标无效。责令改正，可以处中标项目金额千分之五以上千分之十以下的罚款；对单位直接负责的主管人员和其他直接责任人员依法给予处分。

第五十八条 中标人将中标项目转让给他人的，将中标项目肢解后分别转让给他人的，违反本法规定将中标项目的部分主体、关键性工作分包给他人的，或者分包人再次分包的，转让、分包无效，处转让、分包项目金额千分之五以上千分之十以下的罚款；有违法所得的，并处没收违法所得；可以责令停业整顿；情节严重的，由工商行政管理机关吊销营业执照。

第五十九条 招标人与中标人不按照招标文件和中标人的投标文件订立合同的，或者招标人、中标人订立背离合同实质性内容的协议的，责令改正；可以处中标项目金额千分之五以上千分之十以下的罚款。

第六十条 中标人不履行与招标人订立的合同的，履约保证金不予退还，给招标人造成的损失超过履约保证金数额的，还应当对超过部分予以赔偿；没有提交履约保证金的，应当对招标人的损失承担赔偿责任。

中标人不按照与招标人订立的合同履行义务，情节严重的，取消其二年至五年内参加依法必须进行招标的项目的投标资格并予以公告，直至由工商行政管理机关吊销营业执照。

因不可抗力不能履行合同的，不适用前两款规定。

第六十一条 本章规定的行政处罚，由国务院规定的有关行政监督部门决定。本法已对实施行政处罚的机关作出规定的除外。

第六十二条 任何单位违反本法规定，限制或者排斥本地区、本系统以外的法人或者其他组织参加投标的，为招标人指定招标代理机构的，强制招标人委托招标代理机构办理招标事宜的，或者以其他方式干涉招标投标活动的，责令改正；对单位直接负责的主管人员和其他直接责任人员依法给予警告、记过、记大过的处分，情节较重的，依法给予降级、撤职、开除的处分。

个人利用职权进行前款违法行为的，依照前款规定追究责任。

第六十三条 对招标投标活动依法负有行政监督职责的国家机关

工作人员徇私舞弊、滥用职权或者玩忽职守，构成犯罪的，依法追究刑事责任；不构成犯罪的，依法给予行政处分。

第六十四条 依法必须进行招标的项目违反本法规定，中标无效的，应当依照本法规定的中标条件从其余投标人中重新确定中标人或者依照本法重新进行招标。

第六章 附 则

第六十五条 投标人和其他利害关系人认为招标投标活动不符合本法有关规定的，有权向招标人提出异议或者依法向有关行政监督部门投诉。

第六十六条 涉及国家安全、国家秘密、抢险救灾或者属于利用扶贫资金实行以工代赈、需要使用农民工等特殊情况，不适宜进行招标的项目，按照国家有关规定可以不进行招标。

第六十七条 使用国际组织或者外国政府贷款、援助资金的项目进行招标，贷款方、资金提供方对招标投标的具体条件和程序有不同规定的，可以适用其规定，但违背中华人民共和国的社会公共利益的除外。

第六十八条 本法自2000年1月1日起施行。

中华人民共和国政府采购法

（2002年6月29日第九届全国人民代表大会常务委员会
第二十八次会议通过
2002年6月29日中华人民共和国主席令第68号公布
自2003年1月1日起施行）

第一章 总 则

第一条 为了规范政府采购行为，提高政府采购资金的使用效益，维护国家利益和社会公共利益，保护政府采购当事人的合法权益，促进廉政建设，制定本法。

第二条 在中华人民共和国境内进行的政府采购适用本法。

本法所称政府采购，是指各级国家机关、事业单位和团体组织，使用财政性资金采购依法制定的集中采购目录以内的或者采购限额标准以上的货物、工程和服务的行为。

政府集中采购目录和采购限额标准依照本法规定的权限制定。

本法所称采购，是指以合同方式有偿取得货物、工程和服务的行为，包括购买、租赁、委托、雇用等。

本法所称货物，是指各种形态和种类的物品，包括原材料、燃料、设备、产品等。

本法所称工程，是指建设工程，包括建筑物和构筑物的新建、改建、扩建、装修、拆除、修缮等。

本法所称服务，是指除货物和工程以外的其他政府采购对象。

第三条 政府采购应当遵循公开透明原则、公平竞争原则、公正原则和诚实信用原则。

第四条 政府采购工程进行招标投标的，适用招标投标法。

第五条 任何单位和个人不得采用任何方式，阻挠和限制供应商自由进入本地区和本行业的政府采购市场。

第六条 政府采购应当严格按照批准的预算执行。

第七条 政府采购实行集中采购和分散采购相结合。集中采购的范围由省级以上人民政府公布的集中采购目录确定。

属于中央预算的政府采购项目，其集中采购目录由国务院确定并公布；属于地方预算的政府采购项目，其集中采购目录由省、自治区、直辖市人民政府或者其授权的机构确定并公布。

纳入集中采购目录的政府采购项目，应当实行集中采购。

第八条 政府采购限额标准，属于中央预算的政府采购项目，由国务院确定并公布；属于地方预算的政府采购项目，由省、自治区、直辖市人民政府或者其授权的机构确定并公布。

第九条 政府采购应当有助于实现国家的经济和社会发展政策目标，包括保护环境，扶持不发达地区和少数民族地区，促进中小企业发展等。

第十条 政府采购应当采购本国货物、工程和服务。但有下列情形之一的除外：

（一）需要采购的货物、工程或者服务在中国境内无法获取或者无法以合理的商业条件获取的；

（二）为在中国境外使用而进行采购的；

（三）其他法律、行政法规另有规定的。

前款所称本国货物、工程和服务的界定，依照国务院有关规定执行。

第十一条 政府采购的信息应当在政府采购监督管理部门指定的媒体上及时向社会公开发布，但涉及商业秘密的除外。

第十二条 在政府采购活动中，采购人员及相关人员与供应商有利害关系的，必须回避。供应商认为采购人员及相关人员与其他供应商有利害关系的，可以申请其回避。

前款所称相关人员，包括招标采购中评标委员会的组成人员，竞争性谈判采购中谈判小组的组成人员，询价采购中询价小组的组成人员等。

第十三条 各级人民政府财政部门是负责政府采购监督管理的部门，依法履行对政府采购活动的监督管理职责。

各级人民政府其他有关部门依法履行与政府采购活动有关的监督

管理职责。

第二章　政府采购当事人

第十四条　政府采购当事人是指在政府采购活动中享有权利和承担义务的各类主体，包括采购人、供应商和采购代理机构等。

第十五条　采购人是指依法进行政府采购的国家机关、事业单位、团体组织。

第十六条　集中采购机构为采购代理机构。设区的市、自治州以上人民政府根据本级政府采购项目组织集中采购的需要设立集中采购机构。

集中采购机构是非营利事业法人，根据采购人的委托办理采购事宜。

第十七条　集中采购机构进行政府采购活动，应当符合采购价格低于市场平均价格、采购效率更高、采购质量优良和服务良好的要求。

第十八条　采购人采购纳入集中采购目录的政府采购项目，必须委托集中采购机构代理采购；采购未纳入集中采购目录的政府采购项目，可以自行采购，也可以委托集中采购机构在委托的范围内代理采购。

纳入集中采购目录属于通用的政府采购项目的，应当委托集中采购机构代理采购；属于本部门、本系统有特殊要求的项目，应当实行部门集中采购；属于本单位有特殊要求的项目，经省级以上人民政府批准，可以自行采购。

第十九条　采购人可以委托经国务院有关部门或者省级人民政府有关部门认定资格的采购代理机构，在委托的范围内办理政府采购事宜。

采购人有权自行选择采购代理机构，任何单位和个人不得以任何方式为采购人指定采购代理机构。

第二十条　采购人依法委托采购代理机构办理采购事宜的，应当由采购人与采购代理机构签订委托代理协议，依法确定委托代理的事项，约定双方的权利义务。

第二十一条　供应商是指向采购人提供货物、工程或者服务的法人、其他组织或者自然人。

第二十二条 供应商参加政府采购活动应当具备下列条件：

（一）具有独立承担民事责任的能力；

（二）具有良好的商业信誉和健全的财务会计制度；

（三）具有履行合同所必需的设备和专业技术能力；

（四）有依法缴纳税收和社会保障资金的良好记录；

（五）参加政府采购活动前三年内，在经营活动中没有重大违法记录；

（六）法律、行政法规规定的其他条件。

采购人可以根据采购项目的特殊要求，规定供应商的特定条件，但不得以不合理的条件对供应商实行差别待遇或者歧视待遇。

第二十三条 采购人可以要求参加政府采购的供应商提供有关资质证明文件和业绩情况，并根据本法规定的供应商条件和采购项目对供应商的特定要求，对供应商的资格进行审查。

第二十四条 两个以上的自然人、法人或者其他组织可以组成一个联合体，以一个供应商的身份共同参加政府采购。

以联合体形式进行政府采购的，参加联合体的供应商均应当具备本法第二十二条规定的条件，并应当向采购人提交联合协议，载明联合体各方承担的工作和义务。联合体各方应当共同与采购人签订采购合同，就采购合同约定的事项对采购人承担连带责任。

第二十五条 政府采购当事人不得相互串通损害国家利益、社会公共利益和其他当事人的合法权益；不得以任何手段排斥其他供应商参与竞争。

供应商不得以向采购人、采购代理机构、评标委员会的组成人员、竞争性谈判小组的组成人员、询价小组的组成人员行贿或者采取其他不正当手段谋取中标或者成交。

采购代理机构不得以向采购人行贿或者采取其他不正当手段谋取非法利益。

第三章 政府采购方式

第二十六条 政府采购采用以下方式：

（一）公开招标；

（二）邀请招标；

（三）竞争性谈判；

（四）单一来源采购；

（五）询价；

（六）国务院政府采购监督管理部门认定的其他采购方式。

公开招标应作为政府采购的主要采购方式。

第二十七条　采购人采购货物或者服务应当采用公开招标方式的，其具体数额标准，属于中央预算的政府采购项目，由国务院规定；属于地方预算的政府采购项目，由省、自治区、直辖市人民政府规定；因特殊情况需要采用公开招标以外的采购方式的，应当在采购活动开始前获得设区的市、自治州以上人民政府采购监督管理部门的批准。

第二十八条　采购人不得将应当以公开招标方式采购的货物或者服务化整为零或者以其他任何方式规避公开招标采购。

第二十九条　符合下列情形之一的货物或者服务，可以依照本法采用邀请招标方式采购：

（一）具有特殊性，只能从有限范围的供应商处采购的；

（二）采用公开招标方式的费用占政府采购项目总价值的比例过大的。

第三十条　符合下列情形之一的货物或者服务，可以依照本法采用竞争性谈判方式采购：

（一）招标后没有供应商投标或者没有合格标的或者重新招标未能成立的；

（二）技术复杂或者性质特殊，不能确定详细规格或者具体要求的；

（三）采用招标所需时间不能满足用户紧急需要的；

（四）不能事先计算出价格总额的。

第三十一条　符合下列情形之一的货物或者服务，可以依照本法采用单一来源方式采购：

（一）只能从唯一供应商处采购的；

（二）发生了不可预见的紧急情况不能从其他供应商处采购的；

（三）必须保证原有采购项目一致性或者服务配套的要求，需要继续从原供应商处添购，且添购资金总额不超过原合同采购金额百分之十的。

第三十二条 采购的货物规格、标准统一、现货货源充足且价格变化幅度小的政府采购项目，可以依照本法采用询价方式采购。

第四章 政府采购程序

第三十三条 负有编制部门预算职责的部门在编制下一财政年度部门预算时，应当将该财政年度政府采购的项目及资金预算列出，报本级财政部门汇总。部门预算的审批，按预算管理权限和程序进行。

第三十四条 货物或者服务项目采取邀请招标方式采购的，采购人应当从符合相应资格条件的供应商中，通过随机方式选择三家以上的供应商，并向其发出投标邀请书。

第三十五条 货物和服务项目实行招标方式采购的，自招标文件开始发出之日起至投标人提交投标文件截止之日止，不得少于二十日。

第三十六条 在招标采购中，出现下列情形之一的，应予废标：

（一）符合专业条件的供应商或者对招标文件作实质响应的供应商不足三家的；

（二）出现影响采购公正的违法、违规行为的；

（三）投标人的报价均超过了采购预算，采购人不能支付的；

（四）因重大变故，采购任务取消的。

废标后，采购人应当将废标理由通知所有投标人。

第三十七条 废标后，除采购任务取消情形外，应当重新组织招标；需要采取其他方式采购的，应当在采购活动开始前获得设区的市、自治州以上人民政府采购监督管理部门或者政府有关部门批准。

第三十八条 采用竞争性谈判方式采购的，应当遵循下列程序：

（一）成立谈判小组。谈判小组由采购人的代表和有关专家共三人以上的单数组成，其中专家的人数不得少于成员总数的三分之二。

（二）制定谈判文件。谈判文件应当明确谈判程序、谈判内容、合同草案的条款以及评定成交的标准等事项。

（三）确定邀请参加谈判的供应商名单。谈判小组从符合相应资格条件的供应商名单中确定不少于三家的供应商参加谈判，并向其提供谈判文件。

（四）谈判。谈判小组所有成员集中与单一供应商分别进行谈判。在谈判中，谈判的任何一方不得透露与谈判有关的其他供应商的技术资料、价格和其他信息。谈判文件有实质性变动的，谈判小组应当以书面形式通知所有参加谈判的供应商。

（五）确定成交供应商。谈判结束后，谈判小组应当要求所有参加谈判的供应商在规定时间内进行最后报价，采购人从谈判小组提出的成交候选人中根据符合采购需求、质量和服务相等且报价最低的原则确定成交供应商，并将结果通知所有参加谈判的未成交的供应商。

第三十九条 采取单一来源方式采购的，采购人与供应商应当遵循本法规定的原则，在保证采购项目质量和双方商定合理价格的基础上进行采购。

第四十条 采取询价方式采购的，应当遵循下列程序：

（一）成立询价小组。询价小组由采购人的代表和有关专家共三人以上的单数组成，其中专家的人数不得少于成员总数的三分之二。询价小组应当对采购项目的价格构成和评定成交的标准等事项作出规定。

（二）确定被询价的供应商名单。询价小组根据采购需求，从符合相应资格条件的供应商名单中确定不少于三家的供应商，并向其发出询价通知书让其报价。

（三）询价。询价小组要求被询价的供应商一次报出不得更改的价格。

（四）确定成交供应商。采购人根据符合采购需求、质量和服务相等且报价最低的原则确定成交供应商，并将结果通知所有被询价的未成交的供应商。

第四十一条 采购人或者其委托的采购代理机构应当组织对供应商履约的验收。大型或者复杂的政府采购项目，应当邀请国家认可的质量检测机构参加验收工作。验收方成员应当在验收书上签字，并承担相应的法律责任。

第四十二条 采购人、采购代理机构对政府采购项目每项采购活动的采购文件应当妥善保存，不得伪造、变造、隐匿或者销毁。采购文件的保存期限为从采购结束之日起至少保存十五年。

采购文件包括采购活动记录、采购预算、招标文件、投标文件、评标标准、评估报告、定标文件、合同文本、验收证明、质疑答复、投诉处理决定及其他有关文件、资料。

采购活动记录至少应当包括下列内容：

（一）采购项目类别、名称；

（二）采购项目预算、资金构成和合同价格；

（三）采购方式，采用公开招标以外的采购方式的，应当载明原因；

（四）邀请和选择供应商的条件及原因；

（五）评标标准及确定中标人的原因；

（六）废标的原因；

（七）采用招标以外采购方式的相应记载。

第五章　政府采购合同

第四十三条　政府采购合同适用合同法。采购人和供应商之间的权利和义务，应当按照平等、自愿的原则以合同方式约定。

采购人可以委托采购代理机构代表其与供应商签订政府采购合同。由采购代理机构以采购人名义签订合同的，应当提交采购人的授权委托书，作为合同附件。

第四十四条　政府采购合同应当采用书面形式。

第四十五条　国务院政府采购监督管理部门应当会同国务院有关部门，规定政府采购合同必须具备的条款。

第四十六条　采购人与中标、成交供应商应当在中标、成交通知书发出之日起三十日内，按照采购文件确定的事项签订政府采购合同。

中标、成交通知书对采购人和中标、成交供应商均具有法律效力。中标、成交通知书发出后，采购人改变中标、成交结果的，或者中标、成交供应商放弃中标、成交项目的，应当依法承担法律责任。

第四十七条　政府采购项目的采购合同自签订之日起七个工作日内，采购人应当将合同副本报同级政府采购监督管理部门和有关部门备案。

第四十八条　经采购人同意，中标、成交供应商可以依法采取分包方式履行合同。

政府采购合同分包履行的，中标、成交供应商就采购项目和分包项目向采购人负责，分包供应商就分包项目承担责任。

第四十九条　政府采购合同履行中，采购人需追加与合同标的相同的货物、工程或者服务的，在不改变合同其他条款的前提下，可以与供应商协商签订补充合同，但所有补充合同的采购金额不得超过原合同采购金额的百分之十。

第五十条 政府采购合同的双方当事人不得擅自变更、中止或者终止合同。

政府采购合同继续履行将损害国家利益和社会公共利益的，双方当事人应当变更、中止或者终止合同。有过错的一方应当承担赔偿责任，双方都有过错的，各自承担相应的责任。

第六章 质疑与投诉

第五十一条 供应商对政府采购活动事项有疑问的，可以向采购人提出询问，采购人应当及时作出答复，但答复的内容不得涉及商业秘密。

第五十二条 供应商认为采购文件、采购过程和中标、成交结果使自己的权益受到损害的，可以在知道或者应知其权益受到损害之日起七个工作日内，以书面形式向采购人提出质疑。

第五十三条 采购人应当在收到供应商的书面质疑后七个工作日内作出答复，并以书面形式通知质疑供应商和其他有关供应商，但答复的内容不得涉及商业秘密。

第五十四条 采购人委托采购代理机构采购的，供应商可以向采购代理机构提出询问或者质疑，采购代理机构应当依照本法第五十一条、第五十三条的规定就采购人委托授权范围内的事项作出答复。

第五十五条 质疑供应商对采购人、采购代理机构的答复不满意或者采购人、采购代理机构未在规定的时间内作出答复的，可以在答复期满后十五个工作日内向同级政府采购监督管理部门投诉。

第五十六条 政府采购监督管理部门应当在收到投诉后三十个工作日内，对投诉事项作出处理决定，并以书面形式通知投诉人和与投诉事项有关的当事人。

第五十七条 政府采购监督管理部门在处理投诉事项期间，可以视具体情况书面通知采购人暂停采购活动，但暂停时间最长不得超过三十日。

第五十八条 投诉人对政府采购监督管理部门的投诉处理决定不

服或者政府采购监督管理部门逾期未作处理的，可以依法申请行政复议或者向人民法院提起行政诉讼。

第七章　监督检查

第五十九条　政府采购监督管理部门应当加强对政府采购活动及集中采购机构的监督检查。

监督检查的主要内容是：

（一）有关政府采购的法律、行政法规和规章的执行情况；

（二）采购范围、采购方式和采购程序的执行情况；

（三）政府采购人员的职业素质和专业技能。

第六十条　政府采购监督管理部门不得设置集中采购机构，不得参与政府采购项目的采购活动。

采购代理机构与行政机关不得存在隶属关系或者其他利益关系。

第六十一条　集中采购机构应当建立健全内部监督管理制度。采购活动的决策和执行程序应当明确，并相互监督、相互制约。经办采购的人员与负责采购合同审核、验收人员的职责权限应当明确，并相互分离。

第六十二条　集中采购机构的采购人员应当具有相关职业素质和专业技能，符合政府采购监督管理部门规定的专业岗位任职要求。

集中采购机构对其工作人员应当加强教育和培训；对采购人员的专业水平、工作实绩和职业道德状况定期进行考核。采购人员经考核不合格的，不得继续任职。

第六十三条　政府采购项目的采购标准应当公开。

采用本法规定的采购方式的，采购人在采购活动完成后，应当将采购结果予以公布。

第六十四条　采购人必须按照本法规定的采购方式和采购程序进行采购。

任何单位和个人不得违反本法规定，要求采购人或者采购工作人员向其指定的供应商进行采购。

第六十五条　政府采购监督管理部门应当对政府采购项目的采购活动进行检查，政府采购当事人应当如实反映情况，提供有关材料。

第六十六条　政府采购监督管理部门应当对集中采购机构的采购

价格、节约资金效果、服务质量、信誉状况、有无违法行为等事项进行考核，并定期如实公布考核结果。

第六十七条 依照法律、行政法规的规定对政府采购负有行政监督职责的政府有关部门，应当按照其职责分工，加强对政府采购活动的监督。

第六十八条 审计机关应当对政府采购进行审计监督。政府采购监督管理部门、政府采购各当事人有关政府采购活动，应当接受审计机关的审计监督。

第六十九条 监察机关应当加强对参与政府采购活动的国家机关、国家公务员和国家行政机关任命的其他人员实施监察。

第七十条 任何单位和个人对政府采购活动中的违法行为，有权控告和检举，有关部门、机关应当依照各自职责及时处理。

第八章 法律责任

第七十一条 采购人、采购代理机构有下列情形之一的，责令限期改正，给予警告，可以并处罚款，对直接负责的主管人员和其他直接责任人员，由其行政主管部门或者有关机关给予处分，并予通报：

（一）应当采用公开招标方式而擅自采用其他方式采购的；

（二）擅自提高采购标准的；

（三）委托不具备政府采购业务代理资格的机构办理采购事务的；

（四）以不合理的条件对供应商实行差别待遇或者歧视待遇的；

（五）在招标采购过程中与投标人进行协商谈判的；

（六）中标、成交通知书发出后不与中标、成交供应商签订采购合同的；

（七）拒绝有关部门依法实施监督检查的。

第七十二条 采购人、采购代理机构及其工作人员有下列情形之一，构成犯罪的，依法追究刑事责任；尚不构成犯罪的，处以罚款，有违法所得的，并处没收违法所得，属于国家机关工作人员的，依法给予行政处分：

（一）与供应商或者采购代理机构恶意串通的；

（二）在采购过程中接受贿赂或者获取其他不正当利益的；

（三）在有关部门依法实施的监督检查中提供虚假情况的；

（四）开标前泄露标底的。

第七十三条 有前两条违法行为之一影响中标、成交结果或者可能影响中标、成交结果的，按下列情况分别处理：

（一）未确定中标、成交供应商的，终止采购活动；

（二）中标、成交供应商已经确定但采购合同尚未履行的，撤销合同，从合格的中标、成交候选人中另行确定中标、成交供应商；

（三）采购合同已经履行的，给采购人、供应商造成损失的，由责任人承担赔偿责任。

第七十四条 采购人对应当实行集中采购的政府采购项目，不委托集中采购机构实行集中采购的，由政府采购监督管理部门责令改正；拒不改正的，停止按预算向其支付资金，由其上级行政主管部门或者有关机关依法给予其直接负责的主管人员和其他直接责任人员处分。

第七十五条 采购人未依法公布政府采购项目的采购标准和采购结果的，责令改正，对直接负责的主管人员依法给予处分。

第七十六条 采购人、采购代理机构违反本法规定隐匿、销毁应当保存的采购文件或者伪造、变造采购文件的，由政府采购监督管理部门处以二万元以上十万元以下的罚款，对其直接负责的主管人员和其他直接责任人员依法给予处分；构成犯罪的，依法追究刑事责任。

第七十七条 供应商有下列情形之一的，处以采购金额千分之五以上千分之十以下的罚款，列入不良行为记录名单，在一至三年内禁止参加政府采购活动，有违法所得的，并处没收违法所得，情节严重的，由工商行政管理机关吊销营业执照；构成犯罪的，依法追究刑事责任：

（一）提供虚假材料谋取中标、成交的；

（二）采取不正当手段诋毁、排挤其他供应商的；

（三）与采购人、其他供应商或者采购代理机构恶意串通的；

（四）向采购人、采购代理机构行贿或者提供其他不正当利益的；

（五）在招标采购过程中与采购人进行协商谈判的；

（六）拒绝有关部门监督检查或者提供虚假情况的。

供应商有前款第（一）至（五）项情形之一的，中标、成交无效。

第七十八条 采购代理机构在代理政府采购业务中有违法行为的，按照有关法律规定处以罚款，可以依法取消其进行相关业务的资格，构成犯罪的，依法追究刑事责任。

第七十九条 政府采购当事人有本法第七十一条、第七十二条、第七十七条违法行为之一，给他人造成损失的，并应依照有关民事法律规定承担民事责任。

第八十条 政府采购监督管理部门的工作人员在实施监督检查中违反本法规定滥用职权，玩忽职守，徇私舞弊的，依法给予行政处分；构成犯罪的，依法追究刑事责任。

第八十一条 政府采购监督管理部门对供应商的投诉逾期未作处理的，给予直接负责的主管人员和其他直接责任人员行政处分。

第八十二条 政府采购监督管理部门对集中采购机构业绩的考核，有虚假陈述，隐瞒真实情况的，或者不作定期考核和公布考核结果的，应当及时纠正，由其上级机关或者监察机关对其负责人进行通报，并对直接负责的人员依法给予行政处分。

集中采购机构在政府采购监督管理部门考核中，虚报业绩，隐瞒真实情况的，处以二万元以上二十万元以下的罚款，并予以通报；情节严重的，取消其代理采购的资格。

第八十三条 任何单位或者个人阻挠和限制供应商进入本地区或者本行业政府采购市场的，责令限期改正；拒不改正的，由该单位、个人的上级行政主管部门或者有关机关给予单位责任人或者个人处分。

第九章 附　　则

第八十四条 使用国际组织和外国政府贷款进行的政府采购，贷款方、资金提供方与中方达成的协议对采购的具体条件另有规定的，可以适用其规定，但不得损害国家利益和社会公共利益。

第八十五条 对因严重自然灾害和其他不可抗力事件所实施的紧急采购和涉及国家安全和秘密的采购，不适用本法。

第八十六条 军事采购法规由中央军事委员会另行制定。

第八十七条 本法实施的具体步骤和办法由国务院规定。

第八十八条 本法自 2003 年 1 月 1 日起施行。

中华人民共和国民法通则

（1986年4月12日第六届全国人民代表大会第四次会议通过
1986年4月12日中华人民共和国主席令第37号公布
自1987年1月1日起施行
根据2009年8月27日第十一届全国人民代表大会
常务委员会第十次会议《关于修改部分法律的决定》修正）

第一章 基本原则

第一条 为了保障公民、法人的合法的民事权益，正确调整民事关系，适应社会主义现代化建设事业发展的需要，根据宪法和我国实际情况，总结民事活动的实践经验，制定本法。

第二条 中华人民共和国民法调整平等主体的公民之间、法人之间、公民和法人之间的财产关系和人身关系。

第三条 当事人在民事活动中的地位平等。

第四条 民事活动应当遵循自愿、公平、等价有偿、诚实信用的原则。

第五条 公民、法人的合法的民事权益受法律保护，任何组织和个人不得侵犯。

第六条 民事活动必须遵守法律，法律没有规定的，应当遵守国家政策。

第七条 民事活动应当尊重社会公德，不得损害社会公共利益，扰乱社会经济秩序。

第八条 在中华人民共和国领域内的民事活动，适用中华人民共和国法律，法律另有规定的除外。

本法关于公民的规定，适用于在中华人民共和国领域内的外国人、无国籍人，法律另有规定的除外。

第二章 公民（自然人）

第一节 民事权利能力和民事行为能力

第九条 公民从出生时起到死亡时止，具有民事权利能力，依法享有民事权利，承担民事义务。

第十条 公民的民事权利能力一律平等。

第十一条 十八周岁以上的公民是成年人，具有完全民事行为能力，可以独立进行民事活动，是完全民事行为能力人。

十六周岁以上不满十八周岁的公民，以自己的劳动收入为主要生活来源的，视为完全民事行为能力人。

第十二条 十周岁以上的未成年人是限制民事行为能力人，可以进行与他的年龄、智力相适应的民事活动；其他民事活动由他的法定代理人代理，或者征得他的法定代理人的同意。

不满十周岁的未成年人是无民事行为能力人，由他的法定代理人代理民事活动。

第十三条 不能辨认自己行为的精神病人是无民事行为能力人，由他的法定代理人代理民事活动。

不能完全辨认自己行为的精神病人是限制民事行为能力人，可以进行与他的精神健康状况相适应的民事活动；其他民事活动由他的法定代理人代理，或者征得他的法定代理人的同意。

第十四条 无民事行为能力人、限制民事行为能力人的监护人是他的法定代理人。

第十五条 公民以他的户籍所在地的居住地为住所，经常居住地与住所不一致的，经常居住地视为住所。

第二节 监　　护

第十六条 未成年人的父母是未成年人的监护人。

未成年人的父母已经死亡或者没有监护能力的，由下列人员中有监护能力的人担任监护人：

（一）祖父母、外祖父母；

（二）兄、姐；

（三）关系密切的其他亲属、朋友愿意承担监护责任，经未成年人的父、母的所在单位或者未成年人住所地的居民委员会、村民委员会同意的。

对担任监护人有争议的，由未成年人的父、母的所在单位或者未成年人住所地的居民委员会、村民委员会在近亲属中指定。对指定不服提起诉讼的，由人民法院裁决。

没有第一款、第二款规定的监护人的，由未成年人的父、母的所在单位或者未成年人住所地的居民委员会、村民委员会或者民政部门担任监护人。

第十七条 无民事行为能力或者限制民事行为能力的精神病人，由下列人员担任监护人：

（一）配偶；

（二）父母；

（三）成年子女；

（四）其他近亲属；

（五）关系密切的其他亲属、朋友愿意承担监护责任，经精神病人的所在单位或者住所地的居民委员会、村民委员会同意的。

对担任监护人有争议的，由精神病人的所在单位或者住所地的居民委员会、村民委员会在近亲属中指定。对指定不服提起诉讼的，由人民法院裁决。

没有第一款规定的监护人的，由精神病人的所在单位或者住所地的居民委员会、村民委员会或者民政部门担任监护人。

第十八条 监护人应当履行监护职责，保护被监护人的人身、财产及其他合法权益，除为被监护人的利益外，不得处理被监护人的财产。

监护人依法履行监护的权利，受法律保护。

监护人不履行监护职责或者侵害被监护人的合法权益的，应当承担责任；给被监护人造成财产损失的，应当赔偿损失。人民法院可以根据有关人员或者有关单位的申请，撤销监护人的资格。

第十九条 精神病人的利害关系人，可以向人民法院申请宣告精神病人为无民事行为能力人或者限制民事行为能力人。

被人民法院宣告为无民事行为能力人或者限制民事行为能力人的，根据他健康恢复的状况，经本人或者利害关系人申请，人民法院可以宣告他为限制民事行为能力人或者完全民事行为能力人。

第三节 宣告失踪和宣告死亡

第二十条 公民下落不明满二年的，利害关系人可以向人民法院申请宣告他为失踪人。

战争期间下落不明的，下落不明的时间从战争结束之日起计算。

第二十一条 失踪人的财产由他的配偶、父母、成年子女或者关系密切的其他亲属、朋友代管。代管有争议的，没有以上规定的人或者以上规定的人无能力代管的，由人民法院指定的人代管。

失踪人所欠税款、债务和应付的其他费用，由代管人从失踪人的财产中支付。

第二十二条 被宣告失踪的人重新出现或者确知他的下落，经本人或者利害关系人申请，人民法院应当撤销对他的失踪宣告。

第二十三条 公民有下列情形之一的，利害关系人可以向人民法院申请宣告他死亡：

（一）下落不明满四年的；

（二）因意外事故下落不明，从事故发生之日起满二年的。

战争期间下落不明的，下落不明的时间从战争结束之日起计算。

第二十四条 被宣告死亡的人重新出现或者确知他没有死亡，经本人或者利害关系人申请，人民法院应当撤销对他的死亡宣告。

有民事行为能力人在被宣告死亡期间实施的民事法律行为有效。

第二十五条 被撤销死亡宣告的人有权请求返还财产。依照继承法取得他的财产的公民或者组织，应当返还原物；原物不存在的，给予适当补偿。

第四节 个体工商户、农村承包经营户

第二十六条 公民在法律允许的范围内，依法经核准登记，从事工商业经营的，为个体工商户。个体工商户可以起字号。

第二十七条 农村集体经济组织的成员，在法律允许的范围内，按照承包合同规定从事商品经营的，为农村承包经营户。

第二十八条 个体工商户、农村承包经营户的合法权益，受法律保护。

第二十九条 个体工商户、农村承包经营户的债务，个人经营的，以个人财产承担；家庭经营的，以家庭财产承担。

第五节　个 人 合 伙

第三十条　个人合伙是指两个以上公民按照协议，各自提供资金、实物、技术等，合伙经营、共同劳动。

第三十一条　合伙人应当对出资数额、盈余分配、债务承担、入伙、退伙、合伙终止等事项，订立书面协议。

第三十二条　合伙人投入的财产，由合伙人统一管理和使用。

合伙经营积累的财产，归合伙人共有。

第三十三条　个人合伙可以起字号，依法经核准登记，在核准登记的经营范围内从事经营。

第三十四条　个人合伙的经营活动，由合伙人共同决定，合伙人有执行和监督的权利。

合伙人可以推举负责人。合伙负责人和其他人员的经营活动，由全体合伙人承担民事责任。

第三十五条　合伙的债务，由合伙人按照出资比例或者协议的约定，以各自的财产承担清偿责任。

合伙人对合伙的债务承担连带责任，法律另有规定的除外。偿还合伙债务超过自己应当承担数额的合伙人，有权向其他合伙人追偿。

第三章　法　　人

第一节　一 般 规 定

第三十六条　法人是具有民事权利能力和民事行为能力，依法独立享有民事权利和承担民事义务的组织。

法人的民事权利能力和民事行为能力，从法人成立时产生，到法人终止时消灭。

第三十七条　法人应当具备下列条件：

（一）依法成立；

（二）有必要的财产或者经费；

（三）有自己的名称、组织机构和场所；

（四）能够独立承担民事责任。

第三十八条　依照法律或者法人组织章程规定，代表法人行使职权的负责人，是法人的法定代表人。

第三十九条　法人以它的主要办事机构所在地为住所。

第四十条 法人终止，应当依法进行清算，停止清算范围外的活动。

第二节 企业法人

第四十一条 全民所有制企业、集体所有制企业有符合国家规定的资金数额，有组织章程、组织机构和场所，能够独立承担民事责任，经主管机关核准登记，取得法人资格。

在中华人民共和国领域内设立的中外合资经营企业、中外合作经营企业和外资企业，具备法人条件的，依法经工商行政管理机关核准登记，取得中国法人资格。

第四十二条 企业法人应当在核准登记的经营范围内从事经营。

第四十三条 企业法人对它的法定代表人和其他工作人员的经营活动，承担民事责任。

第四十四条 企业法人分立、合并或者有其他重要事项变更，应当向登记机关办理登记并公告。

企业法人分立、合并，它的权利和义务由变更后的法人享有和承担。

第四十五条 企业法人由于下列原因之一终止：

（一）依法被撤销；

（二）解散；

（三）依法宣告破产；

（四）其他原因。

第四十六条 企业法人终止，应当向登记机关办理注销登记并公告。

第四十七条 企业法人解散，应当成立清算组织，进行清算。企业法人被撤销、被宣告破产的，应当由主管机关或者人民法院组织有关机关和有关人员成立清算组织，进行清算。

第四十八条 全民所有制企业法人以国家授予它经营管理的财产承担民事责任。集体所有制企业法人以企业所有的财产承担民事责任。中外合资经营企业法人、中外合作经营企业法人和外资企业法人以企业所有的财产承担民事责任，法律另有规定的除外。

第四十九条 企业法人有下列情形之一的，除法人承担责任外，对法定代表人可以给予行政处分、罚款，构成犯罪的，依法追究刑事责任：

（一）超出登记机关核准登记的经营范围从事非法经营的；

（二）向登记机关、税务机关隐瞒真实情况、弄虚作假的；

（三）抽逃资金、隐匿财产逃避债务的；

（四）解散、被撤销、被宣告破产后，擅自处理财产的；

（五）变更、终止时不及时申请办理登记和公告，使利害关系人遭受重大损失的；

（六）从事法律禁止的其他活动，损害国家利益或者社会公共利益的。

第三节　机关、事业单位和社会团体法人

第五十条　有独立经费的机关从成立之日起，具有法人资格。

具备法人条件的事业单位、社会团体，依法不需要办理法人登记的，从成立之日起，具有法人资格；依法需要办理法人登记的，经核准登记，取得法人资格。

第四节　联　　营

第五十一条　企业之间或者企业、事业单位之间联营，组成新的经济实体，独立承担民事责任、具备法人条件的，经主管机关核准登记，取得法人资格。

第五十二条　企业之间或者企业、事业单位之间联营，共同经营、不具备法人条件的，由联营各方按照出资比例或者协议的约定，以各自所有的或者经营管理的财产承担民事责任。依照法律的规定或者协议的约定负连带责任的，承担连带责任。

第五十三条　企业之间或者企业、事业单位之间联营，按照合同的约定各自独立经营的，它的权利和义务由合同约定，各自承担民事责任。

第四章　民事法律行为和代理

第一节　民事法律行为

第五十四条　民事法律行为是公民或者法人设立、变更、终止民事权利和民事义务的合法行为。

第五十五条　民事法律行为应当具备下列条件：

（一）行为人具有相应的民事行为能力；

（二）意思表示真实；

（三）不违反法律或者社会公共利益。

第五十六条 民事法律行为可以采取书面形式、口头形式或者其他形式。法律规定是特定形式的，应当依照法律规定。

第五十七条 民事法律行为从成立时起具有法律约束力。行为人非依法律规定或者取得对方同意，不得擅自变更或者解除。

第五十八条 下列民事行为无效：

（一）无民事行为能力人实施的；

（二）限制民事行为能力人依法不能独立实施的；

（三）一方以欺诈、胁迫的手段或者乘人之危，使对方在违背真实意思的情况下所为的；

（四）恶意串通，损害国家、集体或者第三人利益的；

（五）违反法律或者社会公共利益的；

（六）以合法形式掩盖非法目的的。

无效的民事行为，从行为开始起就没有法律约束力。

第五十九条 下列民事行为，一方有权请求人民法院或者仲裁机关予以变更或者撤销：

（一）行为人对行为内容有重大误解的；

（二）显失公平的。

被撤销的民事行为从行为开始起无效。

第六十条 民事行为部分无效，不影响其他部分的效力的，其他部分仍然有效。

第六十一条 民事行为被确认为无效或者被撤销后，当事人因该行为取得的财产，应当返还给受损失的一方。有过错的一方应当赔偿对方因此所受的损失，对方都有过错的，应当各自承担相应的责任。

双方恶意串通，实施民事行为损害国家的、集体的或者第三人的利益的，应当追缴双方取得的财产，收归国家、集体所有或者返还第三人。

第六十二条 民事法律行为可以附条件，附条件的民事法律行为在符合所附条件时生效。

第二节　代　　理

第六十三条　公民、法人可以通过代理人实施民事法律行为。

代理人在代理权限内，以被代理人的名义实施民事法律行为。被代理人对代理人的代理行为，承担民事责任。

依照法律规定或者按照双方当事人约定，应当由本人实施的民事法律行为，不得代理。

第六十四条　代理包括委托代理、法定代理和指定代理。

委托代理人按照被代理人的委托行使代理权，法定代理人依照法律的规定行使代理权，指定代理人按照人民法院或者指定单位的指定行使代理权。

第六十五条　民事法律行为的委托代理，可以用书面形式，也可以用口头形式。法律规定用书面形式的，应当用书面形式。

书面委托代理的授权委托书应当载明代理人的姓名或者名称、代理事项、权限和期间，并由委托人签名或者盖章。

委托书授权不明的，被代理人应当向第三人承担民事责任，代理人负连带责任。

第六十六条　没有代理权、超越代理权或者代理权终止后的行为，只有经过被代理人的追认，被代理人才承担民事责任。未经追认的行为，由行为人承担民事责任。本人知道他人以本人名义实施民事行为而不作否认表示的，视为同意。

代理人不履行职责而给被代理人造成损害的，应当承担民事责任。

代理人和第三人串通，损害被代理人的利益的，由代理人和第三人负连带责任。

第三人知道行为人没有代理权、超越代理权或者代理权已终止还与行为人实施民事行为给他人造成损害的，由第三人和行为人负连带责任。

第六十七条　代理人知道被委托代理的事项违法仍然进行代理活动的，或者被代理人知道代理人的代理行为违法不表示反对的，由被代理人和代理人负连带责任。

第六十八条　委托代理人为被代理人的利益需要转托他人代理的，应当事先取得被代理人的同意。事先没有取得被代理人同意的，应当在事后及时告诉被代理人，如果被代理人不同意，由代理人对自己所转托的人的行为负民事责任，但在紧急情况下，为了保护被代理人的利益而转托他人代理的除外。

第六十九条 有下列情形之一的，委托代理终止：

（一）代理期间届满或者代理事务完成；

（二）被代理人取消委托或者代理人辞去委托；

（三）代理人死亡；

（四）代理人丧失民事行为能力；

（五）作为被代理人或者代理人的法人终止。

第七十条 有下列情形之一的，法定代理或者指定代理终止：

（一）被代理人取得或者恢复民事行为能力；

（二）被代理人或者代理人死亡；

（三）代理人丧失民事行为能力；

（四）指定代理的人民法院或者指定单位取消指定；

（五）由其他原因引起的被代理人和代理人之间的监护关系消灭。

第五章 民事权利

第一节 财产所有权和与财产所有权有关的财产权

第七十一条 财产所有权是指所有人依法对自己的财产享有占有、使用、收益和处分的权利。

第七十二条 财产所有权的取得，不得违反法律规定。

按照合同或者其他合法方式取得财产的，财产所有权从财产交付时起转移，法律另有规定或者当事人另有约定的除外。

第七十三条 国家财产属于全民所有。

国家财产神圣不可侵犯，禁止任何组织或者个人侵占、哄抢、私分、截留、破坏。

第七十四条 劳动群众集体组织的财产属于劳动群众集体所有，包括：

（一）法律规定为集体所有的土地和森林、山岭、草原、荒地、滩涂等；

（二）集体经济组织的财产；

（三）集体所有的建筑物、水库、农田水利设施和教育、科学、文化、卫生、体育等设施；

（四）集体所有的其他财产。

集体所有的土地依照法律属于村农民集体所有，由村农业生产合作社等农业集体经济组织或者村民委员会经营、管理。已经属于乡（镇）农民集体经济组织所有的，可以属于乡（镇）农民集体所有。

集体所有的财产受法律保护，禁止任何组织或者个人侵占、哄抢、私分、破坏或者非法查封、扣押、冻结、没收。

第七十五条 公民的个人财产，包括公民的合法收入、房屋、储蓄、生活用品、文物、图书资料、林木、牲畜和法律允许公民所有的生产资料以及其他合法财产。

公民的合法财产受法律保护，禁止任何组织或者个人侵占、哄抢、破坏或者非法查封、扣押、冻结、没收。

第七十六条 公民依法享有财产继承权。

第七十七条 社会团体包括宗教团体的合法财产受法律保护。

第七十八条 财产可以由两个以上的公民、法人共有。

共有分为按份共有和共同共有。按份共有人按照各自的份额，对共有财产分享权利，分担义务。共同共有人对共有财产享有权利，承担义务。

按份共有财产的每个共有人有权要求将自己的份额分出或者转让。但在出售时，其他共有人在同等条件下，有优先购买的权利。

第七十九条 所有人不明的埋藏物、隐藏物，归国家所有。接收单位应当对上缴的单位或者个人，给予表扬或者物质奖励。

拾得遗失物、漂流物或者失散的饲养动物，应当归还失主，因此而支出的费用由失主偿还。

第八十条 国家所有的土地，可以依法由全民所有制单位使用，也可以依法确定由集体所有制单位使用，国家保护它的使用、收益的权利；使用单位有管理、保护、合理利用的义务。

公民、集体依法对集体所有的或者国家所有由集体使用的土地的承包经营权，受法律保护。承包双方的权利和义务，依照法律由承包合同规定。

土地不得买卖、出租、抵押或者以其他形式非法转让。

第八十一条 国家所有的森林、山岭、草原、荒地、滩涂、水面等自然资源，可以依法由全民所有制单位使用，也可以依法确定由集体所有制单位使用，国家保护它的使用、收益的权利；使用单位有管理、保护、合理利用的义务。

国家所有的矿藏，可以依法由全民所有制单位和集体所有制单位开采，也可以依法由公民采挖。国家保护合法的采矿权。

公民、集体依法对集体所有的或者国家所有由集体使用的森林、山岭、草原、荒地、滩涂、水面的承包经营权，受法律保护。承包双方的权利和义务，依照法律由承包合同规定。

国家所有的矿藏、水流，国家所有的和法律规定属于集体所有的林地、山岭、草原、荒地、滩涂不得买卖、出租、抵押或者以其他形式非法转让。

第八十二条 全民所有制企业对国家授予它经营管理的财产依法享有经营权，受法律保护。

第八十三条 不动产的相邻各方，应当按照有利生产、方便生活、团结互助、公平合理的精神，正确处理截水、排水、通行、通风、采光等方面的相邻关系。给相邻方造成妨碍或者损失的，应当停止侵害，排除妨碍，赔偿损失。

第二节 债 权

第八十四条 债是按照合同的约定或者依照法律的规定，在当事人之间产生的特定的权利和义务关系，享有权利的人是债权人，负有义务的人是债务人。

债权人有权要求债务人按照合同的约定或者依照法律的规定履行义务。

第八十五条 合同是当事人之间设立、变更、终止民事关系的协议。依法成立的合同，受法律保护。

第八十六条 债权人为二人以上的，按照确定的份额分享权利。债务人为二人以上的，按照确定的份额分担义务。

第八十七条 债权人或者债务人一方人数为二人以上的，依照法律的规定或者当事人的约定，享有连带权利的每个债权人，都有权要求债务人履行义务；负有连带义务的每个债务人，都负有清偿全部债务的义务，履行了义务的人，有权要求其他负有连带义务的人偿付他应当承担的份额。

第八十八条 合同的当事人应当按照合同的约定，全部履行自己的义务。

合同中有关质量、期限、地点或者价款约定不明确，按照合同有关条款内容不能确定，当事人又不能通过协商达成协议的，适用下列规定：

（一）质量要求不明确的，按照国家质量标准履行，没有国家质量标准的，按照通常标准履行。

（二）履行期限不明确的，债务人可以随时向债权人履行义务，债权人也可以随时要求债务人履行义务，但应当给对方必要的准备时间。

（三）履行地点不明确，给付货币的，在接受给付一方的所在地履行，其他标的在履行义务一方的所在地履行。

（四）价款约定不明确的，按照国家规定的价格履行；没有国家规定价格的，参照市场价格或者同类物品的价格或者同类劳务的报酬标准履行。

合同对专利申请权没有约定的，完成发明创造的当事人享有申请权。

合同对科技成果的使用权没有约定的，当事人都有使用的权利。

第八十九条 依照法律的规定或者按照当事人的约定，可以采用下列方式担保债务的履行：

（一）保证人向债权人保证债务人履行债务，债务人不履行债务的，按照约定由保证人履行或者承担连带责任；保证人履行债务后，有权向债务人追偿。

（二）债务人或者第三人可以提供一定的财产作为抵押物。债务人不履行债务的，债权人有权依照法律的规定以抵押物折价或者以变卖抵押物的价款优先得到偿还。

（三）当事人一方在法律规定的范围内可以向对方给付定金。债务人履行债务后，定金应当抵作价款或者收回。给付定金的一方不履行债务的，无权要求返还定金；接受定金的一方不履行债务的，应当双倍返还定金。

（四）按照合同约定一方占有对方的财产，对方不按照合同给付应付款项超过约定期限的，占有人有权留置该财产，依照法律的规定以留置财产折价或者以变卖该财产的价款优先得到偿还。

第九十条　合法的借贷关系受法律保护。

第九十一条　合同一方将合同的权利、义务全部或者部分转让给第三人的，应当取得合同另一方的同意，并不得牟利。依照法律规定应当由国家批准的合同，需经原批准机关批准。但是，法律另有规定或者原合同另有约定的除外。

第九十二条　没有合法根据，取得不当利益，造成他人损失的，应当将取得的不当利益返还受损失的人。

第九十三条　没有法定的或者约定的义务，为避免他人利益受损失进行管理或者服务的，有权要求受益人偿付由此而支付的必要费用。

第三节　知识产权

第九十四条　公民、法人享有著作权（版权），依法有署名、发表、出版、获得报酬等权利。

第九十五条　公民、法人依法取得的专利权受法律保护。

第九十六条　法人、个体工商户、个人合伙依法取得的商标专用权受法律保护。

第九十七条　公民对自己的发现享有发现权。发现人有权申请领取发现证书、奖金或者其他奖励。

公民对自己的发明或者其他科技成果，有权申请领取荣誉证书、奖金或者其他奖励。

第四节　人身权

第九十八条　公民享有生命健康权。

第九十九条　公民享有姓名权，有权决定、使用和依照规定改变自己的姓名，禁止他人干涉、盗用、假冒。

法人、个体工商户、个人合伙享有名称权。企业法人、个体工商户、个人合伙有权使用、依法转让自己的名称。

第一百条　公民享有肖像权，未经本人同意，不得以营利为目的使用公民的肖像。

第一百零一条　公民、法人享有名誉权，公民的人格尊严受法律保护，禁止用侮辱、诽谤等方式损害公民、法人的名誉。

第一百零二条　公民、法人享有荣誉权，禁止非法剥夺公民、法人的荣誉称号。

第一百零三条　公民享有婚姻自主权，禁止买卖、包办婚姻和其他干涉婚姻自由的行为。

第一百零四条 婚姻、家庭、老人、母亲和儿童受法律保护。

残疾人的合法权益受法律保护。

第一百零五条 妇女享有同男子平等的民事权利。

第六章 民事责任

第一节 一般规定

第一百零六条 公民、法人违反合同或者不履行其他义务的，应当承担民事责任。

公民、法人由于过错侵害国家的、集体的财产，侵害他人财产、人身的，应当承担民事责任。

没有过错，但法律规定应当承担民事责任的，应当承担民事责任。

第一百零七条 因不可抗力不能履行合同或者造成他人损害的，不承担民事责任，法律另有规定的除外。

第一百零八条 债务应当清偿。暂时无力偿还的，经债权人同意或者人民法院裁决，可以由债务人分期偿还。有能力偿还拒不偿还的，由人民法院判决强制偿还。

第一百零九条 因防止、制止国家的、集体的财产或者他人的财产、人身遭受侵害而使自己受到损害的，由侵害人承担赔偿责任，受益人也可以给予适当的补偿。

第一百一十条 对承担民事责任的公民、法人需要追究行政责任的，应当追究行政责任；构成犯罪的，对公民、法人的法定代表人应当依法追究刑事责任。

第二节 违反合同的民事责任

第一百一十一条 当事人一方不履行合同义务或者履行合同义务不符合约定条件的，另一方有权要求履行或者采取补救措施，并有权要求赔偿损失。

第一百一十二条 当事人一方违反合同的赔偿责任，应当相当于另一方因此所受到的损失。

当事人可以在合同中约定，一方违反合同时，向另一方支付一定数额的违约金；也可以在合同中约定对于违反合同而产生的损失赔偿额的计算方法。

第一百一十三条 当事人双方都违反合同的，应当分别承担各自应负的民事责任。

第一百一十四条 当事人一方因另一方违反合同受到损失的，应当及时采取措施防止损失的扩大；没有及时采取措施致使损失扩大的，无权就扩大的损失要求赔偿。

第一百一十五条 合同的变更或者解除，不影响当事人要求赔偿损失的权利。

第一百一十六条 当事人一方由于上级机关的原因，不能履行合同义务的，应当按照合同约定向另一方赔偿损失或者采取其他补救措施，再由上级机关对它因此受到的损失负责处理。

第三节 侵权的民事责任

第一百一十七条 侵占国家的、集体的财产或者他人财产的，应当返还财产，不能返还财产的，应当折价赔偿。

损坏国家的、集体的财产或者他人财产的，应当恢复原状或者折价赔偿。

受害人因此遭受其他重大损失的，侵害人并应当赔偿损失。

第一百一十八条 公民、法人的著作权（版权）、专利权、商标专用权、发现权、发明权和其他科技成果权受到剽窃、篡改、假冒等侵害的，有权要求停止侵害，消除影响，赔偿损失。

第一百一十九条 侵害公民身体造成伤害的，应当赔偿医疗费、因误工减少的收入、残废者生活补助费等费用；造成死亡的，并应当支付丧葬费、死者生前扶养的人必要的生活费等费用。

第一百二十条 公民的姓名权、肖像权、名誉权、荣誉权受到侵害的，有权要求停止侵害，恢复名誉，消除影响，赔礼道歉，并可以要求赔偿损失。

法人的名称权、名誉权、荣誉权受到侵害的，适用前款规定。

第一百二十一条 国家机关或者国家机关工作人员在执行职务中，侵犯公民、法人的合法权益造成损害的，应当承担民事责任。

第一百二十二条 因产品质量不合格造成他人财产、人身损害的，产品制造者、销售者应当依法承担民事责任。运输者、仓储者对此负有责任的，产品制造者、销售者有权要求赔偿损失。

第一百二十三条 从事高空、高压、易燃、易爆、剧毒、放射性、高速运输工具等对周围环境有高度危险的作业造成他人损害的，应当承担民事责任；如果能够证明损害是由受害人故意造成的，不承担民事责任。

第一百二十四条 违反国家保护环境防止污染的规定，污染环境造成他人损害的，应当依法承担民事责任。

第一百二十五条 在公共场所、道旁或者通道上挖坑、修缮安装地下设施等，没有设置明显标志和采取安全措施造成他人损害的，施工人应当承担民事责任。

第一百二十六条 建筑物或者其他设施以及建筑物上的搁置物、悬挂物发生倒塌、脱落、坠落造成他人损害的，它的所有人或者管理人应当承担民事责任，但能够证明自己没有过错的除外。

第一百二十七条 饲养的动物造成他人损害的，动物饲养人或者管理人应当承担民事责任；由于受害人的过错造成损害的，动物饲养人或者管理人不承担民事责任；由于第三人的过错造成损害的，第三人应当承担民事责任。

第一百二十八条 因正当防卫造成损害的，不承担民事责任。正当防卫超过必要的限度，造成不应有的损害的，应当承担适当的民事责任。

第一百二十九条 因紧急避险造成损害的，由引起险情发生的人承担民事责任。如果危险是由自然原因引起的，紧急避险人不承担民事责任或者承担适当的民事责任。因紧急避险采取措施不当或者超过必要的限度，造成不应有的损害的，紧急避险人应当承担适当的民事责任。

第一百三十条 二人以上共同侵权造成他人损害的，应当承担连带责任。

第一百三十一条 受害人对于损害的发生也有过错的，可以减轻侵害人的民事责任。

第一百三十二条 当事人对造成损害都没有过错的，可以根据实际情况，由当事人分担民事责任。

第一百三十三条 无民事行为能力人、限制民事行为能力人造成他人损害的，由监护人承担民事责任。监护人尽了监护责任的，可以适当减轻他的民事责任。

有财产的无民事行为能力人、限制民事行为能力人造成他人损害的，从本人财产中支付赔偿费用。不足部分，由监护人适当赔偿，但单位担任监护人的除外。

第四节 承担民事责任的方式

第一百三十四条 承担民事责任的方式主要有：

（一）停止侵害；

（二）排除妨碍；

（三）消除危险；

（四）返还财产；

（五）恢复原状；

（六）修理、重作、更换；

（七）赔偿损失；

（八）支付违约金；

（九）消除影响、恢复名誉；

（十）赔礼道歉。

以上承担民事责任的方式，可以单独适用，也可以合并适用。

人民法院审理民事案件，除适用上述规定外，还可以予以训诫、责令具结悔过、收缴进行非法活动的财物和非法所得，并可以依照法律规定处以罚款、拘留。

第七章 诉讼时效

第一百三十五条 向人民法院请求保护民事权利的诉讼时效期间为二年，法律另有规定的除外。

第一百三十六条 下列的诉讼时效期间为一年：

（一）身体受到伤害要求赔偿的；

（二）出售质量不合格的商品未声明的；

（三）延付或者拒付租金的；

（四）寄存财物被丢失或者损毁的。

第一百三十七条 诉讼时效期间从知道或者应当知道权利被侵害时起计算。但是，从权利被侵害之日起超过二十年的，人民法院不予保护。有特殊情况的，人民法院可以延长诉讼时效期间。

第一百三十八条 超过诉讼时效期间，当事人自愿履行的，不受诉讼时效限制。

第一百三十九条 在诉讼时效期间的最后六个月内，因不可抗力或者其他障碍不能行使请求权的，诉讼时效中止。从中止时效的原因消除之日起，诉讼时效期间继续计算。

第一百四十条 诉讼时效因提起诉讼、当事人一方提出要求或者同意履行义务而中断。从中断时起，诉讼时效期间重新计算。

第一百四十一条 法律对诉讼时效另有规定的，依照法律规定。

第八章 涉外民事关系的法律适用

第一百四十二条 涉外民事关系的法律适用，依照本章的规定确定。

中华人民共和国缔结或者参加的国际条约同中华人民共和国的民事法律有不同规定的，适用国际条约的规定，但中华人民共和国声明保留的条款除外。

中华人民共和国法律和中华人民共和国缔结或者参加的国际条约没有规定的，可以适用国际惯例。

第一百四十三条 中华人民共和国公民定居国外的，他的民事行为能力可以适用定居国法律。

第一百四十四条 不动产的所有权，适用不动产所在地法律。

第一百四十五条 涉外合同的当事人可以选择处理合同争议所适用的法律，法律另有规定的除外。

涉外合同的当事人没有选择的，适用与合同有最密切联系的国家的法律。

第一百四十六条 侵权行为的损害赔偿，适用侵权行为地法律。当事人双方国籍相同或者在同一国家有住所的，也可以适用当事人本国法律或者住所地法律。

中华人民共和国法律不认为在中华人民共和国领域外发生的行为是侵权行为的，不作为侵权行为处理。

第一百四十七条 中华人民共和国公民和外国人结婚适用婚姻缔结地法律，离婚适用受理案件的法院所在地法律。

第一百四十八条 扶养适用与被扶养人有最密切联系的国家的法律。

第一百四十九条　遗产的法定继承，动产适用被继承人死亡时住所地法律，不动产适用不动产所在地法律。

第一百五十条　依照本章规定适用外国法律或者国际惯例的，不得违背中华人民共和国的社会公共利益。

第九章　附　　则

第一百五十一条　民族自治地方的人民代表大会可以根据本法规定的原则，结合当地民族的特点，制定变通的或者补充的单行条例或者规定。自治区人民代表大会制定的，依照法律规定报全国人民代表大会常务委员会批准或者备案；自治州、自治县人民代表大会制定的，报省、自治区人民代表大会常务委员会批准。

第一百五十二条　本法生效以前，经省、自治区、直辖市以上主管机关批准开办的全民所有制企业，已经向工商行政管理机关登记的，可以不再办理法人登记，即具有法人资格。

第一百五十三条　本法所称的"不可抗力"，是指不能预见、不能避免并不能克服的客观情况。

第一百五十四条　民法所称的期间按照公历年、月、日、小时计算。

规定按照小时计算期间的，从规定时开始计算。规定按照日、月、年计算期间的，开始的当天不算入，从下一天开始计算。

期间的最后一天是星期日或者其他法定休假日的，以休假日的次日为期间的最后一天。

期间的最后一天的截止时间为二十四点。有业务时间的，到停止业务活动的时间截止。

第一百五十五条　民法所称的"以上"、"以下"、"以内"、"届满"，包括本数；所称的"不满"、"以外"，不包括本数。

第一百五十六条　本法自一九八七年一月一日起施行。

中华人民共和国合同法

（1999 年 3 月 15 日第九届全国人民代表大会第二次会议通过
1999 年 3 月 15 日中华人民共和国主席令第 15 号公布
自 1999 年 10 月 1 日起施行）

总　　则

第一章　一般规定

第一条　为了保护合同当事人的合法权益，维护社会经济秩序，促进社会主义现代化建设，制定本法。

第二条　本法所称合同是平等主体的自然人、法人、其他组织之间设立、变更、终止民事权利义务关系的协议。

婚姻、收养、监护等有关身份关系的协议，适用其他法律的规定。

第三条　合同当事人的法律地位平等，一方不得将自己的意志强加给另一方。

第四条　当事人依法享有自愿订立合同的权利，任何单位和个人不得非法干预。

第五条　当事人应当遵循公平原则确定各方的权利和义务。

第六条　当事人行使权利、履行义务应当遵循诚实信用原则。

第七条　当事人订立、履行合同，应当遵守法律、行政法规，尊重社会公德，不得扰乱社会经济秩序，损害社会公共利益。

第八条　依法成立的合同，对当事人具有法律约束力。当事人应当按照约定履行自己的义务，不得擅自变更或者解除合同。

依法成立的合同，受法律保护。

第二章　合同的订立

第九条　当事人订立合同，应当具有相应的民事权利能力和民事行为能力。

当事人依法可以委托代理人订立合同。

第十条 当事人订立合同，有书面形式、口头形式和其他形式。

法律、行政法规规定采用书面形式的，应当采用书面形式。当事人约定采用书面形式的，应当采用书面形式。

第十一条 书面形式是指合同书、信件和数据电文（包括电报、电传、传真、电子数据交换和电子邮件）等可以有形地表现所载内容的形式。

第十二条 合同的内容由当事人约定，一般包括以下条款：

（一）当事人的名称或者姓名和住所；

（二）标的；

（三）数量；

（四）质量；

（五）价款或者报酬；

（六）履行期限、地点和方式；

（七）违约责任；

（八）解决争议的方法。

当事人可以参照各类合同的示范文本订立合同。

第十三条 当事人订立合同，采取要约、承诺方式。

第十四条 要约是希望和他人订立合同的意思表示，该意思表示应当符合下列规定：

（一）内容具体确定；

（二）表明经受要约人承诺，要约人即受该意思表示约束。

第十五条 要约邀请是希望他人向自己发出要约的意思表示。寄送的价目表、拍卖公告、招标公告、招股说明书、商业广告等为要约邀请。

商业广告的内容符合要约规定的，视为要约。

第十六条 要约到达受要约人时生效。

采用数据电文形式订立合同，收件人指定特定系统接收数据电文的，该数据电文进入该特定系统的时间，视为到达时间；未指定特定系统的，该数据电文进入收件人的任何系统的首次时间，视为到达时间。

第十七条 要约可以撤回。撤回要约的通知应当在要约到达受要约人之前或者与要约同时到达受要约人。

第十八条 要约可以撤销。撤销要约的通知应当在受要约人发出承诺通知之前到达受要约人。

第十九条 有下列情形之一的，要约不得撤销：

（一）要约人确定了承诺期限或者以其他形式明示要约不可撤销；

（二）受要约人有理由认为要约是不可撤销的，并已经为履行合同作了准备工作。

第二十条 有下列情形之一的，要约失效：

（一）拒绝要约的通知到达要约人；

（二）要约人依法撤销要约；

（三）承诺期限届满，受要约人未作出承诺；

（四）受要约人对要约的内容作出实质性变更。

第二十一条 承诺是受要约人同意要约的意思表示。

第二十二条 承诺应当以通知的方式作出，但根据交易习惯或者要约表明可以通过行为作出承诺的除外。

第二十三条 承诺应当在要约确定的期限内到达要约人。

要约没有确定承诺期限的，承诺应当依照下列规定到达：

（一）要约以对话方式作出的，应当即时作出承诺，但当事人另有约定的除外；

（二）要约以非对话方式作出的，承诺应当在合理期限内到达。

第二十四条 要约以信件或者电报作出的，承诺期限自信件载明的日期或者电报交发之日开始计算。信件未载明日期的，自投寄该信件的邮戳日期开始计算。要约以电话、传真等快速通讯方式作出的，承诺期限自要约到达受要约人时开始计算。

第二十五条 承诺生效时合同成立。

第二十六条 承诺通知到达要约人时生效。承诺不需要通知的，根据交易习惯或者要约的要求作出承诺的行为时生效。

采用数据电文形式订立合同的，承诺到达的时间适用本法第十六条第二款的规定。

第二十七条 承诺可以撤回。撤回承诺的通知应当在承诺通知到达要约人之前或者与承诺通知同时到达要约人。

第二十八条　受要约人超过承诺期限发出承诺的，除要约人及时通知受要约人该承诺有效的以外，为新要约。

第二十九条　受要约人在承诺期限内发出承诺，按照通常情形能够及时到达要约人，但因其他原因承诺到达要约人时超过承诺期限的，除要约人及时通知受要约人因承诺超过期限不接受该承诺的以外，该承诺有效。

第三十条　承诺的内容应当与要约的内容一致。受要约人对要约的内容作出实质性变更的，为新要约。有关合同标的、数量、质量、价款或者报酬、履行期限、履行地点和方式、违约责任和解决争议方法等的变更，是对要约内容的实质性变更。

第三十一条　承诺对要约的内容作出非实质性变更的，除要约人及时表示反对或者要约表明承诺不得对要约的内容作出任何变更的以外，该承诺有效，合同的内容以承诺的内容为准。

第三十二条　当事人采用合同书形式订立合同的，自双方当事人签字或者盖章时合同成立。

第三十三条　当事人采用信件、数据电文等形式订立合同的，可以在合同成立之前要求签订确认书。签订确认书时合同成立。

第三十四条　承诺生效的地点为合同成立的地点。

采用数据电文形式订立合同的，收件人的主营业地为合同成立的地点；没有主营业地的，其经常居住地为合同成立的地点。当事人另有约定的，按照其约定。

第三十五条　当事人采用合同书形式订立合同的，双方当事人签字或者盖章的地点为合同成立的地点。

第三十六条　法律、行政法规规定或者当事人约定采用书面形式订立合同，当事人未采用书面形式但一方已经履行主要义务，对方接受的，该合同成立。

第三十七条　采用合同书形式订立合同，在签字或者盖章之前，当事人一方已经履行主要义务，对方接受的，该合同成立。

第三十八条　国家根据需要下达指令性任务或者国家订货任务的，有关法人、其他组织之间应当依照有关法律、行政法规规定的权利和义务订立合同。

第三十九条　采用格式条款订立合同的，提供格式条款的一方应当遵循公平原则确定当事人之间的权利和义务，并采取合理的方式提请对方注意免除或者限制其责任的条款，按照对方的要求，对该条款予以说明。

格式条款是当事人为了重复使用而预先拟定，并在订立合同时未与对方协商的条款。

第四十条 格式条款具有本法第五十二条和第五十三条规定情形的，或者提供格式条款一方免除其责任、加重对方责任、排除对方主要权利的，该条款无效。

第四十一条 对格式条款的理解发生争议的，应当按照通常理解予以解释。对格式条款有两种以上解释的，应当作出不利于提供格式条款一方的解释。格式条款和非格式条款不一致的，应当采用非格式条款。

第四十二条 当事人在订立合同过程中有下列情形之一，给对方造成损失的，应当承担损害赔偿责任：

（一）假借订立合同，恶意进行磋商；

（二）故意隐瞒与订立合同有关的重要事实或者提供虚假情况；

（三）有其他违背诚实信用原则的行为。

第四十三条 当事人在订立合同过程中知悉的商业秘密，无论合同是否成立，不得泄露或者不正当地使用。泄露或者不正当地使用该商业秘密给对方造成损失的，应当承担损害赔偿责任。

第三章 合同的效力

第四十四条 依法成立的合同，自成立时生效。

法律、行政法规规定应当办理批准、登记等手续生效的，依照其规定。

第四十五条 当事人对合同的效力可以约定附条件。附生效条件的合同，自条件成就时生效。附解除条件的合同，自条件成就时失效。

当事人为自己的利益不正当地阻止条件成就的，视为条件已成就；不正当地促成条件成就的，视为条件不成就。

第四十六条 当事人对合同的效力可以约定附期限。附生效期限的合同，自期限届至时生效。附终止期限的合同，自期限届满时失效。

第四十七条 限制民事行为能力人订立的合同，经法定代理人追认后，该合同有效，但纯获利益的合同或者与其年龄、智力、精神健康状况相适应而订立的合同，不必经法定代理人追认。

相对人可以催告法定代理人在一个月内予以追认。法定代理人未作表示的，视为拒绝追认。合同被追认之前，善意相对人有撤销的权利。撤销应当以通知的方式作出。

第四十八条 行为人没有代理权、超越代理权或者代理权终止后以被代理人名义订立的合同，未经被代理人追认，对被代理人不发生效力，由行为人承担责任。

相对人可以催告被代理人在一个月内予以追认。被代理人未作表示的，视为拒绝追认。合同被追认之前，善意相对人有撤销的权利。撤销应当以通知的方式作出。

第四十九条 行为人没有代理权、超越代理权或者代理权终止后以被代理人名义订立合同，相对人有理由相信行为人有代理权的，该代理行为有效。

第五十条 法人或者其他组织的法定代表人、负责人超越权限订立的合同，除相对人知道或者应当知道其超越权限的以外，该代表行为有效。

第五十一条 无处分权的人处分他人财产，经权利人追认或者无处分权的人订立合同后取得处分权的，该合同有效。

第五十二条 有下列情形之一的，合同无效：

（一）一方以欺诈、胁迫的手段订立合同，损害国家利益；

（二）恶意串通，损害国家、集体或者第三人利益；

（三）以合法形式掩盖非法目的；

（四）损害社会公共利益；

（五）违反法律、行政法规的强制性规定。

第五十三条 合同中的下列免责条款无效：

（一）造成对方人身伤害的；

（二）因故意或者重大过失造成对方财产损失的。

第五十四条 下列合同，当事人一方有权请求人民法院或者仲裁机构变更或者撤销：

（一）因重大误解订立的；

（二）在订立合同时显失公平的。

一方以欺诈、胁迫的手段或者乘人之危，使对方在违背真实意思的情况下订立的合同，受损害方有权请求人民法院或者仲裁机构变更或者撤销。

当事人请求变更的，人民法院或者仲裁机构不得撤销。

第五十五条 有下列情形之一的，撤销权消灭：

（一）具有撤销权的当事人自知道或者应当知道撤销事由之日起一年内没有行使撤销权；

（二）具有撤销权的当事人知道撤销事由后明确表示或者以自己的行为放弃撤销权。

第五十六条 无效的合同或者被撤销的合同自始没有法律约束力。合同部分无效，不影响其他部分效力的，其他部分仍然有效。

第五十七条 合同无效、被撤销或者终止的，不影响合同中独立存在的有关解决争议方法的条款的效力。

第五十八条 合同无效或者被撤销后，因该合同取得的财产，应当予以返还；不能返还或者没有必要返还的，应当折价补偿。有过错的一方应当赔偿对方因此所受到的损失，双方都有过错的，应当各自承担相应的责任。

第五十九条 当事人恶意串通，损害国家、集体或者第三人利益的，因此取得的财产收归国家所有或者返还集体、第三人。

第四章 合同的履行

第六十条 当事人应当按照约定全面履行自己的义务。

当事人应当遵循诚实信用原则，根据合同的性质、目的和交易习惯履行通知、协助、保密等义务。

第六十一条 合同生效后，当事人就质量、价款或者报酬、履行地点等内容没有约定或者约定不明确的，可以协议补充；不能达成补充协议的，按照合同有关条款或者交易习惯确定。

第六十二条 当事人就有关合同内容约定不明确，依照本法第六十一条的规定仍不能确定的，适用下列规定：

（一）质量要求不明确的，按照国家标准、行业标准履行；没有国家标准、行业标准的，按照通常标准或者符合合同目的的特定标准履行。

（二）价款或者报酬不明确的，按照订立合同时履行地的市场价格履行；依法应当执行政府定价或者政府指导价的，按照规定履行。

（三）履行地点不明确，给付货币的，在接受货币一方所在地履行；交付不动产的，在不动产所在地履行；其他标的，在履行义务一方所在地履行。

（四）履行期限不明确的，债务人可以随时履行，债权人也可以随时要求履行，但应当给对方必要的准备时间。

（五）履行方式不明确的，按照有利于实现合同目的的方式履行。

（六）履行费用的负担不明确的，由履行义务一方负担。

第六十三条　执行政府定价或者政府指导价的，在合同约定的交付期限内政府价格调整时，按照交付时的价格计价。逾期交付标的物的，遇价格上涨时，按照原价格执行；价格下降时，按照新价格执行。逾期提取标的物或者逾期付款的，遇价格上涨时，按照新价格执行；价格下降时，按照原价格执行。

第六十四条　当事人约定由债务人向第三人履行债务的，债务人未向第三人履行债务或者履行债务不符合约定，应当向债权人承担违约责任。

第六十五条　当事人约定由第三人向债权人履行债务的，第三人不履行债务或者履行债务不符合约定，债务人应当向债权人承担违约责任。

第六十六条　当事人互负债务，没有先后履行顺序的，应当同时履行。一方在对方履行之前有权拒绝其履行要求。一方在对方履行债务不符合约定时，有权拒绝其相应的履行要求。

第六十七条　当事人互负债务，有先后履行顺序，先履行一方未履行的，后履行一方有权拒绝其履行要求。先履行一方履行债务不符合约定的，后履行一方有权拒绝其相应的履行要求。

第六十八条　应当先履行债务的当事人，有确切证据证明对方有下列情形之一的，可以中止履行：

（一）经营状况严重恶化；

（二）转移财产、抽逃资金，以逃避债务；

（三）丧失商业信誉；

（四）有丧失或者可能丧失履行债务能力的其他情形。

当事人没有确切证据中止履行的，应当承担违约责任。

第六十九条 当事人依照本法第六十八条的规定中止履行的，应当及时通知对方。对方提供适当担保时，应当恢复履行。中止履行后，对方在合理期限内未恢复履行能力并且未提供适当担保的，中止履行的一方可以解除合同。

第七十条 债权人分立、合并或者变更住所没有通知债务人，致使履行债务发生困难的，债务人可以中止履行或者将标的物提存。

第七十一条 债权人可以拒绝债务人提前履行债务，但提前履行不损害债权人利益的除外。

债务人提前履行债务给债权人增加的费用，由债务人负担。

第七十二条 债权人可以拒绝债务人部分履行债务，但部分履行不损害债权人利益的除外。

债务人部分履行债务给债权人增加的费用，由债务人负担。

第七十三条 因债务人怠于行使其到期债权，对债权人造成损害的，债权人可以向人民法院请求以自己的名义代位行使债务人的债权，但该债权专属于债务人自身的除外。

代位权的行使范围以债权人的债权为限。债权人行使代位权的必要费用，由债务人负担。

第七十四条 因债务人放弃其到期债权或者无偿转让财产，对债权人造成损害的，债权人可以请求人民法院撤销债务人的行为。债务人以明显不合理的低价转让财产，对债权人造成损害，并且受让人知道该情形的，债权人也可以请求人民法院撤销债务人的行为。

撤销权的行使范围以债权人的债权为限。债权人行使撤销权的必要费用，由债务人负担。

第七十五条 撤销权自债权人知道或者应当知道撤销事由之日起一年内行使。自债务人的行为发生之日起五年内没有行使撤销权的，该撤销权消灭。

第七十六条 合同生效后，当事人不得因姓名、名称的变更或者法定代表人、负责人、承办人的变动而不履行合同义务。

第五章 合同的变更和转让

第七十七条 当事人协商一致，可以变更合同。

法律、行政法规规定变更合同应当办理批准、登记等手续的，依照其规定。

第七十八条 当事人对合同变更的内容约定不明确的，推定为未变更。

第七十九条 债权人可以将合同的权利全部或者部分转让给第三人，但有下列情形之一的除外：

（一）根据合同性质不得转让；

（二）按照当事人约定不得转让；

（三）依照法律规定不得转让。

第八十条 债权人转让权利的，应当通知债务人。未经通知，该转让对债务人不发生效力。

债权人转让权利的通知不得撤销，但经受让人同意的除外。

第八十一条 债权人转让权利的，受让人取得与债权有关的从权利，但该从权利专属于债权人自身的除外。

第八十二条 债务人接到债权转让通知后，债务人对让与人的抗辩，可以向受让人主张。

第八十三条 债务人接到债权转让通知时，债务人对让与人享有债权，并且债务人的债权先于转让的债权到期或者同时到期的，债务人可以向受让人主张抵销。

第八十四条 债务人将合同的义务全部或者部分转移给第三人的，应当经债权人同意。

第八十五条 债务人转移义务的，新债务人可以主张原债务人对债权人的抗辩。

第八十六条 债务人转移义务的，新债务人应当承担与主债务有关的从债务，但该从债务专属于原债务人自身的除外。

第八十七条 法律、行政法规规定转让权利或者转移义务应当办理批准、登记等手续的，依照其规定。

第八十八条 当事人一方经对方同意，可以将自己在合同中的权利和义务一并转让给第三人。

第八十九条 权利和义务一并转让的，适用本法第七十九条、第八十一条至第八十三条、第八十五条至第八十七条的规定。

第九十条 当事人订立合同后合并的，由合并后的法人或者其他组织行使合同权利，履行合同义务。当事人订立合同后分立的，除债权人和债务人另有约定的以外，由分立的法人或者其他组织对合同的权利和义务享有连带债权，承担连带债务。

第六章　合同的权利义务终止

第九十一条　有下列情形之一的，合同的权利义务终止：

（一）债务已经按照约定履行；

（二）合同解除；

（三）债务相互抵销；

（四）债务人依法将标的物提存；

（五）债权人免除债务；

（六）债权债务同归于一人；

（七）法律规定或者当事人约定终止的其他情形。

第九十二条　合同的权利义务终止后，当事人应当遵循诚实信用原则，根据交易习惯履行通知、协助、保密等义务。

第九十三条　当事人协商一致，可以解除合同。

当事人可以约定一方解除合同的条件。解除合同的条件成就时，解除权人可以解除合同。

第九十四条　有下列情形之一的，当事人可以解除合同：

（一）因不可抗力致使不能实现合同目的；

（二）在履行期限届满之前，当事人一方明确表示或者以自己的行为表明不履行主要债务；

（三）当事人一方迟延履行主要债务，经催告后在合理期限内仍未履行；

（四）当事人一方迟延履行债务或者有其他违约行为致使不能实现合同目的；

（五）法律规定的其他情形。

第九十五条　法律规定或者当事人约定解除权行使期限，期限届满当事人不行使的，该权利消灭。

法律没有规定或者当事人没有约定解除权行使期限，经对方催告后在合理期限内不行使的，该权利消灭。

第九十六条　当事人一方依照本法第九十三条第二款、第九十四条的规定主张解除合同的，应当通知对方。合同自通知到达对方时解除。对方有异议的，可以请求人民法院或者仲裁机构确认解除合同的效力。

法律、行政法规规定解除合同应当办理批准、登记等手续的，依照其规定。

第九十七条 合同解除后，尚未履行的，终止履行；已经履行的，根据履行情况和合同性质，当事人可以要求恢复原状、采取其他补救措施，并有权要求赔偿损失。

第九十八条 合同的权利义务终止，不影响合同中结算和清理条款的效力。

第九十九条 当事人互负到期债务，该债务的标的物种类、品质相同的，任何一方可以将自己的债务与对方的债务抵销，但依照法律规定或者按照合同性质不得抵销的除外。

当事人主张抵销的，应当通知对方。通知自到达对方时生效。抵销不得附条件或者附期限。

第一百条 当事人互负债务，标的物种类、品质不相同的，经双方协商一致，也可以抵销。

第一百零一条 有下列情形之一，难以履行债务的，债务人可以将标的物提存：

（一）债权人无正当理由拒绝受领；

（二）债权人下落不明；

（三）债权人死亡未确定继承人或者丧失民事行为能力未确定监护人；

（四）法律规定的其他情形。

标的物不适于提存或者提存费用过高的，债务人依法可以拍卖或者变卖标的物，提存所得的价款。

第一百零二条 标的物提存后，除债权人下落不明的以外，债务人应当及时通知债权人或者债权人的继承人、监护人。

第一百零三条 标的物提存后，毁损、灭失的风险由债权人承担。提存期间，标的物的孳息归债权人所有。提存费用由债权人负担。

第一百零四条 债权人可以随时领取提存物，但债权人对债务人负有到期债务的，在债权人未履行债务或者提供担保之前，提存部门根据债务人的要求应当拒绝其领取提存物。

债权人领取提存物的权利，自提存之日起五年内不行使而消灭，提存物扣除提存费用后归国家所有。

第一百零五条 债权人免除债务人部分或者全部债务的，合同的权利义务部分或者全部终止。

第一百零六条 债权和债务同归于一人的，合同的权利义务终止，但涉及第三人利益的除外。

第七章 违约责任

第一百零七条 当事人一方不履行合同义务或者履行合同义务不符合约定的，应当承担继续履行、采取补救措施或者赔偿损失等违约责任。

第一百零八条 当事人一方明确表示或者以自己的行为表明不履行合同义务的，对方可以在履行期限届满之前要求其承担违约责任。

第一百零九条 当事人一方未支付价款或者报酬的，对方可以要求其支付价款或者报酬。

第一百一十条 当事人一方不履行非金钱债务或者履行非金钱债务不符合约定的，对方可以要求履行，但有下列情形之一的除外：

（一）法律上或者事实上不能履行；

（二）债务的标的不适于强制履行或者履行费用过高；

（三）债权人在合理期限内未要求履行。

第一百一十一条 质量不符合约定的，应当按照当事人的约定承担违约责任。对违约责任没有约定或者约定不明确，依照本法第六十一条的规定仍不能确定的，受损害方根据标的的性质以及损失的大小，可以合理选择要求对方承担修理、更换、重作、退货、减少价款或者报酬等违约责任。

第一百一十二条 当事人一方不履行合同义务或者履行合同义务不符合约定的，在履行义务或者采取补救措施后，对方还有其他损失的，应当赔偿损失。

第一百一十三条 当事人一方不履行合同义务或者履行合同义务不符合约定，给对方造成损失的，损失赔偿额应当相当于因违约所造成的损失，包括合同履行后可以获得的利益，但不得超过违反合同一方订立合同时预见到或者应当预见到的因违反合同可能造成的损失。

经营者对消费者提供商品或者服务有欺诈行为的，依照《中华人民共和国消费者权益保护法》的规定承担损害赔偿责任。

第一百一十四条 当事人可以约定一方违约时应当根据违约情况向对方支付一定数额的违约金，也可以约定因违约产生的损失赔偿额的计算方法。

约定的违约金低于造成的损失的，当事人可以请求人民法院或者仲裁机构予以增加；约定的违约金过分高于造成的损失的，当事人可以请求人民法院或者仲裁机构予以适当减少。

当事人就迟延履行约定违约金的，违约方支付违约金后，还应当履行债务。

第一百一十五条 当事人可以依照《中华人民共和国担保法》约定一方向对方给付定金作为债权的担保。债务人履行债务后，定金应当抵作价款或者收回。给付定金的一方不履行约定的债务的，无权要求返还定金；收受定金的一方不履行约定的债务的，应当双倍返还定金。

第一百一十六条 当事人既约定违约金，又约定定金的，一方违约时，对方可以选择适用违约金或者定金条款。

第一百一十七条 因不可抗力不能履行合同的，根据不可抗力的影响，部分或者全部免除责任，但法律另有规定的除外。当事人迟延履行后发生不可抗力的，不能免除责任。

本法所称不可抗力，是指不能预见、不能避免并不能克服的客观情况。

第一百一十八条 当事人一方因不可抗力不能履行合同的，应当及时通知对方，以减轻可能给对方造成的损失，并应当在合理期限内提供证明。

第一百一十九条 当事人一方违约后，对方应当采取适当措施防止损失的扩大；没有采取适当措施致使损失扩大的，不得就扩大的损失要求赔偿。

当事人因防止损失扩大而支出的合理费用，由违约方承担。

第一百二十条 当事人双方都违反合同的，应当各自承担相应的责任。

第一百二十一条 当事人一方因第三人的原因造成违约的，应当向对方承担违约责任。当事人一方和第三人之间的纠纷，依照法律规定或者按照约定解决。

第一百二十二条 因当事人一方的违约行为，侵害对方人身、财产权益的，受损害方有权选择依照本法要求其承担违约责任或者依照其他法律要求其承担侵权责任。

第八章 其他规定

第一百二十三条 其他法律对合同另有规定的，依照其规定。

第一百二十四条 本法分则或者其他法律没有明文规定的合同，适用本法总则的规定，并可以参照本法分则或者其他法律最相类似的规定。

第一百二十五条 当事人对合同条款的理解有争议的，应当按照合同所使用的词句、合同的有关条款、合同的目的、交易习惯以及诚实信用原则，确定该条款的真实意思。

合同文本采用两种以上文字订立并约定具有同等效力的，对各文本使用的词句推定具有相同含义。各文本使用的词句不一致的，应当根据合同的目的予以解释。

第一百二十六条 涉外合同的当事人可以选择处理合同争议所适用的法律，但法律另有规定的除外。涉外合同的当事人没有选择的，适用与合同有最密切联系的国家的法律。

在中华人民共和国境内履行的中外合资经营企业合同、中外合作经营企业合同、中外合作勘探开发自然资源合同，适用中华人民共和国法律。

第一百二十七条 工商行政管理部门和其他有关行政主管部门在各自的职权范围内，依照法律、行政法规的规定，对利用合同危害国家利益、社会公共利益的违法行为，负责监督处理；构成犯罪的，依法追究刑事责任。

第一百二十八条 当事人可以通过和解或者调解解决合同争议。

当事人不愿和解、调解或者和解、调解不成的，可以根据仲裁协议向仲裁机构申请仲裁。涉外合同的当事人可以根据仲裁协议向中国仲裁机构或者其他仲裁机构申请仲裁。当事人没有订立仲裁协议或者仲裁协议无效的，可以向人民法院起诉。当事人应当履行发生法律效力的判决、仲裁裁决、调解书；拒不履行的，对方可以请求人民法院执行。

第一百二十九条 因国际货物买卖合同和技术进出口合同争议提起诉讼或者申请仲裁的期限为四年，自当事人知道或者应当知道其权利受到侵害之日起计算。因其他合同争议提起诉讼或者申请仲裁的期限，依照有关法律的规定。

分　则

第九章　买卖合同

第一百三十条 买卖合同是出卖人转移标的物的所有权于买受人，买受人支付价款的合同。

第一百三十一条 买卖合同的内容除依照本法第十二条的规定以外，还可以包括包装方式、检验标准和方法、结算方式、合同使用的文字及其效力等条款。

第一百三十二条 出卖的标的物，应当属于出卖人所有或者出卖人有权处分。

法律、行政法规禁止或者限制转让的标的物，依照其规定。

第一百三十三条 标的物的所有权自标的物交付时起转移，但法律另有规定或者当事人另有约定的除外。

第一百三十四条 当事人可以在买卖合同中约定买受人未履行支付价款或者其他义务的，标的物的所有权属于出卖人。

第一百三十五条 出卖人应当履行向买受人交付标的物或者交付提取标的物的单证，并转移标的物所有权的义务。

第一百三十六条 出卖人应当按照约定或者交易习惯向买受人交付提取标的物单证以外的有关单证和资料。

第一百三十七条 出卖具有知识产权的计算机软件等标的物的，除法律另有规定或者当事人另有约定的以外，该标的物的知识产权不属于买受人。

第一百三十八条 出卖人应当按照约定的期限交付标的物。约定交付期间的，出卖人可以在该交付期间内的任何时间交付。

第一百三十九条 当事人没有约定标的物的交付期限或者约定不明确的，适用本法第六十一条、第六十二条第四项的规定。

第一百四十条 标的物在订立合同之前已为买受人占有的，合同生效的时间为交付时间。

第一百四十一条 出卖人应当按照约定的地点交付标的物。

当事人没有约定交付地点或者约定不明确，依照本法第六十一条的规定仍不能确定的，适用下列规定：

（一）标的物需要运输的，出卖人应当将标的物交付给第一承运人以运交给买受人；

（二）标的物不需要运输，出卖人和买受人订立合同时知道标的物在某一地点的，出卖人应当在该地点交付标的物；不知道标的物在某一地点的，应当在出卖人订立合同时的营业地交付标的物。

第一百四十二条 标的物毁损、灭失的风险，在标的物交付之前由出卖人承担，交付之后由买受人承担，但法律另有规定或者当事人另有约定的除外。

第一百四十三条 因买受人的原因致使标的物不能按照约定的期限交付的，买受人应当自违反约定之日起承担标的物毁损、灭失的风险。

第一百四十四条 出卖人出卖交由承运人运输的在途标的物，除当事人另有约定的以外，毁损、灭失的风险自合同成立时起由买受人承担。

第一百四十五条 当事人没有约定交付地点或者约定不明确，依照本法第一百四十一条第二款第一项的规定标的物需要运输的，出卖人将标的物交付给第一承运人后，标的物毁损、灭失的风险由买受人承担。

第一百四十六条 出卖人按照约定或者依照本法第一百四十一条第二款第二项的规定将标的物置于交付地点，买受人违反约定没有收取的，标的物毁损、灭失的风险自违反约定之日起由买受人承担。

第一百四十七条 出卖人按照约定未交付有关标的物的单证和资料的，不影响标的物毁损、灭失风险的转移。

第一百四十八条 因标的物质量不符合质量要求，致使不能实现合同目的的，买受人可以拒绝接受标的物或者解除合同。买受人拒绝接受标的物或者解除合同的，标的物毁损、灭失的风险由出卖人承担。

第一百四十九条 标的物毁损、灭失的风险由买受人承担的，不影响因出卖人履行债务不符合约定，买受人要求其承担违约责任的权利。

第一百五十条 出卖人就交付的标的物，负有保证第三人不得向买受人主张任何权利的义务，但法律另有规定的除外。

第一百五十一条 买受人订立合同时知道或者应当知道第三人对买卖的标的物享有权利的，出卖人不承担本法第一百五十条规定的义务。

第一百五十二条 买受人有确切证据证明第三人可能就标的物主张权利的，可以中止支付相应的价款，但出卖人提供适当担保的除外。

第一百五十三条 出卖人应当按照约定的质量要求交付标的物。出卖人提供有关标的物质量说明的，交付的标的物应当符合该说明的质量要求。

第一百五十四条 当事人对标的物的质量要求没有约定或者约定不明确，依照本法第六十一条的规定仍不能确定的，适用本法第六十二条第一项的规定。

第一百五十五条 出卖人交付的标的物不符合质量要求的，买受人可以依照本法第一百一十一条的规定要求承担违约责任。

第一百五十六条 出卖人应当按照约定的包装方式交付标的物。对包装方式没有约定或者约定不明确，依照本法第六十一条的规定仍不能确定的，应当按照通用的方式包装，没有通用方式的，应当采取足以保护标的物的包装方式。

第一百五十七条 买受人收到标的物时应当在约定的检验期间内检验。没有约定检验期间的，应当及时检验。

第一百五十八条 当事人约定检验期间的，买受人应当在检验期间内将标的物的数量或者质量不符合约定的情形通知出卖人。买受人怠于通知的，视为标的物的数量或者质量符合约定。

当事人没有约定检验期间的，买受人应当在发现或者应当发现标的物的数量或者质量不符合约定的合理期间内通知出卖人。买受人在合理期间内未通知或者自标的物收到之日起两年内未通知出卖人的，视为标的物的数量或者质量符合约定，但对标的物有质量保证期的，适用质量保证期，不适用该两年的规定。

出卖人知道或者应当知道提供的标的物不符合约定的，买受人不受前两款规定的通知时间的限制。

第一百五十九条 买受人应当按照约定的数额支付价款。对价款没有约定或者约定不明确的，适用本法第六十一条、第六十二条第二项的规定。

第一百六十条 买受人应当按照约定的地点支付价款。对支付地点没有约定或者约定不明确，依照本法第六十一条的规定仍不能确定的，买受人应当在出卖人的营业地支付，但约定支付价款以交付标的物或者交付提取标的物单证为条件的，在交付标的物或者交付提取标的物单证的所在地支付。

第一百六十一条 买受人应当按照约定的时间支付价款。对支付时间没有约定或者约定不明确，依照本法第六十一条的规定仍不能确定的，买受人应当在收到标的物或者提取标的物单证的同时支付。

第一百六十二条 出卖人多交标的物的，买受人可以接收或者拒绝接收多交的部分。买受人接收多交部分的，按照合同的价格支付价款；买受人拒绝接收多交部分的，应当及时通知出卖人。

第一百六十三条 标的物在交付之前产生的孳息，归出卖人所有，交付之后产生的孳息，归买受人所有。

第一百六十四条 因标的物的主物不符合约定而解除合同的，解除合同的效力及于从物。因标的物的从物不符合约定被解除的，解除的效力不及于主物。

第一百六十五条 标的物为数物，其中一物不符合约定的，买受人可以就该物解除，但该物与他物分离使标的物的价值显受损害的，当事人可以就数物解除合同。

第一百六十六条 出卖人分批交付标的物的，出卖人对其中一批标的物不交付或者交付不符合约定，致使该批标的物不能实现合同目的的，买受人可以就该批标的物解除。

出卖人不交付其中一批标的物或者交付不符合约定，致使今后其他各批标的物的交付不能实现合同目的的，买受人可以就该批以及今后其他各批标的物解除。

买受人如果就其中一批标的物解除，该批标的物与其他各批标的物相互依存的，可以就已经交付和未交付的各批标的物解除。

第一百六十七条 分期付款的买受人未支付到期价款的金额达到全部价款的五分之一的，出卖人可以要求买受人支付全部价款或者解除合同。

出卖人解除合同的，可以向买受人要求支付该标的物的使用费。

第一百六十八条 凭样品买卖的当事人应当封存样品，并可以对样品质量予以说明。出卖人交付的标的物应当与样品及其说明的质量相同。

第一百六十九条 凭样品买卖的买受人不知道样品有隐蔽瑕疵的，即使交付的标的物与样品相同，出卖人交付的标的物的质量仍然应当符合同种物的通常标准。

第一百七十条 试用买卖的当事人可以约定标的物的试用期间。对试用期间没有约定或者约定不明确，依照本法第六十一条的规定仍不能确定的，由出卖人确定。

第一百七十一条 试用买卖的买受人在试用期内可以购买标的物，也可以拒绝购买。试用期间届满，买受人对是否购买标的物未作表示的，视为购买。

第一百七十二条 招标投标买卖的当事人的权利和义务以及招标投标程序等，依照有关法律、行政法规的规定。

第一百七十三条 拍卖的当事人的权利和义务以及拍卖程序等，依照有关法律、行政法规的规定。

第一百七十四条 法律对其他有偿合同有规定的，依照其规定；没有规定的，参照买卖合同的有关规定。

第一百七十五条 当事人约定易货交易，转移标的物的所有权的，参照买卖合同的有关规定。

第十章 供用电、水、气、热力合同

第一百七十六条 供用电合同是供电人向用电人供电，用电人支付电费的合同。

第一百七十七条 供用电合同的内容包括供电的方式、质量、时间，用电容量、地址、性质，计量方式，电价、电费的结算方式，供用电设施的维护责任等条款。

第一百七十八条 供用电合同的履行地点，按照当事人约定；当事人没有约定或者约定不明确的，供电设施的产权分界处为履行地点。

第一百七十九条 供电人应当按照国家规定的供电质量标准和约定安全供电。供电人未按照国家规定的供电质量标准和约定安全供电，造成用电人损失的，应当承担损害赔偿责任。

第一百八十条 供电人因供电设施计划检修、临时检修、依法限电或者用电人违法用电等原因，需要中断供电时，应当按照国家有关规定事先通知用电人。未事先通知用电人中断供电，造成用电人损失的，应当承担损害赔偿责任。

第一百八十一条 因自然灾害等原因断电，供电人应当按照国家有关规定及时抢修。未及时抢修，造成用电人损失的，应当承担损害赔偿责任。

第一百八十二条 用电人应当按照国家有关规定和当事人的约定及时交付电费。用电人逾期不交付电费的，应当按照约定支付违约金。经催告用电人在合理期限内仍不交付电费和违约金的，供电人可以按照国家规定的程序中止供电。

第一百八十三条 用电人应当按照国家有关规定和当事人的约定安全用电。用电人未按照国家有关规定和当事人的约定安全用电，造成供电人损失的，应当承担损害赔偿责任。

第一百八十四条 供用水、供用气、供用热力合同，参照供用电合同的有关规定。

第十一章 赠与合同

第一百八十五条 赠与合同是赠与人将自己的财产无偿给予受赠人，受赠人表示接受赠与的合同。

第一百八十六条 赠与人在赠与财产的权利转移之前可以撤销赠与。

具有救灾、扶贫等社会公益、道德义务性质的赠与合同或者经过公证的赠与合同，不适用前款规定。

第一百八十七条 赠与的财产依法需要办理登记等手续的，应当办理有关手续。

第一百八十八条 具有救灾、扶贫等社会公益、道德义务性质的赠与合同或者经过公证的赠与合同，赠与人不交付赠与的财产的，受赠人可以要求交付。

第一百八十九条 因赠与人故意或者重大过失致使赠与的财产毁损、灭失的，赠与人应当承担损害赔偿责任。

第一百九十条 赠与可以附义务。

赠与附义务的，受赠人应当按照约定履行义务。

第一百九十一条 赠与的财产有瑕疵的，赠与人不承担责任。附义务的赠与，赠与的财产有瑕疵的，赠与人在附义务的限度内承担与出卖人相同的责任。

赠与人故意不告知瑕疵或者保证无瑕疵，造成受赠人损失的，应当承担损害赔偿责任。

第一百九十二条 受赠人有下列情形之一的，赠与人可以撤销赠与：

（一）严重侵害赠与人或者赠与人的近亲属；

（二）对赠与人有扶养义务而不履行；

（三）不履行赠与合同约定的义务。

赠与人的撤销权，自知道或者应当知道撤销原因之日起一年内行使。

第一百九十三条 因受赠人的违法行为致使赠与人死亡或者丧失民事行为能力的，赠与人的继承人或者法定代理人可以撤销赠与。

赠与人的继承人或者法定代理人的撤销权，自知道或者应当知道撤销原因之日起六个月内行使。

第一百九十四条 撤销权人撤销赠与的，可以向受赠人要求返还赠与的财产。

第一百九十五条 赠与人的经济状况显著恶化，严重影响其生产经营或者家庭生活的，可以不再履行赠与义务。

第十二章 借款合同

第一百九十六条 借款合同是借款人向贷款人借款，到期返还借款并支付利息的合同。

第一百九十七条 借款合同采用书面形式，但自然人之间借款另有约定的除外。

借款合同的内容包括借款种类、币种、用途、数额、利率、期限和还款方式等条款。

第一百九十八条 订立借款合同，贷款人可以要求借款人提供担保。担保依照《中华人民共和国担保法》的规定。

第一百九十九条 订立借款合同，借款人应当按照贷款人的要求提供与借款有关的业务活动和财务状况的真实情况。

第二百条 借款的利息不得预先在本金中扣除。利息预先在本金中扣除的，应当按照实际借款数额返还借款并计算利息。

第二百零一条 贷款人未按照约定的日期、数额提供借款，造成借款人损失的，应当赔偿损失。

借款人未按照约定的日期、数额收取借款的，应当按照约定的日期、数额支付利息。

第二百零二条 贷款人按照约定可以检查、监督借款的使用情况。借款人应当按照约定向贷款人定期提供有关财务会计报表等资料。

第二百零三条 借款人未按照约定的借款用途使用借款的，贷款人可以停止发放借款、提前收回借款或者解除合同。

第二百零四条 办理贷款业务的金融机构贷款的利率，应当按照中国人民银行规定的贷款利率的上下限确定。

第二百零五条 借款人应当按照约定的期限支付利息。对支付利息的期限没有约定或者约定不明确，依照本法第六十一条的规定仍不能确定，借款期间不满一年的，应当在返还借款时一并支付；借款期间一年以上的，应当在每届满一年时支付，剩余期间不满一年的，应当在返还借款时一并支付。

第二百零六条 借款人应当按照约定的期限返还借款。对借款期限没有约定或者约定不明确，依照本法第六十一条的规定仍不能确定的，借款人可以随时返还；贷款人可以催告借款人在合理期限内返还。

第二百零七条 借款人未按照约定的期限返还借款的，应当按照约定或者国家有关规定支付逾期利息。

第二百零八条 借款人提前偿还借款的，除当事人另有约定的以外，应当按照实际借款的期间计算利息。

第二百零九条 借款人可以在还款期限届满之前向贷款人申请展

期。贷款人同意的，可以展期。

第二百一十条 自然人之间的借款合同，自贷款人提供借款时生效。

第二百一十一条 自然人之间的借款合同对支付利息没有约定或者约定不明确的，视为不支付利息。

自然人之间的借款合同约定支付利息的，借款的利率不得违反国家有关限制借款利率的规定。

第十三章 租 赁 合 同

第二百一十二条 租赁合同是出租人将租赁物交付承租人使用、收益，承租人支付租金的合同。

第二百一十三条 租赁合同的内容包括租赁物的名称、数量、用途、租赁期限、租金及其支付期限和方式、租赁物维修等条款。

第二百一十四条 租赁期限不得超过二十年。超过二十年的，超过部分无效。

租赁期间届满，当事人可以续订租赁合同，但约定的租赁期限自续订之日起不得超过二十年。

第二百一十五条 租赁期限六个月以上的，应当采用书面形式。当事人未采用书面形式的，视为不定期租赁。

第二百一十六条 出租人应当按照约定将租赁物交付承租人，并在租赁期间保持租赁物符合约定的用途。

第二百一十七条 承租人应当按照约定的方法使用租赁物。对租赁物的使用方法没有约定或者约定不明确，依照本法第六十一条的规定仍不能确定的，应当按照租赁物的性质使用。

第二百一十八条 承租人按照约定的方法或者租赁物的性质使用租赁物，致使租赁物受到损耗的，不承担损害赔偿责任。

第二百一十九条 承租人未按照约定的方法或者租赁物的性质使用租赁物，致使租赁物受到损失的，出租人可以解除合同并要求赔偿损失。

第二百二十条 出租人应当履行租赁物的维修义务，但当事人另有约定的除外。

第二百二十一条 承租人在租赁物需要维修时可以要求出租人在

合理期限内维修。出租人未履行维修义务的，承租人可以自行维修，维修费用由出租人负担。因维修租赁物影响承租人使用的，应当相应减少租金或者延长租期。

第二百二十二条 承租人应当妥善保管租赁物，因保管不善造成租赁物毁损、灭失的，应当承担损害赔偿责任。

第二百二十三条 承租人经出租人同意，可以对租赁物进行改善或者增设他物。

承租人未经出租人同意，对租赁物进行改善或者增设他物的，出租人可以要求承租人恢复原状或者赔偿损失。

第二百二十四条 承租人经出租人同意，可以将租赁物转租给第三人。承租人转租的，承租人与出租人之间的租赁合同继续有效，第三人对租赁物造成损失的，承租人应当赔偿损失。

承租人未经出租人同意转租的，出租人可以解除合同。

第二百二十五条 在租赁期间因占有、使用租赁物获得的收益，归承租人所有，但当事人另有约定的除外。

第二百二十六条 承租人应当按照约定的期限支付租金。对支付期限没有约定或者约定不明确，依照本法第六十一条的规定仍不能确定，租赁期间不满一年的，应当在租赁期间届满时支付；租赁期间一年以上的，应当在每届满一年时支付，剩余期间不满一年的，应当在租赁期间届满时支付。

第二百二十七条 承租人无正当理由未支付或者迟延支付租金的，出租人可以要求承租人在合理期限内支付。承租人逾期不支付的，出租人可以解除合同。

第二百二十八条 因第三人主张权利，致使承租人不能对租赁物使用、收益的，承租人可以要求减少租金或者不支付租金。

第三人主张权利的，承租人应当及时通知出租人。

第二百二十九条 租赁物在租赁期间发生所有权变动的，不影响租赁合同的效力。

第二百三十条 出租人出卖租赁房屋的，应当在出卖之前的合理期限内通知承租人，承租人享有以同等条件优先购买的权利。

第二百三十一条 因不可归责于承租人的事由，致使租赁物部分或者全部毁损、灭失的，承租人可以要求减少租金或者不支付租金；

因租赁物部分或者全部毁损、灭失，致使不能实现合同目的的，承租人可以解除合同。

第二百三十二条 当事人对租赁期限没有约定或者约定不明确，依照本法第六十一条的规定仍不能确定的，视为不定期租赁。当事人可以随时解除合同，但出租人解除合同应当在合理期限之前通知承租人。

第二百三十三条 租赁物危及承租人的安全或者健康的，即使承租人订立合同时明知该租赁物质量不合格，承租人仍然可以随时解除合同。

第二百三十四条 承租人在房屋租赁期间死亡的，与其生前共同居住的人可以按照原租赁合同租赁该房屋。

第二百三十五条 租赁期间届满，承租人应当返还租赁物。返还的租赁物应当符合按照约定或者租赁物的性质使用后的状态。

第二百三十六条 租赁期间届满，承租人继续使用租赁物，出租人没有提出异议的，原租赁合同继续有效，但租赁期限为不定期。

第十四章 融资租赁合同

第二百三十七条 融资租赁合同是出租人根据承租人对出卖人、租赁物的选择，向出卖人购买租赁物，提供给承租人使用，承租人支付租金的合同。

第二百三十八条 融资租赁合同的内容包括租赁物名称、数量、规格、技术性能、检验方法、租赁期限、租金构成及其支付期限和方式、币种、租赁期间届满租赁物的归属等条款。

融资租赁合同应当采用书面形式。

第二百三十九条 出租人根据承租人对出卖人、租赁物的选择订立的买卖合同，出卖人应当按照约定向承租人交付标的物，承租人享有与受领标的物有关的买受人的权利。

第二百四十条 出租人、出卖人、承租人可以约定，出卖人不履行买卖合同义务的，由承租人行使索赔的权利。承租人行使索赔权利的，出租人应当协助。

第二百四十一条 出租人根据承租人对出卖人、租赁物的选择订立的买卖合同，未经承租人同意，出租人不得变更与承租人有关的合同内容。

第二百四十二条 出租人享有租赁物的所有权。承租人破产的，租赁物不属于破产财产。

第二百四十三条 融资租赁合同的租金，除当事人另有约定的以外，应当根据购买租赁物的大部分或者全部成本以及出租人的合理利润确定。

第二百四十四条 租赁物不符合约定或者不符合使用目的的，出租人不承担责任，但承租人依赖出租人的技能确定租赁物或者出租人干预选择租赁物的除外。

第二百四十五条 出租人应当保证承租人对租赁物的占有和使用。

第二百四十六条 承租人占有租赁物期间，租赁物造成第三人的人身伤害或者财产损害的，出租人不承担责任。

第二百四十七条 承租人应当妥善保管、使用租赁物。

承租人应当履行占有租赁物期间的维修义务。

第二百四十八条 承租人应当按照约定支付租金。承租人经催告后在合理期限内仍不支付租金的，出租人可以要求支付全部租金；也可以解除合同，收回租赁物。

第二百四十九条 当事人约定租赁期间届满租赁物归承租人所有，承租人已经支付大部分租金，但无力支付剩余租金，出租人因此解除合同收回租赁物的，收回的租赁物的价值超过承租人欠付的租金以及其他费用的，承租人可以要求部分返还。

第二百五十条 出租人和承租人可以约定租赁期间届满租赁物的归属。对租赁物的归属没有约定或者约定不明确，依照本法第六十一条的规定仍不能确定的，租赁物的所有权归出租人。

第十五章 承揽合同

第二百五十一条 承揽合同是承揽人按照定作人的要求完成工作，交付工作成果，定作人给付报酬的合同。

承揽包括加工、定作、修理、复制、测试、检验等工作。

第二百五十二条 承揽合同的内容包括承揽的标的、数量、质量、报酬、承揽方式、材料的提供、履行期限、验收标准和方法等条款。

第二百五十三条 承揽人应当以自己的设备、技术和劳力，完成主要工作，但当事人另有约定的除外。

承揽人将其承揽的主要工作交由第三人完成的，应当就该第三人完成的工作成果向定作人负责；未经定作人同意的，定作人也可以解除合同。

第二百五十四条 承揽人可以将其承揽的辅助工作交由第三人完成。承揽人将其承揽的辅助工作交由第三人完成的，应当就该第三人完成的工作成果向定作人负责。

第二百五十五条 承揽人提供材料的，承揽人应当按照约定选用材料，并接受定作人检验。

第二百五十六条 定作人提供材料的，定作人应当按照约定提供材料。承揽人对定作人提供的材料，应当及时检验，发现不符合约定时，应当及时通知定作人更换、补齐或者采取其他补救措施。

承揽人不得擅自更换定作人提供的材料，不得更换不需要修理的零部件。

第二百五十七条 承揽人发现定作人提供的图纸或者技术要求不合理的，应当及时通知定作人。因定作人怠于答复等原因造成承揽人损失的，应当赔偿损失。

第二百五十八条 定作人中途变更承揽工作的要求，造成承揽人损失的，应当赔偿损失。

第二百五十九条 承揽工作需要定作人协助的，定作人有协助的义务。定作人不履行协助义务致使承揽工作不能完成的，承揽人可以催告定作人在合理期限内履行义务，并可以顺延履行期限；定作人逾期不履行的，承揽人可以解除合同。

第二百六十条 承揽人在工作期间，应当接受定作人必要的监督检验。定作人不得因监督检验妨碍承揽人的正常工作。

第二百六十一条 承揽人完成工作的，应当向定作人交付工作成果，并提交必要的技术资料和有关质量证明。定作人应当验收该工作成果。

第二百六十二条 承揽人交付的工作成果不符合质量要求的，定作人可以要求承揽人承担修理、重作、减少报酬、赔偿损失等违约责任。

第二百六十三条 定作人应当按照约定的期限支付报酬。对支付报酬的期限没有约定或者约定不明确，依照本法第六十一条的规定仍不能确定的，定作人应当在承揽人交付工作成果时支付；工作成果部分交付的，定作人应当相应支付。

第二百六十四条 定作人未向承揽人支付报酬或者材料费等价款的，承揽人对完成的工作成果享有留置权，但当事人另有约定的除外。

第二百六十五条 承揽人应当妥善保管定作人提供的材料以及完成的工作成果，因保管不善造成毁损、灭失的，应当承担损害赔偿责任。

第二百六十六条 承揽人应当按照定作人的要求保守秘密，未经定作人许可，不得留存复制品或者技术资料。

第二百六十七条 共同承揽人对定作人承担连带责任，但当事人另有约定的除外。

第二百六十八条 定作人可以随时解除承揽合同，造成承揽人损失的，应当赔偿损失。

第十六章　建设工程合同

第二百六十九条 建设工程合同是承包人进行工程建设，发包人支付价款的合同。

建设工程合同包括工程勘察、设计、施工合同。

第二百七十条 建设工程合同应当采用书面形式。

第二百七十一条 建设工程的招标投标活动，应当依照有关法律的规定公开、公平、公正进行。

第二百七十二条 发包人可以与总承包人订立建设工程合同，也可以分别与勘察人、设计人、施工人订立勘察、设计、施工承包合同。发包人不得将应当由一个承包人完成的建设工程肢解成若干部分发包给几个承包人。

总承包人或者勘察、设计、施工承包人经发包人同意，可以将自己承包的部分工作交由第三人完成。第三人就其完成的工作成果与总承包人或者勘察、设计、施工承包人向发包人承担连带责任。承包人不得将其承包的全部建设工程转包给第三人或者将其承包的全部建设工程肢解以后以分包的名义分别转包给第三人。

禁止承包人将工程分包给不具备相应资质条件的单位。禁止分包单位将其承包的工程再分包。建设工程主体结构的施工必须由承包人自行完成。

第二百七十三条 国家重大建设工程合同，应当按照国家规定的程序和国家批准的投资计划、可行性研究报告等文件订立。

第二百七十四条 勘察、设计合同的内容包括提交有关基础资料和文件（包括概预算）的期限、质量要求、费用以及其他协作条件等条款。

第二百七十五条 施工合同的内容包括工程范围、建设工期、中间交工工程的开工和竣工时间、工程质量、工程造价、技术资料交付时间、材料和设备供应责任、拨款和结算、竣工验收、质量保修范围和质量保证期、双方相互协作等条款。

第二百七十六条 建设工程实行监理的，发包人应当与监理人采用书面形式订立委托监理合同。发包人与监理人的权利和义务以及法律责任，应当依照本法委托合同以及其他有关法律、行政法规的规定。

第二百七十七条 发包人在不妨碍承包人正常作业的情况下，可以随时对作业进度、质量进行检查。

第二百七十八条 隐蔽工程在隐蔽以前，承包人应当通知发包人检查。发包人没有及时检查的，承包人可以顺延工程日期，并有权要求赔偿停工、窝工等损失。

第二百七十九条 建设工程竣工后，发包人应当根据施工图纸及说明书、国家颁发的施工验收规范和质量检验标准及时进行验收。验收合格的，发包人应当按照约定支付价款，并接收该建设工程。建设工程竣工经验收合格后，方可交付使用；未经验收或者验收不合格的，不得交付使用。

第二百八十条 勘察、设计的质量不符合要求或者未按照期限提交勘察、设计文件拖延工期给发包人造成损失的，勘察人、设计人应当继续完善勘察、设计，减收或者免收勘察、设计费并赔偿损失。

第二百八十一条 因施工人的原因致使建设工程质量不符合约定的，发包人有权要求施工人在合理期限内无偿修理或者返工、改建。经过修理或者返工、改建后，造成逾期交付的，施工人应当承担违约责任。

第二百八十二条 因承包人的原因致使建设工程在合理使用期限内造成人身和财产损害的，承包人应当承担损害赔偿责任。

第二百八十三条 发包人未按照约定的时间和要求提供原材料、设备、场地、资金、技术资料的，承包人可以顺延工程日期，并有权要求赔偿停工、窝工等损失。

第二百八十四条 因发包人的原因致使工程中途停建、缓建的，发包人应当采取措施弥补或者减少损失，赔偿承包人因此造成的停工、窝工、倒运、机械设备调迁、材料和构件积压等损失和实际费用。

第二百八十五条 因发包人变更计划，提供的资料不准确，或者未按照期限提供必需的勘察、设计工作条件而造成勘察、设计的返工、停工或者修改设计，发包人应当按照勘察人、设计人实际消耗的工作量增付费用。

第二百八十六条 发包人未按照约定支付价款的，承包人可以催告发包人在合理期限内支付价款。发包人逾期不支付的，除按照建设工程的性质不宜折价、拍卖的以外，承包人可以与发包人协议将该工程折价，也可以申请人民法院将该工程依法拍卖。建设工程的价款就该工程折价或者拍卖的价款优先受偿。

第二百八十七条 本章没有规定的，适用承揽合同的有关规定。

第十七章 运输合同

第一节 一般规定

第二百八十八条 运输合同是承运人将旅客或者货物从起运地点运输到约定地点，旅客、托运人或者收货人支付票款或者运输费用的合同。

第二百八十九条 从事公共运输的承运人不得拒绝旅客、托运人通常、合理的运输要求。

第二百九十条 承运人应当在约定期间或者合理期间内将旅客、货物安全运输到约定地点。

第二百九十一条 承运人应当按照约定的或者通常的运输路线将旅客、货物运输到约定地点。

第二百九十二条 旅客、托运人或者收货人应当支付票款或者运输费用。承运人未按照约定路线或者通常路线运输增加票款或者运输费用的，旅客、托运人或者收货人可以拒绝支付增加部分的票款或者运输费用。

第二节 客运合同

第二百九十三条 客运合同自承运人向旅客交付客票时成立，但当事人另有约定或者另有交易习惯的除外。

第二百九十四条 旅客应当持有效客票乘运。旅客无票乘运、超程乘运、越级乘运或者持失效客票乘运的，应当补交票款，承运人可以按照规定加收票款。旅客不交付票款的，承运人可以拒绝运输。

第二百九十五条 旅客因自己的原因不能按照客票记载的时间乘坐的，应当在约定的时间内办理退票或者变更手续。逾期办理的，承运人可以不退票款，并不再承担运输义务。

第二百九十六条 旅客在运输中应当按照约定的限量携带行李。超过限量携带行李的，应当办理托运手续。

第二百九十七条 旅客不得随身携带或者在行李中夹带易燃、易爆、有毒、有腐蚀性、有放射性以及有可能危及运输工具上人身和财产安全的危险物品或者其他违禁物品。

旅客违反前款规定的，承运人可以将违禁物品卸下、销毁或者送交有关部门。旅客坚持携带或者夹带违禁物品的，承运人应当拒绝运输。

第二百九十八条 承运人应当向旅客及时告知有关不能正常运输的重要事由和安全运输应当注意的事项。

第二百九十九条 承运人应当按照客票载明的时间和班次运输旅客。承运人迟延运输的，应当根据旅客的要求安排改乘其他班次或者退票。

第三百条 承运人擅自变更运输工具而降低服务标准的，应当根据旅客的要求退票或者减收票款；提高服务标准的，不应当加收票款。

第三百零一条 承运人在运输过程中，应当尽力救助患有急病、分娩、遇险的旅客。

第三百零二条 承运人应当对运输过程中旅客的伤亡承担损害赔偿责任，但伤亡是旅客自身健康原因造成的或者承运人证明伤亡是旅客故意、重大过失造成的除外。

前款规定适用于按照规定免票、持优待票或者经承运人许可搭乘的无票旅客。

第三百零三条 在运输过程中旅客自带物品毁损、灭失，承运人有过错的，应当承担损害赔偿责任。

旅客托运的行李毁损、灭失的，适用货物运输的有关规定。

第三节 货运合同

第三百零四条 托运人办理货物运输，应当向承运人准确表明收货人的名称或者姓名或者凭指示的收货人，货物的名称、性质、重量、数量，收货地点等有关货物运输的必要情况。

因托运人申报不实或者遗漏重要情况，造成承运人损失的，托运人应当承担损害赔偿责任。

第三百零五条 货物运输需要办理审批、检验等手续的，托运人应当将办理完有关手续的文件提交承运人。

第三百零六条 托运人应当按照约定的方式包装货物。对包装方式没有约定或者约定不明确的，适用本法第一百五十六条的规定。

托运人违反前款规定的，承运人可以拒绝运输。

第三百零七条 托运人托运易燃、易爆、有毒、有腐蚀性、有放射性等危险物品的，应当按照国家有关危险物品运输的规定对危险物品妥善包装，作出危险物标志和标签，并将有关危险物品的名称、性质和防范措施的书面材料提交承运人。

托运人违反前款规定的，承运人可以拒绝运输，也可以采取相应措施以避免损失的发生，因此产生的费用由托运人承担。

第三百零八条 在承运人将货物交付收货人之前，托运人可以要求承运人中止运输、返还货物、变更到达地或者将货物交给其他收货人，但应当赔偿承运人因此受到的损失。

第三百零九条 货物运输到达后，承运人知道收货人的，应当及时通知收货人，收货人应当及时提货。收货人逾期提货的，应当向承运人支付保管费等费用。

第三百一十条 收货人提货时应当按照约定的期限检验货物。对检验货物的期限没有约定或者约定不明确，依照本法第六十一条的规定仍不能确定的，应当在合理期限内检验货物。收货人在约定的期限或者合理期限内对货物的数量、毁损等未提出异议的，视为承运人已经按照运输单证的记载交付的初步证据。

第三百一十一条 承运人对运输过程中货物的毁损、灭失承担损害赔偿责任，但承运人证明货物的毁损、灭失是因不可抗力、货物本身的自然性质或者合理损耗以及托运人、收货人的过错造成的，不承担损害赔偿责任。

第三百一十二条 货物的毁损、灭失的赔偿额，当事人有约定的，按照其约定；没有约定或者约定不明确，依照本法第六十一条的规定仍不能确定的，按照交付或者应当交付时货物到达地的市场价格计算。法律、行政法规对赔偿额的计算方法和赔偿限额另有规定的，依照其规定。

第三百一十三条 两个以上承运人以同一运输方式联运的，与托运人订立合同的承运人应当对全程运输承担责任。损失发生在某一运输区段的，与托运人订立合同的承运人和该区段的承运人承担连带责任。

第三百一十四条 货物在运输过程中因不可抗力灭失，未收取运费的，承运人不得要求支付运费；已收取运费的，托运人可以要求返还。

第三百一十五条 托运人或者收货人不支付运费、保管费以及其他运输费用的，承运人对相应的运输货物享有留置权，但当事人另有约定的除外。

第三百一十六条 收货人不明或者收货人无正当理由拒绝受领货物的，依照本法第一百零一条的规定，承运人可以提存货物。

第四节 多式联运合同

第三百一十七条 多式联运经营人负责履行或者组织履行多式联运合同，对全程运输享有承运人的权利，承担承运人的义务。

第三百一十八条 多式联运经营人可以与参加多式联运的各区段承运人就多式联运合同的各区段运输约定相互之间的责任，但该约定不影响多式联运经营人对全程运输承担的义务。

第三百一十九条 多式联运经营人收到托运人交付的货物时，应当签发多式联运单据。按照托运人的要求，多式联运单据可以是可转让单据，也可以是不可转让单据。

第三百二十条 因托运人托运货物时的过错造成多式联运经营人损失的，即使托运人已经转让多式联运单据，托运人仍然应当承担损害赔偿责任。

第三百二十一条 货物的毁损、灭失发生于多式联运的某一运输区段的，多式联运经营人的赔偿责任和责任限额，适用调整该区段运输方式的有关法律规定。货物毁损、灭失发生的运输区段不能确定的，依照本章规定承担损害赔偿责任。

第十八章 技术合同

第一节 一般规定

第三百二十二条 技术合同是当事人就技术开发、转让、咨询或者服务订立的确立相互之间权利和义务的合同。

第三百二十三条 订立技术合同，应当有利于科学技术的进步，加速科学技术成果的转化、应用和推广。

第三百二十四条 技术合同的内容由当事人约定，一般包括以下条款：

（一）项目名称；

（二）标的的内容、范围和要求；

（三）履行的计划、进度、期限、地点、地域和方式；

（四）技术情报和资料的保密；

（五）风险责任的承担；

（六）技术成果的归属和收益的分成办法；

（七）验收标准和方法；

（八）价款、报酬或者使用费及其支付方式；

（九）违约金或者损失赔偿的计算方法；

（十）解决争议的方法；

（十一）名词和术语的解释。

与履行合同有关的技术背景资料、可行性论证和技术评价报告、项目任务书和计划书、技术标准、技术规范、原始设计和工艺文件，以及其他技术文档，按照当事人的约定可以作为合同的组成部分。

技术合同涉及专利的，应当注明发明创造的名称、专利申请人和专利权人、申请日期、申请号、专利号以及专利权的有效期限。

第三百二十五条 技术合同价款、报酬或者使用费的支付方式由当事人约定，可以采取一次总算、一次总付或者一次总算、分期支付，也可以采取提成支付或者提成支付附加预付入门费的方式。

约定提成支付的，可以按照产品价格、实施专利和使用技术秘密后新增的产值、利润或者产品销售额的一定比例提成，也可以按照约定的其他方式计算。提成支付的比例可以采取固定比例、逐年递增比例或者逐年递减比例。

约定提成支付的，当事人应当在合同中约定查阅有关会计账目的办法。

第三百二十六条 职务技术成果的使用权、转让权属于法人或者其他组织的，法人或者其他组织可以就该项职务技术成果订立技术合同。法人或者其他组织应当从使用和转让该项职务技术成果所取得的收益中提取一定比例，对完成该项职务技术成果的个人给予奖励或者报酬。法人或者其他组织订立技术合同转让职务技术成果时，职务技术成果的完成人享有以同等条件优先受让的权利。

职务技术成果是执行法人或者其他组织的工作任务，或者主要是利用法人或者其他组织的物质技术条件所完成的技术成果。

第三百二十七条 非职务技术成果的使用权、转让权属于完成技术成果的个人，完成技术成果的个人可以就该项非职务技术成果订立技术合同。

第三百二十八条 完成技术成果的个人有在有关技术成果文件上写明自己是技术成果完成者的权利和取得荣誉证书、奖励的权利。

第三百二十九条 非法垄断技术、妨碍技术进步或者侵害他人技术成果的技术合同无效。

第二节 技术开发合同

第三百三十条 技术开发合同是指当事人之间就新技术、新产品、新工艺或者新材料及其系统的研究开发所订立的合同。

技术开发合同包括委托开发合同和合作开发合同。

技术开发合同应当采用书面形式。

当事人之间就具有产业应用价值的科技成果实施转化订立的合同，参照技术开发合同的规定。

第三百三十一条 委托开发合同的委托人应当按照约定支付研究开发经费和报酬；提供技术资料、原始数据；完成协作事项；接受研究开发成果。

第三百三十二条 委托开发合同的研究开发人应当按照约定制定和实施研究开发计划；合理使用研究开发经费；按期完成研究开发工作，交付研究开发成果，提供有关的技术资料和必要的技术指导，帮助委托人掌握研究开发成果。

第三百三十三条 委托人违反约定造成研究开发工作停滞、延误或者失败的，应当承担违约责任。

第三百三十四条 研究开发人违反约定造成研究开发工作停滞、延误或者失败的，应当承担违约责任。

第三百三十五条 合作开发合同的当事人应当按照约定进行投资，包括以技术进行投资；分工参与研究开发工作；协作配合研究开发工作。

第三百三十六条 合作开发合同的当事人违反约定造成研究开发工作停滞、延误或者失败的，应当承担违约责任。

第三百三十七条 因作为技术开发合同标的的技术已经由他人公开，致使技术开发合同的履行没有意义的，当事人可以解除合同。

第三百三十八条 在技术开发合同履行过程中，因出现无法克服的技术困难，致使研究开发失败或者部分失败的，该风险责任由当事人约定。没有约定或者约定不明确，依照本法第六十一条的规定仍不能确定的，风险责任由当事人合理分担。

当事人一方发现前款规定的可能致使研究开发失败或者部分失败的情形时，应当及时通知另一方并采取适当措施减少损失。没有及时通知并采取适当措施，致使损失扩大的，应当就扩大的损失承担责任。

第三百三十九条 委托开发完成的发明创造，除当事人另有约定的以外，申请专利的权利属于研究开发人。研究开发人取得专利权的，委托人可以免费实施该专利。

研究开发人转让专利申请权的，委托人享有以同等条件优先受让的权利。

第三百四十条 合作开发完成的发明创造，除当事人另有约定的以外，申请专利的权利属于合作开发的当事人共有。当事人一方转让其共有的专利申请权的，其他各方享有以同等条件优先受让的权利。

合作开发的当事人一方声明放弃其共有的专利申请权的，可以由另一方单独申请或者由其他各方共同申请。申请人取得专利权的，放弃专利申请权的一方可以免费实施该专利。

合作开发的当事人一方不同意申请专利的，另一方或者其他各方不得申请专利。

第三百四十一条 委托开发或者合作开发完成的技术秘密成果的使用权、转让权以及利益的分配办法，由当事人约定。没有约定或者约定不明确，依照本法第六十一条的规定仍不能确定的，当事人均有使用和转让的权利，但委托开发的研究开发人不得在向委托人交付研究开发成果之前，将研究开发成果转让给第三人。

第三节 技术转让合同

第三百四十二条 技术转让合同包括专利权转让、专利申请权转让、技术秘密转让、专利实施许可合同。

技术转让合同应当采用书面形式。

第三百四十三条 技术转让合同可以约定让与人和受让人实施专利或者使用技术秘密的范围，但不得限制技术竞争和技术发展。

第三百四十四条 专利实施许可合同只在该专利权的存续期间内有效。专利权有效期限届满或者专利权被宣布无效的，专利权人不得就该专利与他人订立专利实施许可合同。

第三百四十五条 专利实施许可合同的让与人应当按照约定许可受让人实施专利，交付实施专利有关的技术资料，提供必要的技术指导。

第三百四十六条 专利实施许可合同的受让人应当按照约定实施专利，不得许可约定以外的第三人实施该专利；并按照约定支付使用费。

第三百四十七条 技术秘密转让合同的让与人应当按照约定提供技术资料，进行技术指导，保证技术的实用性、可靠性，承担保密义务。

第三百四十八条 技术秘密转让合同的受让人应当按照约定使用技术，支付使用费，承担保密义务。

第三百四十九条 技术转让合同的让与人应当保证自己是所提供的技术的合法拥有者，并保证所提供的技术完整、无误、有效，能够达到约定的目标。

第三百五十条 技术转让合同的受让人应当按照约定的范围和期

限，对让与人提供的技术中尚未公开的秘密部分，承担保密义务。

第三百五十一条 让与人未按照约定转让技术的，应当返还部分或者全部使用费，并应当承担违约责任；实施专利或者使用技术秘密超越约定的范围的，违反约定擅自许可第三人实施该项专利或者使用该项技术秘密的，应当停止违约行为，承担违约责任；违反约定的保密义务的，应当承担违约责任。

第三百五十二条 受让人未按照约定支付使用费的，应当补交使用费并按照约定支付违约金；不补交使用费或者支付违约金的，应当停止实施专利或者使用技术秘密，交还技术资料，承担违约责任；实施专利或者使用技术秘密超越约定的范围的，未经让与人同意擅自许可第三人实施该专利或者使用该技术秘密的，应当停止违约行为，承担违约责任；违反约定的保密义务的，应当承担违约责任。

第三百五十三条 受让人按照约定实施专利、使用技术秘密侵害他人合法权益的，由让与人承担责任，但当事人另有约定的除外。

第三百五十四条 当事人可以按照互利的原则，在技术转让合同中约定实施专利、使用技术秘密后续改进的技术成果的分享办法。没有约定或者约定不明确，依照本法第六十一条的规定仍不能确定的，一方后续改进的技术成果，其他各方无权分享。

第三百五十五条 法律、行政法规对技术进出口合同或者专利、专利申请合同另有规定的，依照其规定。

第四节 技术咨询合同和技术服务合同

第三百五十六条 技术咨询合同包括就特定技术项目提供可行性论证、技术预测、专题技术调查、分析评价报告等合同。

技术服务合同是指当事人一方以技术知识为另一方解决特定技术问题所订立的合同，不包括建设工程合同和承揽合同。

第三百五十七条 技术咨询合同的委托人应当按照约定阐明咨询的问题，提供技术背景材料及有关技术资料、数据；接受受托人的工作成果，支付报酬。

第三百五十八条 技术咨询合同的受托人应当按照约定的期限完成咨询报告或者解答问题；提出的咨询报告应当达到约定的要求。

第三百五十九条 技术咨询合同的委托人未按照约定提供必要的资料和数据，影响工作进度和质量，不接受或者逾期接受工作成果的，支付的报酬不得追回，未支付的报酬应当支付。

技术咨询合同的受托人未按期提出咨询报告或者提出的咨询报告不符合约定的，应当承担减收或者免收报酬等违约责任。

技术咨询合同的委托人按照受托人符合约定要求的咨询报告和意见作出决策所造成的损失，由委托人承担，但当事人另有约定的除外。

第三百六十条 技术服务合同的委托人应当按照约定提供工作条件，完成配合事项；接受工作成果并支付报酬。

第三百六十一条 技术服务合同的受托人应当按照约定完成服务项目，解决技术问题，保证工作质量，并传授解决技术问题的知识。

第三百六十二条 技术服务合同的委托人不履行合同义务或者履行合同义务不符合约定，影响工作进度和质量，不接受或者逾期接受工作成果的，支付的报酬不得追回，未支付的报酬应当支付。

技术服务合同的受托人未按照合同约定完成服务工作的，应当承担免收报酬等违约责任。

第三百六十三条 技术咨询合同、技术服务合同履行过程中，受托人利用委托人提供的技术资料和工作条件完成的新的技术成果，属于受托人。委托人利用受托人的工作成果完成的新的技术成果，属于委托人。当事人另有约定的，按照其约定。

第三百六十四条 法律、行政法规对技术中介合同、技术培训合同另有规定的，依照其规定。

第十九章 保管合同

第三百六十五条 保管合同是保管人保管寄存人交付的保管物，并返还该物的合同。

第三百六十六条 寄存人应当按照约定向保管人支付保管费。

当事人对保管费没有约定或者约定不明确，依照本法第六十一条的规定仍不能确定的，保管是无偿的。

第三百六十七条 保管合同自保管物交付时成立，但当事人另有约定的除外。

第三百六十八条 寄存人向保管人交付保管物的，保管人应当给付保管凭证，但另有交易习惯的除外。

第三百六十九条 保管人应当妥善保管保管物。

当事人可以约定保管场所或者方法。除紧急情况或者为了维护寄存人利益的以外，不得擅自改变保管场所或者方法。

第三百七十条 寄存人交付的保管物有瑕疵或者按照保管物的性质需要采取特殊保管措施的，寄存人应当将有关情况告知保管人。寄存人未告知，致使保管物受损失的，保管人不承担损害赔偿责任；保管人因此受损失的，除保管人知道或者应当知道并且未采取补救措施的以外，寄存人应当承担损害赔偿责任。

第三百七十一条 保管人不得将保管物转交第三人保管，但当事人另有约定的除外。

保管人违反前款规定，将保管物转交第三人保管，对保管物造成损失的，应当承担损害赔偿责任。

第三百七十二条 保管人不得使用或者许可第三人使用保管物，但当事人另有约定的除外。

第三百七十三条 第三人对保管物主张权利的，除依法对保管物采取保全或者执行的以外，保管人应当履行向寄存人返还保管物的义务。

第三人对保管人提起诉讼或者对保管物申请扣押的，保管人应当及时通知寄存人。

第三百七十四条 保管期间，因保管人保管不善造成保管物毁损、灭失的，保管人应当承担损害赔偿责任，但保管是无偿的，保管人证明自己没有重大过失的，不承担损害赔偿责任。

第三百七十五条 寄存人寄存货币、有价证券或者其他贵重物品的，应当向保管人声明，由保管人验收或者封存。寄存人未声明的，该物品毁损、灭失后，保管人可以按照一般物品予以赔偿。

第三百七十六条 寄存人可以随时领取保管物。

当事人对保管期间没有约定或者约定不明确的，保管人可以随时要求寄存人领取保管物；约定保管期间的，保管人无特别事由，不得要求寄存人提前领取保管物。

第三百七十七条 保管期间届满或者寄存人提前领取保管物的，保管人应当将原物及其孳息归还寄存人。

第三百七十八条 保管人保管货币的，可以返还相同种类、数量的货币。保管其他可替代物的，可以按照约定返还相同种类、品质、数量的物品。

第三百七十九条 有偿的保管合同，寄存人应当按照约定的期限向保管人支付保管费。

当事人对支付期限没有约定或者约定不明确，依照本法第六十一条的规定仍不能确定的，应当在领取保管物的同时支付。

第三百八十条 寄存人未按照约定支付保管费以及其他费用的，保管人对保管物享有留置权，但当事人另有约定的除外。

第二十章 仓储合同

第三百八十一条 仓储合同是保管人储存存货人交付的仓储物，存货人支付仓储费的合同。

第三百八十二条 仓储合同自成立时起生效。

第三百八十三条 储存易燃、易爆、有毒、有腐蚀性、有放射性等危险物品或者易变质物品，存货人应当说明该物品的性质，提供有关资料。

存货人违反前款规定的，保管人可以拒收仓储物，也可以采取相应措施以避免损失的发生，因此产生的费用由存货人承担。

保管人储存易燃、易爆、有毒、有腐蚀性、有放射性等危险物品的，应当具备相应的保管条件。

第三百八十四条 保管人应当按照约定对入库仓储物进行验收。保管人验收时发现入库仓储物与约定不符合的，应当及时通知存货人。保管人验收后，发生仓储物的品种、数量、质量不符合约定的，保管人应当承担损害赔偿责任。

第三百八十五条 存货人交付仓储物的，保管人应当给付仓单。

第三百八十六条 保管人应当在仓单上签字或者盖章。仓单包括下列事项：

（一）存货人的名称或者姓名和住所；

（二）仓储物的品种、数量、质量、包装、件数和标记；

（三）仓储物的损耗标准；

（四）储存场所；

（五）储存期间；

（六）仓储费；

（七）仓储物已经办理保险的，其保险金额、期间以及保险人的名称；

（八）填发人、填发地和填发日期。

第三百八十七条 仓单是提取仓储物的凭证。存货人或者仓单持有人在仓单上背书并经保管人签字或者盖章的，可以转让提取仓储物的权利。

第三百八十八条 保管人根据存货人或者仓单持有人的要求，应当同意其检查仓储物或者提取样品。

第三百八十九条 保管人对入库仓储物发现有变质或者其他损坏的，应当及时通知存货人或者仓单持有人。

第三百九十条 保管人对入库仓储物发现有变质或者其他损坏，危及其他仓储物的安全和正常保管的，应当催告存货人或者仓单持有人作出必要的处置。因情况紧急，保管人可以作出必要的处置，但事后应当将该情况及时通知存货人或者仓单持有人。

第三百九十一条 当事人对储存期间没有约定或者约定不明确的，存货人或者仓单持有人可以随时提取仓储物，保管人也可以随时要求存货人或者仓单持有人提取仓储物，但应当给予必要的准备时间。

第三百九十二条 储存期间届满，存货人或者仓单持有人应当凭仓单提取仓储物。存货人或者仓单持有人逾期提取的，应当加收仓储费；提前提取的，不减收仓储费。

第三百九十三条 储存期间届满，存货人或者仓单持有人不提取仓储物的，保管人可以催告其在合理期限内提取，逾期不提取的，保管人可以提存该物。

第三百九十四条 储存期间，因保管人保管不善造成仓储物毁损、灭失的，保管人应当承担损害赔偿责任。因仓储物的性质、包装不符合约定或者超过有效储存期造成仓储物变质、损坏的，保管人不承担损害赔偿责任。

第三百九十五条 本章没有规定的，适用保管合同的有关规定。

第二十一章 委托合同

第三百九十六条 委托合同是委托人和受托人约定，由受托人处理委托人事务的合同。

第三百九十七条 委托人可以特别委托受托人处理一项或者数项事务，也可以概括委托受托人处理一切事务。

第三百九十八条 委托人应当预付处理委托事务的费用。受托人为处理委托事务垫付的必要费用，委托人应当偿还该费用及其利息。

第三百九十九条 受托人应当按照委托人的指示处理委托事务。需要变更委托人指示的，应当经委托人同意；因情况紧急，难以和委托人取得联系的，受托人应当妥善处理委托事务，但事后应当将该情况及时报告委托人。

第四百条 受托人应当亲自处理委托事务。经委托人同意，受托人可以转委托。转委托经同意的，委托人可以就委托事务直接指示转委托的第三人，受托人仅就第三人的选任及其对第三人的指示承担责任。转委托未经同意的，受托人应当对转委托的第三人的行为承担责任，但在紧急情况下受托人为维护委托人的利益需要转委托的除外。

第四百零一条 受托人应当按照委托人的要求，报告委托事务的处理情况。委托合同终止时，受托人应当报告委托事务的结果。

第四百零二条 受托人以自己的名义，在委托人的授权范围内与第三人订立的合同，第三人在订立合同时知道受托人与委托人之间的代理关系的，该合同直接约束委托人和第三人，但有确切证据证明该合同只约束受托人和第三人的除外。

第四百零三条 受托人以自己的名义与第三人订立合同时，第三人不知道受托人与委托人之间的代理关系的，受托人因第三人的原因对委托人不履行义务，受托人应当向委托人披露第三人，委托人因此可以行使受托人对第三人的权利，但第三人与受托人订立合同时如果知道该委托人就不会订立合同的除外。

受托人因委托人的原因对第三人不履行义务，受托人应当向第三人披露委托人，第三人因此可以选择受托人或者委托人作为相对人主张其权利，但第三人不得变更选定的相对人。

委托人行使受托人对第三人的权利的，第三人可以向委托人主张其对受托人的抗辩。第三人选定委托人作为其相对人的，委托人可以向第三人主张其对受托人的抗辩以及受托人对第三人的抗辩。

第四百零四条 受托人处理委托事务取得的财产，应当转交给委托人。

第四百零五条 受托人完成委托事务的，委托人应当向其支付报酬。因不可归责于受托人的事由，委托合同解除或者委托事务不能完成的，委托人应当向受托人支付相应的报酬。当事人另有约定的，按照其约定。

第四百零六条 有偿的委托合同，因受托人的过错给委托人造成损失的，委托人可以要求赔偿损失。无偿的委托合同，因受托人的故意或者重大过失给委托人造成损失的，委托人可以要求赔偿损失。

受托人超越权限给委托人造成损失的，应当赔偿损失。

第四百零七条 受托人处理委托事务时，因不可归责于自己的事由受到损失的，可以向委托人要求赔偿损失。

第四百零八条 委托人经受托人同意，可以在受托人之外委托第三人处理委托事务。因此给受托人造成损失的，受托人可以向委托人要求赔偿损失。

第四百零九条 两个以上的受托人共同处理委托事务的，对委托人承担连带责任。

第四百一十条 委托人或者受托人可以随时解除委托合同。因解除合同给对方造成损失的，除不可归责于该当事人的事由以外，应当赔偿损失。

第四百一十一条 委托人或者受托人死亡、丧失民事行为能力或者破产的，委托合同终止，但当事人另有约定或者根据委托事务的性质不宜终止的除外。

第四百一十二条 因委托人死亡、丧失民事行为能力或者破产，致使委托合同终止将损害委托人利益的，在委托人的继承人、法定代理人或者清算组织承受委托事务之前，受托人应当继续处理委托事务。

第四百一十三条 因受托人死亡、丧失民事行为能力或者破产，致使委托合同终止的，受托人的继承人、法定代理人或者清算组织应当及时通知委托人。因委托合同终止将损害委托人利益的，在委托人作出善后处理之前，受托人的继承人、法定代理人或者清算组织应当采取必要措施。

第二十二章 行纪合同

第四百一十四条 行纪合同是行纪人以自己的名义为委托人从事

贸易活动，委托人支付报酬的合同。

第四百一十五条 行纪人处理委托事务支出的费用，由行纪人负担，但当事人另有约定的除外。

第四百一十六条 行纪人占有委托物的，应当妥善保管委托物。

第四百一十七条 委托物交付给行纪人时有瑕疵或者容易腐烂、变质的，经委托人同意，行纪人可以处分该物；和委托人不能及时取得联系的，行纪人可以合理处分。

第四百一十八条 行纪人低于委托人指定的价格卖出或者高于委托人指定的价格买入的，应当经委托人同意。未经委托人同意，行纪人补偿其差额的，该买卖对委托人发生效力。

行纪人高于委托人指定的价格卖出或者低于委托人指定的价格买入的，可以按照约定增加报酬。没有约定或者约定不明确，依照本法第六十一条的规定仍不能确定的，该利益属于委托人。

委托人对价格有特别指示的，行纪人不得违背该指示卖出或者买入。

第四百一十九条 行纪人卖出或者买入具有市场定价的商品，除委托人有相反的意思表示的以外，行纪人自己可以作为买受人或者出卖人。

行纪人有前款规定情形的，仍然可以要求委托人支付报酬。

第四百二十条 行纪人按照约定买入委托物，委托人应当及时受领。经行纪人催告，委托人无正当理由拒绝受领的，行纪人依照本法第一百零一条的规定可以提存委托物。

委托物不能卖出或者委托人撤回出卖，经行纪人催告，委托人不取回或者不处分该物的，行纪人依照本法第一百零一条的规定可以提存委托物。

第四百二十一条 行纪人与第三人订立合同的，行纪人对该合同直接享有权利、承担义务。

第三人不履行义务致使委托人受到损害的，行纪人应当承担损害赔偿责任，但行纪人与委托人另有约定的除外。

第四百二十二条 行纪人完成或者部分完成委托事务的，委托人应当向其支付相应的报酬。委托人逾期不支付报酬的，行纪人对委托物享有留置权，但当事人另有约定的除外。

第四百二十三条 本章没有规定的，适用委托合同的有关规定。

第二十三章 居间合同

第四百二十四条 居间合同是居间人向委托人报告订立合同的机会或者提供订立合同的媒介服务，委托人支付报酬的合同。

第四百二十五条 居间人应当就有关订立合同的事项向委托人如实报告。

居间人故意隐瞒与订立合同有关的重要事实或者提供虚假情况，损害委托人利益的，不得要求支付报酬并应当承担损害赔偿责任。

第四百二十六条 居间人促成合同成立的，委托人应当按照约定支付报酬。对居间人的报酬没有约定或者约定不明确，依照本法第六十一条的规定仍不能确定的，根据居间人的劳务合理确定。因居间人提供订立合同的媒介服务而促成合同成立的，由该合同的当事人平均负担居间人的报酬。

居间人促成合同成立的，居间活动的费用，由居间人负担。

第四百二十七条 居间人未促成合同成立的，不得要求支付报酬，但可以要求委托人支付从事居间活动支出的必要费用。

附　　则

第四百二十八条 本法自1999年10月1日起施行，《中华人民共和国经济合同法》、《中华人民共和国涉外经济合同法》、《中华人民共和国技术合同法》同时废止。

最高人民法院关于适用《中华人民共和国合同法》若干问题的解释(一)

(1999年12月1日最高人民法院审判委员会第1090次会议通过
1999年12月19日最高人民法院公告公布
自1999年12月29日起施行
法释［1999］19号)

为了正确审理合同纠纷案件，根据《中华人民共和国合同法》（以下简称合同法）的规定，对人民法院适用合同法的有关问题作出如下解释：

一、法律适用范围

第一条 合同法实施以后成立的合同发生纠纷起诉到人民法院的，适用合同法的规定；合同法实施以前成立的合同发生纠纷起诉到人民法院的，除本解释另有规定的以外，适用当时的法律规定，当时没有法律规定的，可以适用合同法的有关规定。

第二条 合同成立于合同法实施之前，但合同约定的履行期限跨越合同法实施之日或者履行期限在合同法实施之后，因履行合同发生的纠纷，适用合同法第四章的有关规定。

第三条 人民法院确认合同效力时，对合同法实施以前成立的合同，适用当时的法律合同无效而适用合同法合同有效的，则适用合同法。

第四条 合同法实施以后，人民法院确认合同无效，应当以全国人大及其常委会制定的法律和国务院制定的行政法规为依据，不得以地方性法规、行政规章为依据。

第五条 人民法院对合同法实施以前已经作出终审裁决的案件进行再审，不适用合同法。

二、诉讼时效

第六条 技术合同争议当事人的权利受到侵害的事实发生在合同法实施之前，自当事人知道或者应当知道其权利受到侵害之日起至合同法实施之日超过一年的，人民法院不予保护；尚未超过一年的，其提起诉讼的时效期间为二年。

第七条 技术进出口合同争议当事人的权利受到侵害的事实发生在合同法实施之前，自当事人知道或者应当知道其权利受到侵害之日起至合同法施行之日超过二年的，人民法院不予保护；尚未超过二年的，其提起诉讼的时效期间为四年。

第八条 合同法第五十五条规定的“一年”、第七十五条和第一百零四条第二款规定的“五年”为不变期间，不适用诉讼时效中止、中断或者延长的规定。

三、合同效力

第九条 依照合同法第四十四条第二款的规定，法律、行政法规规定合同应当办理批准手续，或者办理批准、登记等手续才生效，在一审法庭辩论终结前当事人仍未办理批准手续的，或者仍未办理批准、登记等手续的，人民法院应当认定该合同未生效；法律、行政法规规定合同应当办理登记手续，但未规定登记后生效的，当事人未办理登记手续不影响合同的效力，合同标的物所有权及其他物权不能转移。

合同法第七十七条第二款、第八十七条、第九十六条第二款所列合同变更、转让、解除等情形，依照前款规定处理。

第十条 当事人超越经营范围订立合同，人民法院不因此认定合同无效。但违反国家限制经营、特许经营以及法律、行政法规禁止经营规定的除外。

四、代位权

第十一条 债权人依照合同法第七十三条的规定提起代位权诉讼，应当符合下列条件：

（一）债权人对债务人的债权合法；

（二）债务人怠于行使其到期债权，对债权人造成损害；

（三）债务人的债权已到期；

（四）债务人的债权不是专属于债务人自身的债权。

第十二条 合同法第七十三条第一款规定的专属于债务人自身的债权，是指基于扶养关系、抚养关系、赡养关系、继承关系产生的给付请求权和劳动报酬、退休金、养老金、抚恤金、安置费、人寿保险、人身伤害赔偿请求权等权利。

第十三条 合同法第七十三条规定的“债务人怠于行使其到期债权，对债权人造成损害的”，是指债务人不履行其对债权人的到期债务，又不以诉讼方式或者仲裁方式向其债务人主张其享有的具有金钱给付内容的到期债权，致使债权人的到期债权未能实现。

次债务人（即债务人的债务人）不认为债务人有怠于行使其到期债权情况的，应当承担举证责任。

第十四条 债权人依照合同法第七十三条的规定提起代位权诉讼的，由被告住所地人民法院管辖。

第十五条 债权人向人民法院起诉债务人以后，又向同一人民法院对次债务人提起代位权诉讼，符合本解释第十三条的规定和《中华人民共和国民事诉讼法》第一百零八条规定的起诉条件的，应当立案受理；不符合本解释第十三条规定的，告知债权人向次债务人住所地人民法院另行起诉。

受理代位权诉讼的人民法院在债权人起诉债务人的诉讼裁决发生法律效力以前，应当依照《中华人民共和国民事诉讼法》第一百三十六条第（五）项的规定中止代位权诉讼。

第十六条 债权人以次债务人为被告向人民法院提起代位权诉讼，未将债务人列为第三人的，人民法院可以追加债务人为第三人。

两个或者两个以上债权人以同一次债务人为被告提起代位权诉讼的，人民法院可以合并审理。

第十七条 在代位权诉讼中，债权人请求人民法院对次债务人的财产采取保全措施的，应当提供相应的财产担保。

第十八条 在代位权诉讼中，次债务人对债务人的抗辩，可以向债权人主张。

债务人在代位权诉讼中对债权人的债权提出异议，经审查异议成立的，人民法院应当裁定驳回债权人的起诉。

第十九条 在代位权诉讼中，债权人胜诉的，诉讼费由次债务人负担，从实现的债权中优先支付。

第二十条 债权人向次债务人提起的代位权诉讼经人民法院审理后认定代位权成立的，由次债务人向债权人履行清偿义务，债权人与债务人、债务人与次债务人之间相应的债权债务关系即予消灭。

第二十一条 在代位权诉讼中，债权人行使代位权的请求数额超过债务人所负债务额或者超过次债务人对债务人所负债务额的，对超出部分人民法院不予支持。

第二十二条 债务人在代位权诉讼中，对超过债权人代位请求数额的债权部分起诉次债务人的，人民法院应当告知其向有管辖权的人民法院另行起诉。

债务人的起诉符合法定条件的，人民法院应当受理；受理债务人起诉的人民法院在代位权诉讼裁决发生法律效力以前，应当依法中止。

五、撤　销　权

第二十三条 债权人依照合同法第七十四条的规定提起撤销权诉讼的，由被告住所地人民法院管辖。

第二十四条 债权人依照合同法第七十四条的规定提起撤销权诉讼时只以债务人为被告，未将受益人或者受让人列为第三人的，人民法院可以追加该受益人或者受让人为第三人。

第二十五条 债权人依照合同法第七十四条的规定提起撤销权诉讼，请求人民法院撤销债务人放弃债权或转让财产的行为，人民法院应当就债权人主张的部分进行审理，依法撤销的，该行为自始无效。

两个或者两个以上债权人以同一债务人为被告，就同一标的提起撤销权诉讼的，人民法院可以合并审理。

第二十六条 债权人行使撤销权所支付的律师代理费、差旅费等必要费用，由债务人负担；第三人有过错的，应当适当分担。

六、合同转让中的第三人

第二十七条 债权人转让合同权利后，债务人与受让人之间因履行合同发生纠纷诉至人民法院，债务人对债权人的权利提出抗辩的，可以将债权人列为第三人。

第二十八条 经债权人同意，债务人转移合同义务后，受让人与债权人之间因履行合同发生纠纷诉至人民法院，受让人就债务人对债权人的权利提出抗辩的，可以将债务人列为第三人。

第二十九条 合同当事人一方经对方同意将其在合同中的权利义务一并转让给受让人，对方与受让人因履行合同发生纠纷诉至人民法院，对方就合同权利义务提出抗辩的，可以将出让方列为第三人。

七、请求权竞合

第三十条 债权人依照合同法第一百二十二条的规定向人民法院起诉时作出选择后，在一审开庭以前又变更诉讼请求的，人民法院应当准许。对方当事人提出管辖权异议，经审查异议成立的，人民法院应当驳回起诉。

最高人民法院关于适用《中华人民共和国合同法》若干问题的解释（二）

（2009年2月9日最高人民法院审判委员会第1462次会议通过
2009年4月24日最高人民法院公告公布
自2009年5月13日起施行
法释［2009］5号）

为了正确审理合同纠纷案件，根据《中华人民共和国合同法》的规定，对人民法院适用合同法的有关问题作出如下解释：

一、合同的订立

第一条 当事人对合同是否成立存在争议，人民法院能够确定当事人名称或者姓名、标的和数量的，一般应当认定合同成立。但法律另有规定或者当事人另有约定的除外。

对合同欠缺的前款规定以外的其他内容，当事人达不成协议的，人民法院依照合同法第六十一条、第六十二条、第一百二十五条等有关规定予以确定。

第二条 当事人未以书面形式或者口头形式订立合同，但从双方从事的民事行为能够推定双方有订立合同意愿的，人民法院可以认定是以合同法第十条第一款中的“其他形式”订立的合同。但法律另有规定的除外。

第三条 悬赏人以公开方式声明对完成一定行为的人支付报酬，完成特定行为的人请求悬赏人支付报酬的，人民法院依法予以支持。但悬赏有合同法第五十二条规定情形的除外。

第四条 采用书面形式订立合同，合同约定的签订地与实际签字或者盖章地点不符的，人民法院应当认定约定的签订地为合同签订地；合同没有约定签订地，双方当事人签字或者盖章不在同一地点的，人民法院应当认定最后签字或者盖章的地点为合同签订地。

第五条 当事人采用合同书形式订立合同的，应当签字或者盖章。当事人在合同书上摁手印的，人民法院应当认定其具有与签字或者盖章同等的法律效力。

第六条 提供格式条款的一方对格式条款中免除或者限制其责任的内容，在合同订立时采用足以引起对方注意的文字、符号、字体等特别标识，并按照对方的要求对该格式条款予以说明的，人民法院应当认定符合合同法第三十九条所称“采取合理的方式”。

提供格式条款一方对已尽合理提示及说明义务承担举证责任。

第七条 下列情形，不违反法律、行政法规强制性规定的，人民法院可以认定为合同法所称“交易习惯”：

（一）在交易行为当地或者某一领域、某一行业通常采用并为交易对方订立合同时所知道或者应当知道的做法；

（二）当事人双方经常使用的习惯做法。

对于交易习惯，由提出主张的一方当事人承担举证责任。

第八条 依照法律、行政法规的规定经批准或者登记才能生效的合同成立后，有义务办理申请批准或者申请登记等手续的一方当事人未按照法律规定或者合同约定办理申请批准或者未申请登记的，属于合同法第四十二条第（三）项规定的“其他违背诚实信用原则的行为”，人民法院可以根据案件的具体情况和相对人的请求，判决相对人自己办理有关手续；对方当事人对由此产生的费用和给相对人造成的实际损失，应当承担损害赔偿责任。

二、合同的效力

第九条 提供格式条款的一方当事人违反合同法第三十九条第一款关于提示和说明义务的规定，导致对方没有注意免除或者限制其责任的条款，对方当事人申请撤销该格式条款的，人民法院应当支持。

第十条 提供格式条款的一方当事人违反合同法第三十九条第一款的规定，并具有合同法第四十条规定的情形之一的，人民法院应当认定该格式条款无效。

第十一条 根据合同法第四十七条、第四十八条的规定，追认的意思表示自到达相对人时生效，合同自订立时起生效。

第十二条 无权代理人以被代理人的名义订立合同，被代理人已经开始履行合同义务的，视为对合同的追认。

第十三条 被代理人依照合同法第四十九条的规定承担有效代理行为所产生的责任后，可以向无权代理人追偿因代理行为而遭受的损失。

第十四条 合同法第五十二条第（五）项规定的“强制性规定”，是指效力性强制性规定。

第十五条 出卖人就同一标的物订立多重买卖合同，合同均不具有合同法第五十二条规定的无效情形，买受人因不能按照合同约定取得标的物所有权，请求追究出卖人违约责任的，人民法院应予支持。

三、合同的履行

第十六条 人民法院根据具体案情可以将合同法第六十四条、第六十五条规定的第三人列为无独立请求权的第三人，但不得依职权将其列为该合同诉讼案件的被告或者有独立请求权的第三人。

第十七条 债权人以境外当事人为被告提起的代位权诉讼，人民法院根据《中华人民共和国民事诉讼法》第二百四十一条的规定确定管辖。

第十八条 债务人放弃其未到期的债权或者放弃债权担保，或者恶意延长到期债权的履行期，对债权人造成损害，债权人依照合同法第七十四条的规定提起撤销权诉讼的，人民法院应当支持。

第十九条 对于合同法第七十四条规定的“明显不合理的低价”，人民法院应当以交易当地一般经营者的判断，并参考交易当时交易地的物价部门指导价或者市场交易价，结合其他相关因素综合考虑予以确认。

转让价格达不到交易时交易地的指导价或者市场交易价百分之七十的，一般可以视为明显不合理的低价；对转让价格高于当地指导价或者市场交易价百分之三十的，一般可以视为明显不合理的高价。

债务人以明显不合理的高价收购他人财产，人民法院可以根据债权人的申请，参照合同法第七十四条的规定予以撤销。

第二十条 债务人的给付不足以清偿其对同一债权人所负的数笔相同种类的全部债务，应当优先抵充已到期的债务；几项债务均到期的，优先抵充对债权人缺乏担保或者担保数额最少的债务；担保数额相同的，优先抵充债务负担较重的债务；负担相同的，按照债务到期的先后顺序抵充；到期时间相同的，按比例抵充。但是，债权人与债务人对清偿的债务或者清偿抵充顺序有约定的除外。

第二十一条 债务人除主债务之外还应当支付利息和费用，当其给付不足以清偿全部债务时，并且当事人没有约定的，人民法院应当按照下列顺序抵充：

（一）实现债权的有关费用；

（二）利息；

（三）主债务。

四、合同的权利义务终止

第二十二条 当事人一方违反合同法第九十二条规定的义务，给对方当事人造成损失，对方当事人请求赔偿实际损失的，人民法院应当支持。

第二十三条 对于依照合同法第九十九条的规定可以抵销的到期债权，当事人约定不得抵销的，人民法院可以认定该约定有效。

第二十四条 当事人对合同法第九十六条、第九十九条规定的合同解除或者债务抵销虽有异议，但在约定的异议期限届满后才提出异议并向人民法院起诉的，人民法院不予支持；当事人没有约定异议期间，在解除合同或者债务抵销通知到达之日起三个月以后才向人民法院起诉的，人民法院不予支持。

第二十五条 依照合同法第一百零一条的规定，债务人将合同标的物或者标的物拍卖、变卖所得价款交付提存部门时，人民法院应当认定提存成立。

提存成立的，视为债务人在其提存范围内已经履行债务。

第二十六条 合同成立以后客观情况发生了当事人在订立合同时无法预见的、非不可抗力造成的不属于商业风险的重大变化，继续履行合同对于一方当事人明显不公平或者不能实现合同目的，当事人请求人民法院变更或者解除合同的，人民法院应当根据公平原则，并结合案件的实际情况确定是否变更或者解除。

五、违约责任

第二十七条 当事人通过反诉或者抗辩的方式，请求人民法院依照合同法第一百一十四条第二款的规定调整违约金的，人民法院应予支持。

第二十八条 当事人依照合同法第一百一十四条第二款的规定，请求人民法院增加违约金的，增加后的违约金数额以不超过实际损失额为限。增加违约金以后，当事人又请求对方赔偿损失的，人民法院不予支持。

第二十九条 当事人主张约定的违约金过高请求予以适当减少的，人民法院应当以实际损失为基础，兼顾合同的履行情况、当事人的过错程度以及预期利益等综合因素，根据公平原则和诚实信用原则予以衡量，并作出裁决。

当事人约定的违约金超过造成损失的百分之三十的，一般可以认定为合同法第一百一十四条第二款规定的“过分高于造成的损失”。

六、附　　则

第三十条 合同法施行后成立的合同发生纠纷的案件，本解释施行后尚未终审的，适用本解释；本解释施行前已经终审，当事人申请再审或者按照审判监督程序决定再审的，不适用本解释。

最高人民法院关于审理建设工程施工合同纠纷案件适用法律问题的解释

（2004 年 9 月 29 日最高人民法院审判委员会第 1327 次会议通过
2004 年 10 月 25 日最高人民法院公告公布
自 2005 年 1 月 1 日起施行
法释［2004］14 号）

根据《中华人民共和国民法通则》、《中华人民共和国合同法》、《中华人民共和国招标投标法》、《中华人民共和国民事诉讼法》等法律规定，结合民事审判实际，就审理建设工程施工合同纠纷案件适用法律的问题，制定本解释。

第一条 建设工程施工合同具有下列情形之一的，应当根据合同法第五十二条第（五）项的规定，认定无效：

（一）承包人未取得建筑施工企业资质或者超越资质等级的；

（二）没有资质的实际施工人借用有资质的建筑施工企业名义的；

（三）建设工程必须进行招标而未招标或者中标无效的。

第二条 建设工程施工合同无效，但建设工程经竣工验收合格，承包人请求参照合同约定支付工程价款的，应予支持。

第三条 建设工程施工合同无效，且建设工程经竣工验收不合格的，按照以下情形分别处理：

（一）修复后的建设工程经竣工验收合格，发包人请求承包人承担修复费用的，应予支持；

（二）修复后的建设工程经竣工验收不合格，承包人请求支付工程价款的，不予支持。

因建设工程不合格造成的损失，发包人有过错的，也应承担相应的民事责任。

第四条 承包人非法转包、违法分包建设工程或者没有资质的实际施工人借用有资质的建筑施工企业名义与他人签订建设工程施工合同的行为无效。人民法院可以根据民法通则第一百三十四条规定，收缴当事人已经取得的非法所得。

第五条 承包人超越资质等级许可的业务范围签订建设工程施工合同，在建设工程竣工前取得相应资质等级，当事人请求按照无效合同处理的，不予支持。

第六条 当事人对垫资和垫资利息有约定，承包人请求按照约定返还垫资及其利息的，应予支持，但是约定的利息计算标准高于中国人民银行发布的同期同类贷款利率的部分除外。

当事人对垫资没有约定的，按照工程欠款处理。

当事人对垫资利息没有约定，承包人请求支付利息的，不予支持。

第七条 具有劳务作业法定资质的承包人与总承包人、分包人签订的劳务分包合同，当事人以转包建设工程违反法律规定为由请求确认无效的，不予支持。

第八条 承包人具有下列情形之一，发包人请求解除建设工程施工合同的，应予支持：

（一）明确表示或者以行为表明不履行合同主要义务的；

（二）合同约定的期限内没有完工，且在发包人催告的合理期限内仍未完工的；

（三）已经完成的建设工程质量不合格，并拒绝修复的；

（四）将承包的建设工程非法转包、违法分包的。

第九条 发包人具有下列情形之一，致使承包人无法施工，且在催告的合理期限内仍未履行相应义务，承包人请求解除建设工程施工合同的，应予支持：

（一）未按约定支付工程价款的；

（二）提供的主要建筑材料、建筑构配件和设备不符合强制性标准的；

（三）不履行合同约定的协助义务的。

第十条 建设工程施工合同解除后，已经完成的建设工程质量合格的，发包人应当按照约定支付相应的工程价款；已经完成的建设工程质量不合格的，参照本解释第三条规定处理。

因一方违约导致合同解除的，违约方应当赔偿因此而给对方造成的损失。

第十一条 因承包人的过错造成建设工程质量不符合约定，承包人拒绝修理、返工或者改建，发包人请求减少支付工程价款的，应予支持。

第十二条 发包人具有下列情形之一，造成建设工程质量缺陷，应当承担过错责任：

（一）提供的设计有缺陷；

（二）提供或者指定购买的建筑材料、建筑构配件、设备不符合强制性标准；

（三）直接指定分包人分包专业工程。

承包人有过错的，也应当承担相应的过错责任。

第十三条 建设工程未经竣工验收，发包人擅自使用后，又以使用部分质量不符合约定为由主张权利的，不予支持；但是承包人应当在建设工程的合理使用寿命内对地基基础工程和主体结构质量承担民事责任。

第十四条 当事人对建设工程实际竣工日期有争议的，按照以下情形分别处理：

（一）建设工程经竣工验收合格的，以竣工验收合格之日为竣工日期；

（二）承包人已经提交竣工验收报告，发包人拖延验收的，以承包人提交验收报告之日为竣工日期；

（三）建设工程未经竣工验收，发包人擅自使用的，以转移占有建设工程之日为竣工日期。

第十五条 建设工程竣工前，当事人对工程质量发生争议，工程质量经鉴定合格的，鉴定期间为顺延工期期间。

第十六条 当事人对建设工程的计价标准或者计价方法有约定的，按照约定结算工程价款。

因设计变更导致建设工程的工程量或者质量标准发生变化，当事人对该部分工程价款不能协商一致的，可以参照签订建设工程施工合同时当地建设行政主管部门发布的计价方法或者计价标准结算工程价款。

建设工程施工合同有效，但建设工程经竣工验收不合格的，工程价款结算参照本解释第三条规定处理。

第十七条 当事人对欠付工程价款利息计付标准有约定的，按照约定处理；没有约定的，按照中国人民银行发布的同期同类贷款利率计息。

第十八条 利息从应付工程价款之日计付。当事人对付款时间没有约定或者约定不明的，下列时间视为应付款时间：

（一）建设工程已实际交付的，为交付之日；

（二）建设工程没有交付的，为提交竣工结算文件之日；

（三）建设工程未交付，工程价款也未结算的，为当事人起诉之日。

第十九条 当事人对工程量有争议的，按照施工过程中形成的签证等书面文件确认。承包人能够证明发包人同意其施工，但未能提供签证文件证明工程量发生的，可以按照当事人提供的其他证据确认实际发生的工程量。

第二十条 当事人约定，发包人收到竣工结算文件后，在约定期限内不予答复，视为认可竣工结算文件的，按照约定处理。承包人请求按照竣工结算文件结算工程价款的，应予支持。

第二十一条 当事人就同一建设工程另行订立的建设工程施工合同与经过备案的中标合同实质性内容不一致的，应当以备案的中标合同作为结算工程价款的根据。

第二十二条 当事人约定按照固定价结算工程价款，一方当事人请求对建设工程造价进行鉴定的，不予支持。

第二十三条 当事人对部分案件事实有争议的，仅对有争议的事实进行鉴定，但争议事实范围不能确定，或者双方当事人请求对全部事实鉴定的除外。

第二十四条 建设工程施工合同纠纷以施工行为地为合同履行地。

第二十五条 因建设工程质量发生争议的，发包人可以以总承包人、分包人和实际施工人为共同被告提起诉讼。

第二十六条 实际施工人以转包人、违法分包人为被告起诉的，人民法院应当依法受理。

实际施工人以发包人为被告主张权利的，人民法院可以追加转包人或者违法分包人为本案当事人。发包人只在欠付工程价款范围内对实际施工人承担责任。

第二十七条 因保修人未及时履行保修义务，导致建筑物毁损或者造成人身、财产损害的，保修人应当承担赔偿责任。

保修人与建筑物所有人或者发包人对建筑物毁损均有过错的，各自承担相应的责任。

第二十八条 本解释自二〇〇五年一月一日起施行。

施行后受理的第一审案件适用本解释。

施行前最高人民法院发布的司法解释与本解释相抵触的，以本解释为准。